U0347743

华章经典·金融投资

趋势交易

·原书第2版·

FOLLOWING THE TREND

Diversified Managed Futures Trading

(Second Edition)

[瑞士] 安德烈亚斯·F. 克列诺 著　马海涌 译
ANDREAS F. CLENOW

本书是一本精练且系统化的趋势交易手册，通过对大量期货交易品种的观测，作者发掘了一套识别有交易价值的趋势的方法，介绍了趋势交易仓位控制与资金管理。市面上大多数与趋势交易相关的图书往往都是极富个人色彩的交易指南，而本书则与这类书不同，是一本体系化的专业教程。在本书的第 2 版中，作者加入了有关数据、编程、测试以及交易者职业生涯的章节，同时又更新了部分章节，让这本经历了多年市场风云变幻的著作更适用于当下的市场环境。

Andreas F. Clenow . Following the Trend:Diversified Managed Futures Trading, Second Edition.

ISBN 978-1-119-90898-2

图书在版编目（CIP）数据

趋势交易 : 原书第 2 版 / (瑞士) 安德烈亚斯 · F. 克列诺 (Andreas F. Clenow) 著 ; 马海涌译 . -- 北京 : 机械工业出版社 , 2024. 12. -- ISBN 978-7-111-76868-5

Ⅰ. F830.91

中国国家版本馆 CIP 数据核字第 2024HH8896 号

机械工业出版社（北京市百万庄大街 22 号　邮政编码 100037）

策划编辑：顾　煦　　责任编辑：顾　煦　牛汉原

责任校对：孙明慧　李可意　景　飞　　责任印制：单爱军

保定市中画美凯印刷有限公司印刷

2025 年 1 月第 1 版第 1 次印刷

170mm × 230mm · 20.25 印张 · 1 插页 · 287 千字

标准书号：ISBN 978-7-111-76868-5

定价：89.00 元

电话服务

客服电话：010-88361066

010-88379833

010-68326294

网络服务

机　工　官　网：www.cmpbook.com

机　工　官　博：weibo.com/cmp1952

金　　书　　网：www.golden-book.com

机工教育服务网：www.cmpedu.com

原书第 2 版推荐序

我的趋势交易之旅始于 40 多年前，那时我才二十几岁。在翻遍了所有能找到的与趋势交易、市场、期货和股票有关的书后，我立刻就被吸引了。我知道我该和会计职业分道扬镳，积极投身于令人热血沸腾的交易生涯。我对期货、大宗商品、做空、杠杆特别感兴趣，尤其是趋势交易。我认为趋势交易是我听说过的最伟大的事情。从听到“小亏大盈”这个词开始，我就对此一直深信不疑。我的疑问是：不频繁的大盈利交易能否弥补频繁的亏损？我不知道，但我想找出答案。

在那个时候，像《趋势交易》这样的书是非常少见的，但我一直在努力寻找，并且不放弃任何能够进入趋势交易世界的机会。当我得到为理查德·丹尼斯[⊖]工作的绝佳机会时，我已经为此做好了充分准备。至少我自认已经准备好了。我求知若渴，而他们是真正的天才，也是最好的老师。

我发现，最好的趋势交易规则并不复杂，也没有过度优化。最好的趋势交易系统只有几条规则。这些年来，我总想把我的交易系统打造得

[⊖] 美国期货市场中的传奇人物。——译者注

更复杂，但这却让我的利润越来越少，我不得不重拾趋势交易的基本规则，以确保不会错过任何一次大交易，确保在任何情况下都能将损失持续限制在资产管理规模的较小比例。“简单化”真的比复杂化更好用。当然，随着我的经验越来越丰富，我在交易系统开发和纪律约束方面也变得越来越游刃有余，但我经常会思考这样一个问题：“我希望我永远不要知道。”[⊖]这本书将教会你基础知识，并让你将其牢记于心！

要从市场中赚钱，你必须忍受交易的痛苦和焦虑，在回撤期间按兵不动，别无他法。有纪律地遵守规则是最大限度地利用交易机会的必要条件。我一向热衷于采用完全基于规则的趋势跟踪策略。眼睁睁地看着盈利转为损失，暴利变成微利，这一直是交易的一部分，要反复实践并让自己喜欢上这一系统交易方法。我们受的教育告诉我们，要“做正确的事”和“做困难的事”。轻松舒适的交易方法通常行不通。交易会给你带来智力与金钱上的回报，因此对于我们大多数普通人来说，交易应当是困难和违反直觉的。

我认识的那些最好的交易者都关注大趋势，追求小亏大盈，在多个市场做多与做空。分散化是成功的秘诀之一。我一开始交易 20 个品种，现在我交易的品种超过 200 个。成功的系统交易者必须坚持持续性和纪律性。最好的交易者会认真做好每一笔交易，不受近期损失和资金回撤的影响。这需要反复实践并严格遵循交易系统。我在交易中唯一的遗憾是没有按照我应该遵循的方式跟踪我的系统。好好享受这本书，就像我所做的那样，在未来的几年里，要时刻提醒自己趋势跟踪策略的简单和威力。趋势的确是你的朋友！

杰瑞·帕克
切萨皮克资本 CEO

⊖ 引自于歌手托比·基思的歌曲 *Wish I Didn't Know Now*，巴菲特 2002 年致股东的信曾引用这句话：“当我在检视通用再保后来才被发现的准备提列疏失时，我突然想到有一首乡村歌曲的歌词形容得相当贴切，‘真希望现在的我没有发现以前我不知情的那段往事’。”——译者注

|原书第1版推荐序|

对于那些渴望学习如何通过趋势跟踪赚取财富的人来说，这本书是一本绝佳的培训手册。

我对趋势跟踪稍有涉猎，因为我参与了20世纪80年代著名的海龟实验。当时，“交易厅王子”理查德·丹尼斯向世界证明了交易能力可以由后天的培养而得到，如果接受正确的训练、拥有正确的态度，普通人也能获得远超正常投资水平的稳定收益。最终，普通人也能通过学习达到最成功的对冲基金经理的水平。我19岁开始踏入这个行业，到1987年我24岁时，我已经赚得了800万美元，这是我作为趋势跟踪者为理查德·丹尼斯赚得的3 150万美元的分成。

我甚至为此写了一本书——《海龟交易法则》。它成为畅销书，因为许多交易者都想知道我们成功的秘诀，并想从我这里获取第一手的信息。由于保密协议，更由于我们对理查德·丹尼斯——这位伟大的人、交易界的传奇人物的忠诚，我们之前一直对这段经历秘而不宣。

这些年来，我几次动过为这本书写续篇的念头，我想写一部内容更丰富、细节更详尽的书。此前出版的书只能说是文学传记和交易手册的混合，而我这次想写一本完全交易指南。

安德烈亚斯·F.克列诺写的《趋势交易》恰好就是这样一本趋势跟踪交易手册，我很荣幸为这本书作序。我这个人要求很高，轻易不会给出如此高的评价。

市面上值得推荐的书凤毛麟角。绝大多数交易书中的各种花哨技巧根本经不住市场的考验，更不要说时间的考验了。很多人写书的目的不过是借此向你推销课程或讲座。他们盯着的是你的钱包，而不是真想创作一本精良之作。

这就是我很少出席会议发表演讲，也不经常推荐书的原因。交易行业里充斥着太多自私自利的宣传和谎言，为了赚一些黑心钱，他们不惜用轻松获利和快速赚钱的虚假承诺来欺骗那些毫无戒心的新手。

《趋势交易》这本书与此完全不同！

这本书内容丰富，文笔清晰流畅，涵盖了所有必备的基础知识，而且没有向你承诺那些趋势跟踪交易者无法实现的东西。

如果你想成为一名趋势跟踪交易者，我建议你向杰西·利弗莫尔学习，先阅读《股票大作手回忆录》（2010年版），然后，购买杰克·D.施瓦格的《金融怪杰：华尔街的顶级交易员》(后称《金融怪杰》)[⊖]，了解那些伟大的趋势跟踪交易者的光辉事迹，如我的交易导师理查德·丹尼斯，还有埃德·斯科塔、比尔·邓恩、约翰·W.亨利和理查德·唐奇安等。他们的事迹会让你对趋势跟踪交易无限向往，同时也会思考：怎样才能成为一名趋势跟踪者呢？

最后，当你准备从理想走向现实，去创造属于自己的辉煌的时候，请认真阅读《趋势交易》这本书吧。

柯蒂斯·费思

美国佐治亚州，萨凡纳市

⊖ 该书中文版已由机械工业出版社出版。

前言

本书实际只讲述了一种交易策略，而其内在原理至少 20 年前就已经广为人知了。这一策略在过去 30 多年里效果极佳，被许多对冲基金所采用。近年来，这种策略广受关注，尤其是它在 2008 年取得了极为可观的收益之后。然而，它似乎经常被误解、误读和误用。更糟糕的是，一些非专业人士经常高价兜售这一策略的各种过度复杂而又漏洞百出的版本。我说的这种策略有很多名字，但它们实际上是大多数趋势跟踪期货经理（如果你愿意，也可以称为商品交易顾问或 CTA）多年来一直在使用的同一种策略。

在讲述趋势跟踪策略时，本书在很多方面不同于那些更为传统的交易著作。撰写本书的主要目的是填补该领域的文献空白，并公开某些分析方法与信息，成功的分散化趋势跟踪者对这些内容已耳熟能详，而这个非常专业化的业务领域之外的人士对此却知之甚少。依我看来，大多数的书以及大多数渴望进入这个行业的人的关注点都错了，比如说，他们重视买入与卖出规则，而对更重要的问题却视而不见。或许是很多作者并没有把设计或交易这些策略作为谋生手段吧。

在这个特别的行业里涌现出了许多著名的明星交易员，其中有些人已经成为神一样的人物，被视为业界的传奇人物。我对这些人在趋势跟踪领域所取得的成就和开创性工作抱有最高的敬意，但本书并不是关于英雄崇拜的，也不会过多地探讨那些在20世纪70年代行之有效的策略，因为如今如果照搬照抄那些策略，可能会招致灭顶之灾。市场已经发生了变化，对冲基金行业更是如此，我打算重点关注在当前金融市场中依然可行的策略。

本书并不是一本教科书，不会深入探讨每一种可能的策略和指标，也不会对指数移动平均线、简单移动平均线、自适应移动平均线等指标的优缺点进行比较。我不会介绍每一个我能想到的交易指标，也不会发明一个以自己名字命名的新指标。你并不需要一整套的技术指标来构建一种稳健的趋势跟踪策略，如果我只是改变一些公式的细节并以我的名字对其命名，这肯定不会给这个领域带来任何新的东西，尽管我得承认，“克列诺震荡指标”这个名字听起来确实有点意思。指标并不重要，专注于这些细节只会让你丢了西瓜捡了芝麻，最终陷入无意义的曲线拟合和过度优化。我打算完全反其道而行之：只使用最基本的方法和指标，就可以构建一种没有不必要的复杂性的交易策略。即使是专业的对冲基金，这种策略都完全够用。买卖规则是策略中最不重要的部分，专注于这些内容只会让你忽略真正有价值的地方。

此外，本书无法教你如何快速致富。如果你正在寻找一种轻松而又能迅速暴富的方法，那你可能来错地方了。本书旨在阐明这样一个主要观点，那就是创建一个能与许多大型期货对冲基金相媲美的交易策略是可行的，但这绝不意味着这项业务可以轻松实现。创建交易策略只是成功链条中的一环，我还在本书中提供了长期表现优异的交易规则，这些规则的收益和那些资深的机构投资者的业绩比起来也是毫不逊色的。但所有这些只不过是工作的一部分，如果你没有做好本职工作，你很可能要么是从一开始就无法筹集到所需资金，要么是在首次遭遇市场危机时就将本金和投资者的钱悉数赔光。

要想熟练运用我在本书中传授的知识，你需要加倍努力。在交易策略上不要轻信任何人的看法，包括我的看法。你要舍得在市场数据架构上花钱，其中包括高效的模拟软件，如果你还不具备编程能力，那就去学习一门合适的编程语言。然后，你可以开始复制我在本书中描述的策略，并对其适用性做出自己的判断，而且我希望你能找到改进它们的方法，并根据你自己的预期收益及风险水平进行调整。我不建议你照搬照抄别人的现成方法，你需要吸收消化这些策略，让其为己所用，这样你才能真正理解并信任这些策略。

即使你到了这个阶段，你前面还有大量的未完成的工作。每天运用这些策略进行交易，其难度远超大多数人的预期，尤其是心理层面的压力，再加上寻找投资者、发起新基金或设立管理账户、商业运营、报告编制、中台管理等事务会接踵而至，你很快就会意识到，这不是一个迅速致富的捷径。如果你擅长自己所做的事情，那么这绝对是一个回报丰厚的行业，但这并不意味着它既轻松又快捷。

因此，尽管本书主要讲述一种单一交易策略，但我将证明，如果你完全理解并掌握这种策略，它的表现完全可以和世界上顶级的趋势跟踪对冲基金的业绩相媲美。

■ 为何要撰写本书

实际上，几乎没有哪家管理期货基金愿意透露其交易规则，它们往往将自己的专有策略视为禁脔，像核武器制作图纸一样保密。它们这样做有正当的理由，但与人们通常认为的理由或许并不相关。整个行业都如此重视保密，最重要的原因与营销手段有关，人们如果认为某个基金经理拥有点石成金的绝密配方，无疑将成为该基金独一无二的卖点。事实上，尽管大多数专业的趋势跟踪者都有自己独有的调整手段，但在这个行业中使用的趋势跟踪核心策略（后称核心策略）并没有本质区别。这听起来可能有些奇怪，因为我显然没有机会接触到所有管理期货基金的交易源代码，而且它们的收益特征表现各异，看起来似乎在做着完全不同的事情。然而，只需使用非常简单的方法，人们就可以近乎完全复制诸多CTA基金的收益，辅以对时间范围、风险因子和投资范围的调整，人们可以复制绝大多数CTA基金的业绩表现。

这不是说这些基金不好，或是它们没有自己宝贵的专有算法。关键在于，每个交易机构所使用的特定调整手段对收益的影响微乎其微，大部分的收益其实来自相对简单的模型。本书的开篇将会介绍两种基本策略，并展示这些非常简单的模型如何能够解释CTA基金的大部分收益。然后，我将对这两种策略加以优化，将其整合为单一策略，新策略的业绩表现可以比肩大型的成熟期货基金。我将呈现这些策略的所有细节，让读者也能完全复制这些策略。这些策略的收益特征极具吸引力，完全可以直接用于实战，而我将在后续章节中展示如何对其做进一步改进。我还将引入更高级的概念，比如如何利用期货独特的期限结构效应，以及如何构建逆势交易策略等。

那我为什么要把这些都告诉你们呢？难道不怕这些知识的广泛传播会让所有趋势跟踪策略都失效，让那些普通老百姓也能轻松赚钱，而不是让对冲基金经理这个秘密团体继续独享收益？甚至有人担心，这样的传播会导致地球突然停止转动，把我们都甩到太空里去？其实，量化交易者给出了很多理由来证明他们保守秘密、维持神秘感的正当性，其中一些还颇有道理。但就趋势跟踪期货交易而言，我认为让其他人参与进来没有什么太大的坏处。目前，趋势跟踪交易这一游戏由一群资产规模在100亿美元至500亿美元的庞大基金所主导，它们利用杠杆效应将这些资金放大许多倍，在世界各地进行期货交易。这些基金经理对我在本书中写的所有内容都心知肚明，甚至比这些更多。有人可能会认为，我写这本书会让很多人涌入趋势跟踪期货行业，他们的交易活动甚至有可能掩盖那些大玩家的风采，进而破坏现有的投资机会，这种想法确实让我的自尊心得到了极大的满足。不过话说回来，这终究只是一种美好的幻想，实际发生的可能性并不大。我所描述的这些策略和方法已经在实践中得到大规模地应用了。如果有些读者决定进入这一行业，这是件好事，我祝他们好运。

本书所讨论的方法，其实是如何识别通常由真实经济发展引发的中长期趋势，并且帮助投资者系统性获取长期利润。即使更多的人采用相同的投资策略，也不太可能改变人类真正的经济行为，而这才是价格变动的最终驱动力。当然，有人会认为，如果采用趋势跟踪策略的投资者大幅增加，那么精确地选择买卖点可能会变得更加困难。因为当大量投资者同时买入或卖出同一资产时，可能会导致价格发生剧烈波动。这个问题确实值得关注，但并非主要问题。因为只需对策略进行细微的调整即可克服此类影响，其长期影响微乎其微。

还有一些其他类型的量化策略，无论是我还是其他进行此类交易的人都不会写书来介绍它们。这些通常是短线交易策略或资金容量较低的策略，如果更多的资金涌入同一市场，其盈利能力就会下降，甚至产生亏损。而中长期的趋势跟踪策略通常具有大量的流动性和极强的扩展性，因此不会受到这些问题的困扰。

我为趋势跟踪策略写书还有一个原因，那就是我不相信所谓的暗箱操作方法，这种方法要求客户对你盲目信任，却不向其提供任何有意义的信息来解释你将如何实现预期的收益。即使你掌握了本书讲授的全部内容，运营一个趋势跟踪的期货业务仍然是一项艰巨的任务，而且大多数人不会仅仅因为理解了基本运作机制就去创办自己的对冲基金。或许有人会这么做，如果你最终也成为其中一员，请给我发一封电子邮件，告诉我你的进展和结果。不管怎样，我都确信我能用自己的投资能力创造价值，而且本书也不会对我的业务造成任何负面影响。

■ 十年后的第 2 版

我的第一本书最初出版至今，十年过去了，它已经经历了相当长的一段旅程。我得承认，十年前，我从未料到会有很多人对一本关于趋势跟踪的书感兴趣，尤其是一个他们可能从未听说过的、有些古怪的欧洲人写的书。《趋势交易》的一夜成名完全出乎我的意料，而之后的十年也令人惊叹不已。时至今日，我最常被问到的问题（尽管通常问得比较委婉）是，我写书是否赚了很多钱。不，当然没有，但这个问题并未抓住重点。撰写本书不仅带来智力上的挑战和乐趣，还为我开辟了前所未有的新天地。这些年来，从事写作确实为我促成了一些重要的商业合作机会，这算是一个意外之喜，但我最珍视的还是因为写书而结识了各种各样的人。

这些书让我成为全球各种会议的常邀主旨演讲嘉宾，我非常享受会议上与众多人士深入交流与对话的那些时光。我还通过这些会议结识了其他演讲者，其中很多人已成为我的好朋友。早在 20 世纪 90 年代，当我梦想着进入金融高端领域时，我至少把杰克 · D. 施瓦格的《金融怪杰》系列图书读了十几遍。当我突然发现自己身处地球的另一端，面对数百人，在舞台上与其中一位金融怪杰一起签售图书时，那一刻我意识到，我写本书的决定是正确的。

|目录|

|第1章|

运用期货进行跨资产趋势跟踪

有这样一群对冲基金经理与职业资产管理人，他们在过去的30年间取得了非凡的业绩，无论是牛市还是熊市，他们持续战胜了传统的投资策略，在2008年的信贷危机中，他们更是取得了惊人的收益。这些交易者对他们的交易行为与交易方式守口如瓶。他们通常雇用大量的量化交易团队，成员均拥有世界顶级学府的顶尖博士学位，这也为他们那看似惊人的长期业绩表现披上了一层神秘的面纱。然而，正如本书中所介绍的那样，通过使用相当简单的系统交易模型，我们可以复制他们的收益，这表明，他们不但本质上做了相同的事情，而且这些方法也没有多复杂，我们大多数人都可以复制这些方法。

这群基金经理与交易员有多个称呼，他们通常被称为商品交易顾问（CTA）、趋势跟踪者或管理期货交易员。你愿意采用哪种称呼并不重要，因为这一群体并没有规范、明确的定义。这些人的共同之处在于，他们的主要交易策略是捕捉全球市场中多种资产类别在多空两端的持续价格变动，试图在价格趋势刚启动时就尽早建立有利的交易头寸。在实践中，自20世纪70年代以来，大多数期货交易经理做的都是一件事：趋势跟踪。从概念上讲，其核心思想非常简单。使用计算机软件识别大量不同期货市场的趋势，并尝试持续追随这一趋势。通过对涵盖所有资产类别的大量市场在多空两端的持续跟踪，无论市场是牛市还是熊市，无论交易哪类资产，只要捕捉到持续的价格趋势，他们都能赚得盆满钵满。

本书将为读者展示这群人在现实中具体的操作细节。

事实是，几乎所有这些基金都在进行趋势跟踪，而且具体的实现方式大同小异。它们各自都有看起来让人眼花缭乱的独门秘籍，但总的来说，这些方法之间没有本质区别。本书揭示了那些在大型投资机构中采用趋势跟踪的期货交易者的具体做法以及他们创下如此优秀业绩的原因。这些策略本身相对简单，理论上也不难复制，但这绝不意味着我们在现实中可以很容易地复制这些方法并将其贯彻执行。人们往往会在很大程度上误解管理期货交易的难度，那些试图复制我们做法的人通常会在错误的事情上耗费太多时间，等他们意识到实际困难时往往为时已晚。趋势跟踪策略很简单，但在现实中自始至终地坚持贯彻它们又是另外一回事了。这听起来像是老生常谈，但读完本书后，再回过头来看这句话，你绝不会认为这只是陈词滥调。

本书所涉及的策略和业务有很多名称，尽管这些名称经常互换使用，但它们的意思在实践中可能略有差别，有时会造成某些混乱。业内人士最常用的术语是商品交易顾问（CTA），尽管我承认我也很偏爱这一称呼，但这种叫法在这一场合显得并不是那么贴切。商品交易顾问是由美国国家期货协会（NFA）定义的期货监管术语，与今天大多数所谓的CTA基金或CTA经理没多大联系。这个标签是历史遗留下来的，在早年间，执行这些交易策略的是位于美国本土的个人交易者或受美国国家期货协会监管的小公司，现在已是时过境迁。如果你住在英国，并且在伦敦拥有咨询公司，在英属维尔京群岛设立一家资产管理公司，在开曼群岛设立一家对冲基金

(这实际上比人们想象的要常见),你绝不会受到美国国家期货协会的影响,因此从他们的角度来看,即使你持有大规模的期货头寸,你也不会被他们认定为商品交易顾问。

分散化趋势跟踪策略概述

趋势跟踪的概念意味着我们永远不会追求什么“抄底逃顶”。这一策略关心的不是低买高卖,而是在高点买入,在更高点卖出,或在低点做空,在更低点回补。使用这些策略总会让我们在入场时慢半拍,在撤离时无法做到全身而退,但却能保证吃到鱼身上最肥的中段部分。所有趋势跟踪策略在概念上都是相同的,其核心思想是金融市场往往会在一段较长的时间按某种趋势运行,无论是上涨、下跌,还是横盘整理。趋势或许不是一直存在,甚至不那么经常出现,但这一策略的关键假设在于,总会有那么一段时期,市场会在足够长的时间里沿着同一方向持续运行,这足以让我们弥补亏损的交易并获得丰厚的收益。趋势跟踪策略只有在这一时期才会赚钱。当市场横盘整理时,趋势跟踪策略就赚不到钱,而市场横盘震荡的时期往往远超我们的预期。

图 1-1 展示了我们要捕捉的交易机会,一言以蔽之,我们在等待市场朝着一个方向做出重大变动,然后赌价格会朝同一方向继续移动,并持有该头寸,直到这一趋势终止。注意图 1-1 中由垂直线分隔的两个阶段。在 4 月之前,跟随新西兰元的发展趋势无利可图,因为在这一时期,新西兰元没有形成有效的趋势。许多尝试在多空两端进行交易的趋势跟踪者都有可能亏钱,但只要抓住从 4 月开始形成的上升趋势,他们不仅能弥补此前的亏损,而且能斩获颇丰。

如果你在任一特定时间观察某个单一市场,很有可能看不到什么趋势。这不仅意味着趋势跟踪策略将无利可图,而且由于这一策略在开仓后可能会因价格跌回原点而不断触发止损,亏损也将接踵而至。对单一交易品种使用趋势跟踪策略并不算难,但这种做法往往是劳而无功的,还要承担高昂的成本。如果将趋势跟踪策略仅仅应用于任意单一投资工具或资产上，交易者可能要耐得住相当长时间的寂寞，投资者会眼睁睁地看着持仓组合价值不断缩水，他们不但要遭受金钱上的损失，还要承担精神上的折磨。对于那些只在单一品种或少数市场进行交易的人来讲，他们往往会更容易在每笔交易中下更大的赌注，以确保这笔交易对投资组合的盈利产生重要影响，这也是一条快速失败的最佳路径。

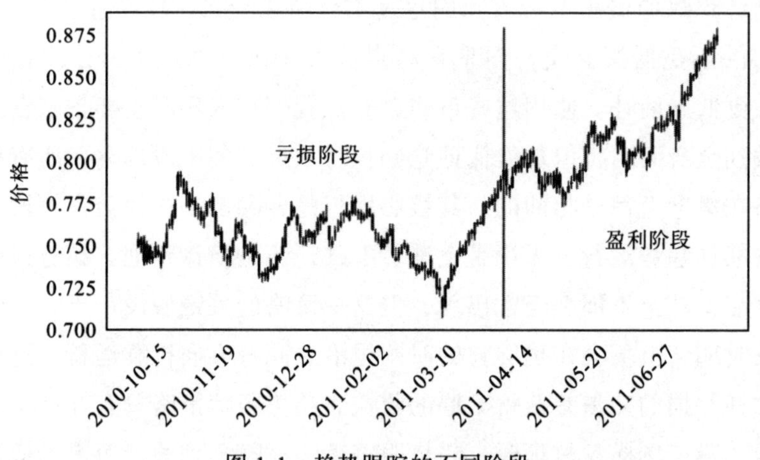

图 1-1 趋势跟踪的不同阶段

如果采用分散化的期货交易策略，我们将有一整套的交易工具可用，这些交易工具涵盖了所有主要资产类别，这也让每笔交易对投资组合总体业绩的影响微乎其微。实际上，大多数趋势跟踪期货策略在一多半的交易中都是亏损的，有时亏损甚至高达70%，但诀窍是成功交易带来的收益远远超过失败交易带来的损失，只要交易次数足够多，大数定律就会起作用。

对于一个真正实施分散化期货交易的基金经理来说，我们交易的是标普500指数、糙米、债券、黄金，甚至是活猪，这都不重要。它们都是期货交易品种，处理方式也不应有太大的区别。通过使用足够长时间的历史数据，我们可以分析每个市场的行为，并使我们的交易策略适配每个市场的波动和特征，确保我们构建一个稳健且真正分散化的投资组合。

传统的投资方法

股票（也就是在证券交易所交易的公司股份）是人们最广泛持有的资产类别，普通大众对其尤其青睐。一直以来，学术界以及大多数大型银行与金融机构一直向大众宣传这样一种理念：买入并长期持有股票是一种安全和谨慎的投资方法，这也为股票共同基金创造了一个巨大的市场。人们通常将这些资金视为负责任的长期资金，觉得它们在长期内总会上涨，出于这个原因，我们个人养老金计划的一大部分也可能被配置在股票共同基金账户中。银行工作人员会不厌其烦地告诉你，你应当同时持有股票共同基金与债券共同基金，而且年纪越小，就越应该持有更高比例的股票共同基金。之所以这么说，是因为虽然股票在长期上涨的可能性更大，但其波动率要高于债券，而你应该在年轻时承担更高的风险，因为你有足够的时间弥补损失。此外，银行通常会建议你选择股票共同基金而不是购买单只股票，以确保你实现充分的分散化投资，并且你参与的是整个市场而不是把宝押在个别公司上，而这些公司可能会在未来遇到意想不到的麻烦。

所有这些听起来都非常合理，也是很好的销售话术，但这一观点成立的前提条件是，随着时间的推移，股票会不断升值这一观点在现实中也成立。通过持有许多股票而不是仅仅持有少数公司来实现分散化投资的想法听起来也很合理，因为假设股票之间的相关性足够低，可以在承担低风险的情况下获取同等或更高的预期收益。当然，如果这些假设中的任何一条都不符合现实，那么整个投资策略就有可能像谚语中的纸牌屋一样轰然倒塌。

在现实中，作为一种投资工具，股票比其他类型的资产具有更强的内部相关性。在同一天里，股票的价格往往是同升同降的，虽然好股票和坏股票之间的整体收益水平相差甚大，但在更长的时间跨度里，它们的涨跌天数是高度相关的，即使在正向市场中也是如此。如果你持有一个涵盖许多国家及行业的股票投资组合，你持有的资产还是股票，组合的分散化程度是非常有限的。当市场陷入低迷，或是发生了某个撼动市场基础的事件时，有限分散化的问题会变得愈加严重。这些事件可能是长期的，如网络股泡沫破灭、银行业崩盘等，也可能是一次短期冲击，如地震或战争的突然爆发。当市场意见一致时，股票之间的相关性会迅速接近于1，因为每个人都在同一时间进行恐慌性抛售，然后在感觉到危机减弱时，几乎所有人都将在同一时刻疯狂抢购。在这样的市场中，你持有什么样的股票并不重要，投资组合除了带给你分散化的错觉，还会让你付出昂贵的代价。

如果股票在长期内总是上涨，那么相关性就不那么重要了，因为如果你只是持有股票并等待一段时间，你总是会把钱赚回来的。如果你是一个非常有耐心的人，那这种说法就是绝对正确的，你很可能只要采用买入并持有的策略就能从股市中赚钱。从1976年到2011年，MSCI全球指数上涨了1 300%，因此，你的初始投资在35年里增加了十倍以上。当然，如果你把这一收益转化为年复合增长率，你会发现这意味着每年的收益率只有8%左右。如果你不幸在1999年开始投资，13年后你会发现你的损失依然在20%以上。如果你从2007年开始投资，那你的损失会更大。尽管股票在长期内上涨的概率更大，但是，先损失大部分资金，然后用半辈子的时间来慢慢回本，我想这是绝大多数人都不能接受的。如果你很幸运，赶上了某个好年景或是好时期，买入并持有的策略可能会奏效，即便如此，你的投资之路也不是一帆风顺的，最终也可能只得到很低的收益。回顾1976年至2011年，这期间的投资收益率大约是1 000%，在此期间最大的回撤也达到了55%。从长期收益与风险的角度来看买入并持有的策略，这意味着为了获得每年8%左右的收益，你必须承担损失超过一半资本的风险，这意味着接近7年的平均收益。

你可能会说，55%的损失只是一种极端事件，像2008年信贷危机这样的事情不太可能重演，但事实并非如此。我们来看看近年来发生过的所谓百年一遇的事件吧。1974年，道琼斯工业平均指数下跌了40%，之后花了6年多的时间才恢复。1978年，该指数在1年多一点的时间里下跌了

27%。同样的事情在1982年再次发生，指数在大约1年的时间里损失了25%。从1987年8月的峰值到10月的底部，该指数下跌了40%以上。就算是20世纪90年代的牛市期间，指数也遭遇了几次15%～20%的下跌，在2000年股灾时，指数在触底之前已经跌去了大约40%。你需要弄清楚，你需要多高的预期复合收益率来补偿股市的高风险？为了这不到10%的年化收益率，冒这么高的风险真的令你满意吗？

如果你选择通过股票共同基金参与股市，你还要考虑一个因素，那就是共同基金能否匹配或跑赢所跟踪的基准指数。共同基金经理不同于对冲基金经理，共同基金经理的任务是击败某个特定的指数，对于股票型基金来说，这个特定指数可能是标准普尔500指数、富时100指数、MSCI全球指数或其他类似的指数。它可以是某个国家的股票宽基指数、某个国际指数、行业指数或其他任何类型的股票指数，共同基金经理的任务是跟踪指定的指数并击败它。大多数共同基金经理在投资方法上没有太大的回旋余地，他们的持仓结构及比例不能与所跟踪的指数偏离太大。要想战胜指数，要么采用略微超配基金经理认为表现将优于指数的股票，或低配基金经理认为表现将劣于指数的股票，要么在感觉市场低迷时增加现金的占比。共同基金经理与对冲基金经理或追求绝对收益的交易员之间的最大区别在于，共同基金经理的工作是跟踪基准指数，对其涨跌并不在意。共同基金经理的工作职责不是为客户赚钱，而是试图确保客户获得的收益等于或略高于基准指数的收益。如果标准普尔500指数在一年内下跌30%，而使用该指数作为业绩基准的共同基金只亏掉了客户资金的25%，这应该是非常优秀的表现了，基金经理算是圆满完成了任务。

当然，基金经理的业绩还应扣除必要费用，这些费用包括管理费，有时还包含业绩分成，再加上手续费、托管费、佣金等，只有极少数的共同基金能战胜基准指数，实际上能和基准指数打平的基金都不多，其原因也正在于此。根据标准普尔指数与主动管理型基金比较记分卡（SPIVA）在2011年发布的报告，在这一年里，美国国内股票型基金中表现优于基准指数的比例不到16%。其中表现最差的是大盘成长型基金，跑输基准指数的比例超过95%。从2006年到2011年的这五年间，62%的美国国内基金未能击败基准指数。其间表现最差的是中盘成长型基金，实现目标的比率不足10%。标准普尔公司报告的内容对整个共同基金行业是灾难性的。如果主动型共同基金年复一年地证明其表现持续低于基准指数，人们也很难认为这种情况会在短期内发生根本性变化。

有些时候，通过买入并持有较长一段时间来参与股票市场投资确实能获得不错的收益，但你需要未雨绸缪，确定市场暴跌时的离场时机，因为这种情况是不可避免的。只要你避开极度震荡和糟糕的年份，通过某种方式将部分资金投入股市是明智的，但我个人认为，将赚的辛苦钱中的绝大部分都投到股票市场中，希望在剧烈震荡的市场中获得不错的收益，这种做法未免有些一厢情愿了。实在想在股市中分一杯羹的话，你或许还可以考虑投资被动型交易所交易基金（ETFs），以其作为传统共同基金的替代品，因为指数跟踪ETFs完全复制基准指数的股票配比，费用也大幅降低，这使得它们能够非常精确地跟踪及匹配指数。由于ETFs可以在交易所根据实时报价交易，基金买卖方式便利，成本低廉。

分散化管理期货范例

实践中有许多可行的股票投资策略，经波动率调整后的表现往往优于买入并持有策略，我也曾使用过某些策略。趋势跟踪管理期货策略算是个中翘楚，因为对该策略的长期业绩跟踪结果显示，它在牛市和熊市中都提供了非常好的风险收益率。一个稳健的管理期货策略应具备如下特征：预期年收益率足够高；与年收益率相关的最大回撤较合理；与全球股市没有显著的相关性，最好是略微负相关。

在趋势跟踪管理期货市场上成功的交易员和对冲基金数不胜数，许多人在这个行当里已经工作数十年，甚至还有20世纪70年代就入行的。这么多趋势交易者在这一领域存活了这么多年，而且持续取得了令人咂舌的收益，这一事实本身就证明了这些策略的有效性。

表 1-1 对一些期货经理的基金业绩与全球股票市场的表现进行了简要比较。如前所述，MSCI 全球指数的长期收益率为 8.1%，最大回撤（DD）为 54.6%，这意味着这一回撤跌去了 7 个正常年份的收益。与其他基金的表现相比，Eckhardt Evolution 基金在同一时期的收益率为 10.9%，[⊖]最大回撤只有 27.1%，只相当于跌去了 1.5 年的收益。Transtrend Enhanced 基金的最大回撤更少，至于 Dunn World Monetary and Agriculture 基金，在连续数年的优异表现之后，尽管遭遇了一次重大回撤，其损失也不过是 4 年的收益，年复合收益率仍远高于股票指数。

表 1-1 不同基金的业绩与全球股票市场的表现比较

名称	年化收益率（%）	最大回撤（%）	与 MSCI 全球指数的相关性	年化波动率（%）	成立时间
MSCI 全球指数总收益	8.1	−54.6		15.1	1988 年 1 月 31 日
Chesapeake Classic 基金	10.1	−31.6	0.17	18.9	1988 年 2 月 1 日
Dunn World Monetary and Agriculture 基金	12.9	−57.9	−0.09	32.1	1984 年 11 月 1 日
Eckhardt Evolution 基金	10.9	−27.1	0.02	18.1	1991 年 8 月 1 日
EMC Classic 基金	17.4	−45.4	−0.11	42.7	1985 年 1 月 1 日
Estlander Alpha 基金	7.9	−29.7	0.04	13.6	1991 年 10 月 1 日
Fort Global Diversified 基金	10.0	−17.5	−0.07	15.8	2002 年 3 月 1 日
ISAM Systematic Trend 基金	11.2	−37.8	−0.20	18.2	2001 年 6 月 1 日
Mulvaney Global Markets 基金	12.5	−45.1	−0.12	33.1	1999 年 5 月 1 日
Tactical Institutional 基金	16.3	−41.5	−0.05	23.3	1993 年 4 月 1 日
Transtrend Enhanced 基金	11.3	−15.7	0.01	13.7	1995 年 1 月 1 日

看一下这些基金与 MSCI 全球指数的相关性，你会注意到它们之间的相关性一点都不显著。这意味着使用这种策略，你真的不用担心世界股市的涨跌情况，因为它对你的收益的影响微乎其微。这并不意味着分散化期货交易策略在所有年份的收益都是正的，而是随着时间的推移，出现正收益和负收益的时机与股市无关。细心的读者可能会问，只凭这一点就能让这些策略作为股票投资组合的很好的补充吗？答案是肯定的，具体原因将在之后的章节中详细阐述。

⊖ 原书为 EMC 基金在同一时期的收益率为 17%，疑有误。——译者注

对趋势跟踪策略的批评

尽管针对趋势跟踪交易的某些批评不无道理，但有些被人们反复提及的意见也不太经得起推敲。其中一种比较中肯的批评意见指出，行业报告披露的业绩表现数据存在幸存者偏差。这种观点认为，基金是相关指数的成分股，只有表现良好的基金才会被纳入到指数中进行比较，而表现不佳的基金要么破产，要么由于规模太小而无法成为指数的一部分，这种效应使指数存在正偏误。这当然是一种影响因素，就像那些表现不佳以及市值缩水的股票会被剔除出标准普尔 500 指数一样。所有指数都不可避免地出现幸存者偏差，这也让所有指数的表现都比真实情况要稍好一些。这是一种普遍现象，而不是某些资产类别的个别情况。无论如何，本书中关于分散化期货交易策略表现的论述不依赖于指数的表现，用来比较的基金经理涵盖了大多数业内顶级玩家，历史业绩表明他们的表现也不是那么一帆风顺。这些交易策略的确有很多优点，也有一些严重缺陷及潜在的问题。我将在本书中对此逐一剖析，绝不会做半点粉饰，因为这样做毫无必要，还可能会适得其反。

另一个常见的批评意见是，高杠杆会增加趋势跟踪策略的风险。持这一观点的人很明显没有搞清楚杠杆和风险的基本概念，它们之间没有必然联系。在实施跨资产期货交易策略时，杠杆概念的界定是一个棘手的问题，只将合约的名义价值简单加总，然后再用其除以本金价值的算法问题很大。让我来进一步阐述这一问题，例如，合约价值为 100 万英镑的黄金期货与 100 万英镑的欧元利率期货的实际风险迥然不同。黄金价格通常一天波动几个百分点，而欧元利率的波动只有几个基点[⊖]。当然，这些期货交易策略的名义风险敞口可能非常高，但这并不意味着它们一定就有高风险。诚然，期货交易策略有风险，但买入并持有股票组合的策略也不见得风险就更低。

大多数趋势跟踪期货交易策略经常涉及做空，做空的数量通常与做多的数量一样多。批评者会强调这一点，当你做空时，你面临的潜在风险

⊖ 一个基点是 0.01 个百分点。——译者注

是无穷大的，这是对市场运作方式的又一误解。和股票一样，你的损失不会超出你的投入资金。期货合约损益图显示你面临无穷的潜在损失，但这只在理论上存在可能，因为你账户中保证金的数量是有限的。依照我的经验，做空比做多更难，但这并不一定意味着做空的风险更高，尤其是在大型分散化投资组合的背景下。相反，提高做空能力往往会提高收益分布曲线的偏度[⊖]，从而增强对冲策略的吸引力。

管理期货基金有时也会遭遇长时期的大幅下挫情况。这一批评确有其道理，在你决定正式进入这一行业之前，请做好充分的思想准备。人们愿意用百分比数字来衡量风险大小，比如，他们经常会说某基金的最大回撤是20%，但这种表述方式没有什么太大的实际意义，因为你可以通过调整持仓比例来随意调整这一风险指标，我将在后续的章节中详细阐述这一点。我们真正应该关注的是长期收益能否弥补最大回撤的损失，在这种情况下，只讨论最大回撤没有什么意义。资金的回撤的确令人感到肉疼，但要说这一损失比经典的买入并持有股票这一策略表现更差是不符合实际的。在2008年股市熊市的底部，以MSCI全球指数计算，你的投资将比最高点时损失55%，跌回到20世纪90年代中期水平。我还没听说过哪种分散化期货投资策略能一下子亏掉整整15年的收益，但这还是架不住很多人将买入并持有策略视为更安全的投资策略。

当然，在过去三四十年里一直有效的投资策略，在未来的一二十年里未必依然有效。我们这里讨论的不是数学上的确定性，也不是想要预测未来。我们的目的是尽力挖掘统计数据中对我们有利的规律，然后不断重复应用这些统计概率来赚取收益。趋势跟踪交易者总会遇到大小年，但随着时间的推移，这一策略很有可能超越传统的投资方法，赚到非常高的绝对收益，请记住，我们依靠的是统计概率而不是确定性。无论你选择了哪种交易策略，这一行里没有包赚不赔的交易方法。我不认为趋势跟踪期货交易策略的盈利模式会在某一天突然失效，但凡事皆有可能，毕竟，恐龙当年也没想到它们的时代会在某一天随着一块从天而降的巨石戛然而止。

⊖ skew，收益分布曲线的偏度越大，意味着高收益部分的概率更大。——译者注

以管理期货为业

本书的主要目的是让基金经理了解趋势跟踪期货交易策略，他们的本职工作就是帮助他人理财，人们可能会问，为什么要把赚钱的秘密分享给其他人？有些人会认为，一旦你找到一种可靠的长期盈利模式，你就应该闷声发大财。这在某些情况下可能是正确的，尤其是对那些无法扩大规模，只能通过低成交量获利的策略适用。然而，对于一个真正的可以调整投资规模的策略，与别人分享这一方法不但没有什么实质性的负面影响，还有很多额外的好处。

首先，要进行趋势跟踪期货交易，你需要拥有雄厚的资本，这才能将投资组合充分分散化并合理降低波动率。即使你拥有娴熟的交易技巧，如果没有几百万的资产，你也无法在可接受的风险水平下将投资充分分散化。因此，将自有资金和其他人的资金合在一起是非常有意义的。想象一下，你一方面给自己赚钱，另一方面还可以从别人那里收取管理费用，真是一举两得，你的工作也变得更有吸引力了，因为你的工作负担并没有增加，除了自己获得收益，你还可以分享客户的交易收益。

如果你采取对冲基金的模式，接受外部资金与自有资金放在同一个账户交易，每天增加很少工作负担，而你的潜在收益却会急剧上升。如果你采用独立账户的模式，那你可能会增加一部分管理工作量，但这种模式起步更快、成本更低，而潜在的经济收入和对冲基金的模式本质上是相同的。对于一个新手来说，你可以从管理费中获得相当稳定的收入，这可以让你专注于长期业绩表现。这种策略需要耐心，如果你在经济上有压力，要在每个月都实现交易盈利，那结果可能适得其反。你可能会遇到在相当长的时间里横盘整理甚至亏损的交易情况，这段时间需要你咬牙坚持下去。归根结底，你获得激励的前提应该是实现长期的高收益，同时将亏损控制在可接受的水平。因为你可以从外部投资者的利润中获得一部分分成，在好年景中所获得的潜在收入将远远超过只用自有资金投资所获取的收益。

如果你有10万美元，年收益率为20%，你就能赚到2万美元，这当然很好。但是，如果你还能得到外部投资者提供的100万美元，收取1.5%的管理费和15%的绩效分成，那么你还可以获得3万美元的绩效分成和超过1.5万美元的管理费。做着同样的交易，但由于你管理的投资组合规模更大，你的收入不是20 000美元，而是65 000美元，而管理期货趋势跟踪交易的好处在于其扩展性非常强，就算外部资金扩大了好多倍，你的交易方式基本不变，而工作量也几乎没有增加。

管理外部资金意味着承担受托责任，你不仅要严格遵守被授权的交易策略，还要编制相关报告、分析及保存适当的文件。这些工作看起来很烦琐，但是按照规范要求勤勉尽责地工作也是好事，也有助于你始终以专业的方式行事。

管理其他人的资金也有负面影响，那就是你可能没有以前那么自由了，因为你要严格遵守向投资人推介时所承诺的计划和原则。和管理自家账户相比，你承担的风险水平会有所下降。有些交易者在使用自有资金进行投资时可以承受最高60%～70%的资金回撤，来换取一倍以上的净收益，但即便是专业的基金经理也很难找到愿意接受这一策略的客户。正常投资者，尤其是那些拥有大量资金的机构投资者，宁可以较低的收益率换取较高的安全性。

如果认真筹划、管理得当，管理期货业务可以带来丰厚的回报。自20世纪70年代以来，在这一领域取得丰硕业绩的交易员数不胜数，公募基金的数量也不断攀升。

从商业角度来看，管理期货交易比其他类型企业的业务模式简单得多。简单来说，可以归结为以下几步：

➢ 1. 找到愿意和你一起投资的客户。

➢ 2. 代表客户交易期货。

➢ 3. 向客户按年收取管理资金的固定费用，年费率通常为1%～2%。

➢ 4. 根据每年的盈利数额向客户收取绩效分成，通常为利润的10%～20%。

这种商业模式最吸引人的地方在于，管理 2 000 万美元和管理 1 000 万美元的难度是一样的。二者成本大致相同，但前者的总收益会翻倍。这种商业模式很容易扩大规模，除非资产规模扩大到相当的程度，否则我们可以一直使用相同的交易策略进行交易，需要调整的只是持仓头寸。一旦你的资金规模增至 5 亿美元到 10 亿美元的规模，你会遇到与资产配置和流动性有关的一系列新问题，但这也不过是幸福的烦恼罢了。

当我们初次涉足这一行业时，大多数人面临的最大问题是寻找客户，愿意把钱投资于菜鸟基金经理操盘的新基金的人可不好找。除非你那有钱的叔叔鲍勃刚退休，他也愿意拿出几百万美元来和你一起投资，否则，拉来第一笔种子资金绝不是一个简单的新手任务。在开始接触潜在客户之前，你要准备好一个可靠的产品以供推销，也就是说，你要向客户证明你有这方面的投资策略及相应的执行力。设计投资策略是本书的重点，我希望你在读完这本书后，能掌握这种方法并找到真正的用武之地。

与自营交易业务相比，开展期货交易业务主要有两条路径。

（1）共管账户：这是一种传统方式，客户以自己的名义开立账户，并授权交易员直接代表他们执行交易。这种方式在交易结构及法律架构方面都非常简单，也能为客户提供高度的灵活性和安全性。每个账户都是不同的，以反映客户对风险等方面的特殊要求，交易员通常能够满足这些要求。

如果你不想使用定制方案，还希望简化交易流程，你还可以加入一个由银行或主经纪商提供的共管账户平台。在这一平台上，你基本上只在一个账户上交易，交易会自动按比例分配到客户的个人账户上执行。由于资金存放在客户自己的账户里，所以客户有更大的灵活性，可以随时查看账户情况，无须提前告知即可中止交易或采取其他形式的干预。客户不必担心遇到像麦道夫那样的骗子，因为这里没有中间人，银行会直接向客户提供账户情况的报告。与基金架构相比，共管账户这一解决方案要求基金经理多做一些行政管理方面的工作。

（2）对冲基金：在这种架构下，所有客户共用一个总的账户。当然，在实践中，这个账户可能会托管在几家银行的不同账户中，但问题的关键在于，来自所有客户的全部资金是集中在一起交易的。这极大地简化了向客户披露信息及文件保管方面的工作流程，但要求更复杂的法律架构，有时还需要通过成立在岸公司及离岸公司的联合架构才能实施。

无论选择其中哪种路径，你都需要深入研究这两种解决方案的利弊。越来越多的专业投资者倾向于选择共管账户，因为这样可以降低法律风险，但是，大多数共管账户架构对每个账户的参与资金起点要求远高于对冲基金架构。具体情况各不相同，要按照你和潜在客户的注册地而定。你需要认真研究适用的法律规定，并确保核实所有适用的监管要求。你可能需要获得当地监管机构的许可，一旦违反这些要求可能会迅速终结你的交易生涯。

以交易为业和单干的区别

交易策略营销

当你使用自己的账户交易，甚至有时受托管理他人的账户时，你可以完全按照自己的想法进行交易，不需要向别人证明你的想法有多妙。如果你确实是一个非常出色的交易者，过往的战绩非常辉煌，你同样可以用这些策略为对冲基金或专业的共管账户服务，但基金暗箱操作的时代已经一去不复返了。简单地跟潜在客户说“请相信我的能力”，或暗示你的策略有多么成功，这些已不再是好的销售话术。如果你像大多数人那样依靠募集资金来运作新基金，那你需要讲一个好的故事，向目标客户清晰描绘出基金的发展前景以及该基金与同类产品的最大区别。这并不意味着你需要透露所有的数学运算结果，更不需要呈交你的程序源代码，但你应该向客户明确展示你的交易策略的核心理念、你试图利用的市场环境类型以及具体的执行方案。你还需要详细阐述交易策略的风险收益特征、目标收益率以及相应的波动率水平。即使你的故事讲得非常吸引人，你也需要让客户了解你的产品的独特性，说服他们购买你的基金而不是购买其他类似的产品，或是转投另外一个有着多年成功经验的期货交易经理。

你需要在演示和营销方面多下功夫。如果你的交易策略的模拟结果比较可靠，可以在展示材料中多用图表和数据。要把描述投资理念及策略的说明书做得更专业一些，要向客户明确说明，为什么你的产品能够很好地适配这一特定的市场，你的实力为何超过市场中已有的竞争对手。千万不要低估为企业筹集初始种子资金的难度及所需的工作量，这是一项决定整个项目成败的艰巨任务。筹集资金通常要依赖业内的朋友圈，由他们给你提供一些启动资金，如果你缺乏足够的人脉，那开展业务的难度是非常大的。即使你拥有一个很棒的交易策略、个人交易账户的过往业绩非常优秀、市场声望也非常高，你在资金的募集阶段也没有太多的主动权，为确保筹集到足够多的种子基金、保证基金成功发行，你可能会做一些违心的交易，如每年向资金的引荐方支付一些佣金回扣。

波动率特征

波动率是投资业绩的货币价格。如果投资者得不到相应的回报，他们很快就会离你而去。投资这一行没什么忠诚性可言，从严格的达尔文进化论的角度来说，这或许是件好事。投资界有句老话说得好，对冲基金不存在连续三年表现不佳的情况，因为如果连续两年表现不佳，所有的投资者就将离你而去，基金等不到第三年就破产了。

无论是交易策略的模拟盘还是实盘交易，你不但要关注交易的整体收益，也要关注交易回撤和波动率。要使用相同的交易策略模拟过去30年的最大回撤，模拟应尽可能地接近真实情况，然后假设基金或交易产品推出后会出现更差的情况，并测算此种情况下的最大回撤。所谓回撤，指的是从基金或策略的历史最高值到当前值之间的下跌幅度。如果你在一年中的前3个月获得20%的收益率，然后收益率在接下来的3个月里回落至10%，那么你从年初到现在的收益率为10%，但回撤为8.3%[⊖]。

⊖ 回撤的计算过程为：(1.2−1.1)/(1+20%)=8.3%。——译者注

你需要弄清楚你的交易策略的正常回撤幅度是多少，通常需要多长时间才能恢复，当然，也要清楚模拟过程中恢复的最长时间。即使你的回撤幅度不大，如果需要多年才能再创新高，也很难留住客户。请记住，投资者可能在一年中的任何时间进场，每个月月初最为常见。尽管那些在低位买入的投资者或许不那么在意一些小回撤，但高位接盘的投资者未必就那么舒服了。

按照业内经验，共管账户通常比对冲基金具有更高的客户黏性。也就是说，和对冲基金的客户相比，共管账户的客户与投资经理的合作时间往往更长，让他们转投其他经理需要付出更高的成本。这主要是因为投资经理与共管账户的客户的个人互动比对冲基金的客户多得多，对冲基金的投资经理往往对客户全然不知。投资经理与共管账户客户初步建立合作关系的难度往往很大，因此会在行政管理与关系维护上投入更多的精力。

夏普比率是一种常见的风险收益测度指标，要计算夏普比率，需要用实际收益率减去无风险利率，再除以收益的标准差。对于系统性投资策略，一般认为夏普比率在 0.5 以上是可以接受的，当然，这一数值越高越好。但在某些情况下，夏普比率这一指标也可能失效，因为夏普比率无法区分上行风险及下行风险（标准差的计算只能是正值，而在上行风险与下行风险中，只有下行风险是不利于投资者的）。夏普比率有不少优点，如广为人知、易于与客户沟通，并且可以在不同的基金之间进行比较，索提诺比率可以作为夏普比率的一个很好的补充，该指标与夏普比率非常相似，但是只计算下行风险，使用低于必要收益率计算的下行标准差取代正常的标准差。

在分析投资策略可能出现的回撤及恢复时间时，个人收入也是一个需要考虑的重要因素。尽管你的最低目标是只靠管理费收入至少能够做到盈亏平衡，但所有对冲基金和期货账户的管理者心里非常清楚，业绩分成才是真正的大头，这一事实有时令人苦不堪言。如果你的业绩连续两年都处于回撤状态，那你在这两年里将没有任何业绩分成收入，你的生活水平也将受到极大影响。毕竟，你还得靠它养家糊口呢！

基金的申购与赎回

客户资金的流入和流出是一个令很多基金经理头疼的问题。你需要制订一个明确的计划来处理这方面的问题，列明当资金流入或流出时的注意事项。这个问题看起来不大，其实非常重要，可能会对收益产生重大影响。当有新的资金流入时，你是将资金简单地按照相同的比例增加所有头寸，还是有选择性地只增加其中几项投资，或是为这些资金专门新开仓位，或是按兵不动，增加现金的持仓比例？如果你的基金规模还比较小，并且持有一个充分分散化的期货投资组合，你可能会发现每个持仓品种的期货合约只有三四手，如果新进资金使得你管理的资金规模增幅超过了15%，那你就无法按比例增加每个持仓品种的头寸。当面临的资金赎回请求超过15%时，也会产生同样的问题。

如果你获得了15%的新增资金，由于比例过低无法按比例增持头寸，你决定按兵不动，那你实际上是稀释了原有客户的投资收益。正确的做法是根据申购和赎回的资金等比例调整每笔头寸，但对于规模较小的投资组合，可能需要做手动调整。如果你只持有某种资产的少量几手合约，这意味着你的头寸规模已经存在取整误差，你可以使用申购或赎回的资金来消除这些取整误差。如果你获得了新增资金，你可以有选择性地增加之前由于取整误差而略微低配的头寸，反之亦然。除非你的资产规模足够大，否则你需要在某些情况下酌情处理。

与其他那些现金占用率较高（如股票型基金）的策略相比，期货交易策略的一个好处是，你的账户上总会有足够的现金来支付正常的赎回。只要不发生资产规模占比过高的巨额资产赎回，你或许不需要变现任何资产即可满足客户减持及全部退出的要求。

心理差异

当你回顾模拟数据时，15%的回撤值听起来还不算太糟糕。但是当你第一次损失 100 万英镑时，感觉可能大不一样了。实时观察你的基金净资产价值变动会让你感到压力。赶上某个行情较差的交易日，当你眼前出现一个不断跳动着的红色数字[⊖]，每秒钟都在损失成千上万美元的时候，能不为所动，按照预定方案进行操作，的确需要非常强大的自制力。在这种情况下仓促做出决策是很不明智的，你需要预先筹划，以应对任何可能出现的形势变化。如果你的模拟数据显示可能会出现 5% 的下跌，但可能性很小，如果实际中这种情况突然发生，无论心理上多痛苦，你也不能仓促地改变既定的交易策略。

提出这些建议很简单，但做起来并不容易。虽然都是些显而易见的常识，但大多数人都需要亲身经历过几次真正的熊市，才能逐渐适应市场危机。当你的策略表现不佳时，你很难按捺住更改策略的冲动，因此你需要提前制订一个规则，决定是否允许调整既定的策略，如果可以调整，还要明确列示调整的前提条件及具体方式。越是处于压力极大的市场困境中，越是不要仓促决策，按预先确定的方案操作才是最优的选择。

要想保持清醒的头脑，一个有效的方式是尽量与金钱数字保持距离。尽量不要把基金的资产当成现实中的真钱，而是把它当成记录游戏战绩的工具，就像"大富翁"游戏里的钱一样。如果你开始盘算你刚损失的几百万美元在现实世界中能买到多少东西，你就会丧失理智，要么是孤注一掷，扩大损失规模；要么是缩手缩脚，错过反弹的机会。更糟的是，绝不要把最近的损失和自己的管理费或绩效分成联系起来，也不要盘算你能用这笔钱做哪些事情。归根到底，这不过是"大富翁"游戏中的钱而已。

对冲基金行业有一条不成文的规定，那就是基金经理应将个人资金的一大部分跟投到基金中。但这种做法是一把双刃剑。一般认为，基金经理把自己的钱投入到基金中，可以确保自己的财务利益与投资者保持一致，这样可以做到利益共享、风险共担。这种说法确实没毛病，但是，基金经理的大部分收入来自基金的绩效分成，所以二者的利益早就是一致的

⊖ 美国证券市场行情显示，红色表示下跌，绿色表示上涨。——译者注

了。此外，将自己的钱投入基金还会增加基金经理的心理压力。如果你自己的大部分资金都投入到基金中，那你很难用平常心来看待这笔钱。许多投资者会认为这是一件好事，却忘记了如果基金经理能够与受托资产划清界限，他们对待投资策略的态度会更冷静、客观，而他们的业绩实际会更好。在投资中掺杂情绪，会严重影响投资业绩。

| 第 2 章 |

期货概述

期货资产

期货交易所

世界各地期货交易所众多，但是，对于一般的分散化投资的期货交易经理来说，美国的几家大型期货交易所是最重要的。大多数期货交易所的网站做得都很棒，上面有大量期货上市品种的有用信息，颇具参考价值。你可以随时查询某个期货合约的具体规格及其他感兴趣的信息。

期货合约及其汇率风险

如果你是一个国际投资者或交易员，而且日常以使用股票这类现金工具交易为主，那么期货的汇率风险与你熟知的概念大不相同。现金工具的汇率风险清晰明确，但期货交易的汇率风险却未必如此。如果你是一个身处瑞士的投资者，在纽约购买价值10万美元的IBM股票，如果你不考虑采用伦巴第式的融资方式[㊀]，你需要买入美元进行支付。这意味着交易后你除了要承担价值10万美元的IBM股票价格波动风险，同时也要面临着价值10万美元的美元兑换瑞士法郎（CHF）的风险敞口。这种风险敞口会对你的投资收益产生重大影响，这也是我们在进行量化交易分析时考虑的一个重要因素。具体示例如下：

- 一个瑞士投资者于2007年5月购买1 000股IBM股票，每股价格恰好为100美元。
- 美元兑换瑞士法郎的汇率大约是1.21瑞士法郎/美元，因此你需要兑换价值121 000瑞士法郎的美元来支付购买费用。
- 三年半以后，IBM的股价上涨到每股122美元，你想将股票卖出，收益率为22%（以美元计价）。
- 此时美元兑换瑞士法郎的汇率约为1.01瑞士法郎/美元。
- 在你将IBM股票以122 000美元的价格卖出，再将其兑换成瑞士法郎时，只剩下123 000瑞士法郎[㊁]，赚的钱只能勉强支付交易佣金。

在股票现货交易策略中，有这样一个问题长期困扰着投资者：投资者是否应该在股票交易策略之外，通过外汇交易将所有的汇率风险全都对冲掉，还是简单地承担所有汇率风险？期货交易的情况与此大不相同。

在进行期货合约建仓交易时，除了你缴纳的佣金费用之外，实际上没有发生资金的换手。期货中的建仓，指的是你签署了一份承诺在未来某个时间购买或出售某种商品的履约书。如前所述，绝大多数期货合约都是在到期之前通过反向交易来平仓的，此处不再赘述。建仓时没有资金换手意

㊀ Lombard financing，是一种以商品或有价证券作为担保品的融资方式，因坐落在英国伦敦伦巴第街的英格兰银行最早采用这种放款方式而得名。——译者注

㊁ 准确地讲，是123 220瑞士法郎，122 000 × 1.01=123 220。——译者注

味着期货交易面临的外汇风险要比现货交易小得多。我们来看一个与前述IBM股票交易类似的例子：

- 你是一位英国的投资者，以每份2 000美元的价格购买了10份纳斯达克标准期货合约[⊖]。建仓时的汇率为1.56，但这实际上无关紧要。
- 几个星期后，你以每份1 834美元的价格将合约卖出平仓。
- 你的损失为16.6万美元，计算方式是用166的点差，乘以基点价值（纳斯达克期货合约的基点价值为100），最后乘以持有的合约数量，最终得出16.6万美元。
- 平仓时英镑兑换美元的汇率为1.44美元/英镑，因此以英镑计价的损失大约为115 300英镑，这一数字与开仓时的汇率无关。

如上所述，期货结算日汇率，或者说，我们将产生的利润或损失换算成本币时的汇率是期货合约平仓时唯一要考虑的汇率，但不要据此认为汇率的波动对期货的盈亏没有影响。期货交易当然会面临汇率风险，但不像现货交易那样，承担汇率风险的是交易的全部名义金额。期货的汇率风险与交易的盈亏（P&L）有关，因此只有当前的盈利或亏损会受到汇率风险的影响。所以，汇率风险是动态变化的，每天甚至每个小时都会随着仓位的变化而变化。尽管期货交易的汇率风险相对于现货交易要小得多，但这一风险很难对冲。你或许还需要向经纪人存入不同币种的现金，确保在交易亏损时不会因账户透支而产生不必要的费用。

总之，理解期货交易汇率风险的关键之处在于，只有期货交易的盈亏部分会承担汇率风险，因此要特别关注这部分的风险管理。

有限期期货合约数据的处理

当某个新的期货合约开始交易后，通常离到期日还有很长一段时间，

⊖ 与纳斯达克迷你期货合约（mini Nasdaq futures）相对应。——译者注

交易活跃度也很低。很少有人对几年后交货的小麦期货合约感兴趣，因此，在合约到期之前，该小麦期货合约的流动性相对较差。在任一时点上，无论是玉米、橙汁、黄金，还是其他上市品种，每个市场都有一个流动性最好的期货合约，几乎每个人都在交易[⊖]。有时，主力合约可以是离到期日最近的合约，但这不是绝对的，至于主力合约的流动性何时发生转换，向哪个品种转换，都没有一定之规。某些期货市场的主力合约很容易判断，像股指期货合约与利率期货合约，主力合约几乎肯定是离到期日最近的合约，主力合约的转换通常在到期日当天或到期日前一两个交易日发生。而某些商品市场的主力合约的转换时间以及接下来的主力合约选择是完全无法预测的。

对于那些只关注某个交易品种的人来说，因为紧盯市场，交易者的注意力在从一个合约转移到另一个合约时，可以在第一时间内发现这种变化，但作为一名覆盖大量市场的系统交易员，你需要找到一种自动感知这类变化的方法。在大多数交易者的眼中，主力合约是唯一值得重视的合约。虽然有些 CTA 经理会利用同一市场上不同交割月份之间的价格差谋利，但大多数交易策略通常只关注交易量最大的交割月份。

图 2-1 显示了标准普尔 500 指数期货在 2011 年三个交割月份的持仓量变化情况。标准普尔 500 指数期货只提供 3 月、6 月、9 月和 12 月的合约，所以当 3 月合约到期时，交易通常会转移到 6 月合约，依此类推。6 月合约于 6 月 16 日到期，在这一天的前几个交易日，该合约的持仓量开始下降，而下一个合约的持仓量开始上升。与此同时，图 2-2 显示，在这段时间里，6 月和 9 月合约的持仓量也急剧上升。请记住，持仓量将告诉你某个交割月份有多少未平仓合约，也就是说，在该特定交割月份还有多少被持有的期货合约。如果你买入一手标准普尔 500 指数期货合约，该合约的持仓量将增加一手，当你将该合约卖出平仓时，该合约的持仓量将减少一手，反之亦然。

⊖ 即所谓的主力合约。——译者注

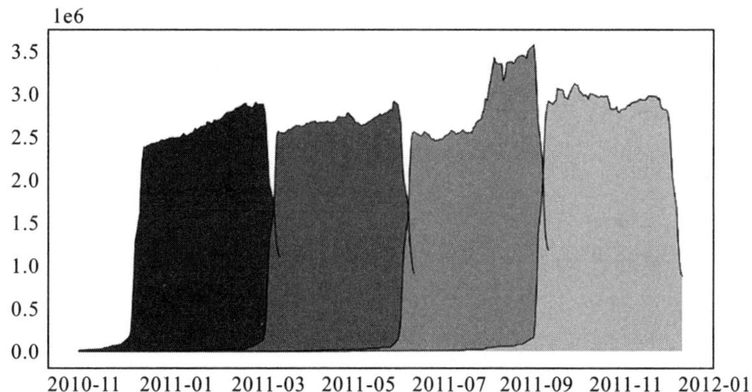

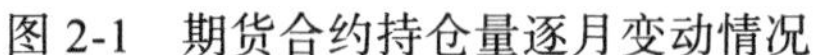
图 2-1 期货合约持仓量逐月变动情况

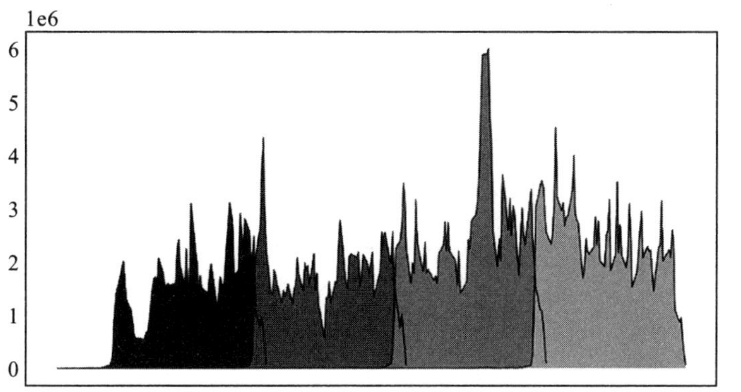

图 2-2 合约展期导致持仓量暴增

当未平仓合约向下一个交割月份转移时，成交量增加的原因在于，每个人都忙于将所持合约向远月展期，从 6 月合约切换到 9 月合约，从而产生了大量交易单。由于标准普尔 500 指数期货合约是一种不需实物交割的金融期货，理论上讲，你可以将其一直持有至到期，但就像我们从这些历史数据中看到的那样，几乎没有人会这么做。如果你想继续保有该标的资产（本案例中是标准普尔 500 指数）的持仓头寸，要保证合约展期顺利完成，也就是在买入一份合约的同时卖出另一份合约，这样，当月合约平仓与远月合约建仓的操作将不会产生任何价格风险。

你需要一个明确的方法，来判断从一个合约向另一个合约展期的合适时机，在你需要将合约展期时，也能够及时得到通知。常见的指标是成交量与持仓量，也可以将两者联合使用，在新合约的持仓量或（和）成交量更高时将合约展期。有些人在成交量连续几天放大后开始展期，而有些人会在新合约成交量超过旧合约的当天就开始行动了。无论如何，只要你确定一直持有高流动性的合约，对展期的方式及时机心知肚明，用哪种方式没有太大区别。

期货市场的期限结构

如果你将某个期货合约的价格走势图中每个连续交割月份的价格连接在一起，就会得到一条曲线，这条曲线就是期货市场的期限结构，也叫收益率曲线。图 2-3 与表 2-1 中给出了燃油合约的期限结构的一个范例。即使是同一资产，1 个月内交割与 6 个月内交割的合约价格有着非常大的区别，期限结构就是反映不同交割期的合约价格变化的概览图。

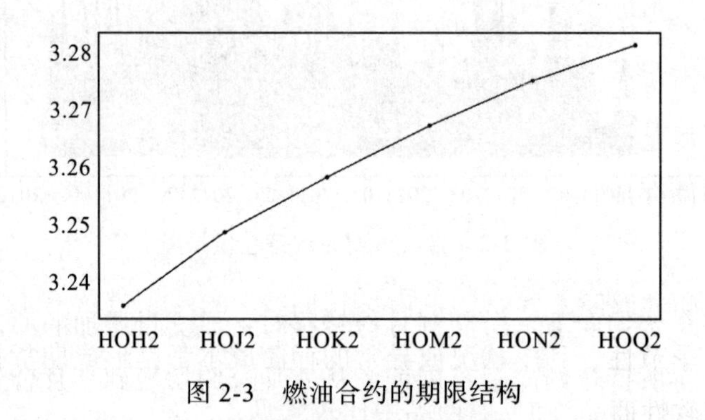

图 2-3 燃油合约的期限结构

表 2-1 燃油合约的期限结构表

代码	全称	最新价格
HOH2	2012 年 3 月燃油合约	3.2367
HOJ2	2012 年 4 月燃油合约	3.2499
HOK2	2012 年 5 月燃油合约	3.2598
HOM2	2012 年 6 月燃油合约	3.2690
HON2	2012 年 7 月燃油合约	3.2771
HOQ2	2012 年 8 月燃油合约	3.2835

在本例中，随着交割时间的推移，各个连续交割月份燃油合约的价格是递增的，这种情况是正常的。像这样向上倾斜的期限结构曲线被称为期货溢价。在某些情况下，期限结构曲线可能向下倾斜，这种情况被称为期货折价。这两个词是伦敦证券交易所在 19 世纪中期使用的股票延期交收系统的遗留产物，难怪看起来有些深奥难懂。

为何远月交割合约的价格通常更高呢？只要考虑对冲的持仓成本就很容易理解了。任何头寸的公允价格都是将其完全对冲所需的成本，所以如果你能对冲某物的风险，你也能对其进行定价。如果某人卖出 100 手交割时间在一年以后的黄金期货合约，对冲这笔交易风险的方式是现在从现货市场中购买价值 10 000 盎司（约 283 千克）的实物黄金并将其存储到交割期。黄金的存储是有成本的，除非你真的想把它放在你的地下室里，而且，购买黄金的资金也将被占用，而你原本可以用这些资金获取利息或其他收益。当然，你需要为此得到补偿，否则就不应当持有这一头寸。

对于股指期货和债券期货这类金融期货来说，利率是影响期限结构形状的主要因素，因为金融期货的对冲不需要实物存储；你可以提前交付现金。因此，与可实物交割的期货品种相比，金融期货的期限结构曲线没有那么陡峭。但是，某些商品期货的期限结构曲线非常陡峭，其主要原因就在于它们的储存成本非常高。比方说，天然气的储存成本很高，这使得天然气期货合约的期限结构具有非常明显的期货溢价特征。

期货折价（或向下倾斜的期限结构曲线）的现象虽然不常见，但也有可能发生。季节性、利率状况或异常的存储成本都是形成期货折价的影响因素，这在软性商品[㊀]和易腐商品中比较常见。

价差

标的资产相同但交割月份不同的两个期货合约的当前价格总是不同的，这也反映在期限结构中。同一年份的黄金期货，12 月合约与 4 月合约的成交价格并不相同，其他期货品种也是如此。通常情况下，在同年交割

㊀ 软性商品指农产品，如牲畜、玉米等。硬性商品指自然资源，如原油、金属等。——译者注

的期货合约中，12月合约的价格会高于4月合约，即我们所说的期货溢价情况，这与对黄金价格变动的预期无关。有人可能凭直觉认为，12月合约的高价反映了交易者认为黄金现货价格应该上涨，但事实并非如此。相反，对冲成本或持有成本是主要原因。在当前交易的合约到期时，你需要对其进行展期，此时两个合约之间的基础价格差异变得异常重要。

图2-4显示了2012年糙米期货5月合约与7月合约的价格走势，其中淡灰色虚线是7月合约价格，深黑色实线是5月合约价格。注意7月合约的价格始终高于5月合约的价格。这是正常情况，但有时这种关系也会发生反转，远月合约的价格可能会低于近月合约的价格。

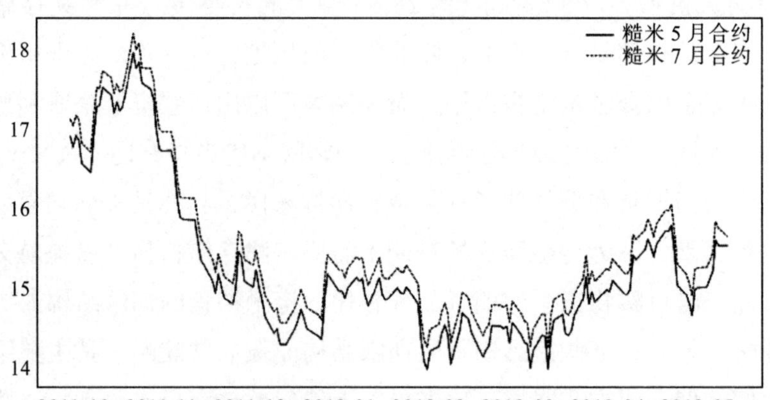

图2-4　糙米期货合约的价差变化图

出现价差的原因现在很清楚了：这主要与对冲成本或持仓成本有关。价差给我们造成的麻烦在于，在长期模拟过程中构建连续时间序列时，我们不能将各个合约的历史价格数据简单地联结在一起。这样做会使数据产生人为的缺口，而真实的市场中是没有这个缺口的。要进行适当的历史回溯模拟测试，使用的连续时间序列应当反映真实的市场行为，这并不一定要求所使用的价格也是当时的实际价格。如图2-5中的时间序列所示，该时间序列完全未做调整，是把多个合约价格直接首尾相连的结果。每次选择最近的合约并将其持有至到期，然后再接上下一个合约。这是许多期货行情软件查看期货连续时间序列的默认方式，比如，在路透终端上输入"c1"，就会得到按照这种方式构建的历史行情。在本例中，即使没有这些特别标注的圆圈，你也很容易发现合约换月发生的时间。这些看起来诡异的价格走势完全不能反映当时的市场状况，基于这样的数据模拟出的结果自然也就毫无参考价值。

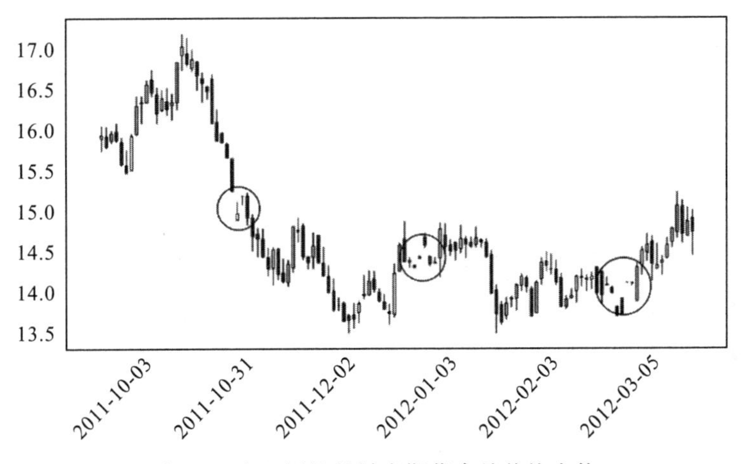

图 2-5 未经调整的糙米期货合约价格走势

与之相比，图 2-6 中的价格曲线看起来更正常一些。请注意，你现在已经无法从图 2-6 中看到合约换月的发生，人为缺口也已消除。如果看得更仔细一点，你会注意到虽然这两个价格走势图的最终价格是相同的，但这两个时间序列在 x 轴的左侧部分存在显著的价格差异。在未经调整的价格走势图中，10 月峰值价格约为 17.3，而经调整后的图表显示峰值价格超过 30。调整后的价格既可以高于调整前的价格，也可以低于调整前的价格，这取决于换月时的基差值是正值还是负值。

历史价格之所以出现这种价格差异，是我使用了向后调整图表。对于向后调整图表，时间序列右侧的当前价格总是正确的，但之前所有的合约可能会不匹配。每次合约换月，向后调整会将所有的价格序列调整到过去并消除人为缺口。这意味着整个时间序列必须向上或向下平移以匹配新的时间序列。

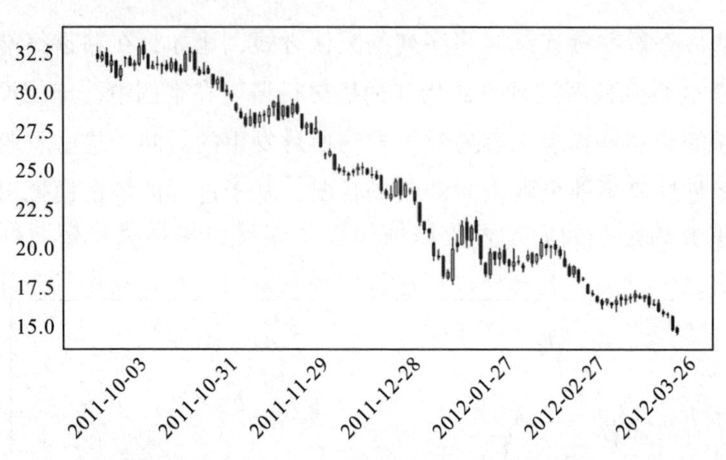

图 2-6 适当调整后的糙米期货合约价格走势

时间序列的调整方法有几种，市面上大多数优秀的期货市场行情软件都为客户提供了若干调整方法，具体选择哪种调整方法总体上影响不大。我首选的调整方法是根据持仓量确定主力合约，然后将这些合约的历史价格整合到同一个时间序列当中，使每个展期时点上的旧合约的收盘价与新合约的收盘价相匹配，从而保留了所有出现过的真实价格缺口，而且向后调整了该期货的全部历史价格数据。因此，如果你通过调整后的时间序列来查看 1985 年 6 月玉米的确切价格，你会发现它和当时的实际价格相差甚远，因为从那之后发生了无数次因合约展期而进行的价格调整。然而，随着时间的推移，价格的真实走势得以完整保留，序列中的最新价格也代表了市场的实际价格。

价格调整的其他方法大致涉及以下几个方面：对两个合约按比率调整、向前调整以及使用成交量和持仓量来找到流动性最强的主力合约等。对长期策略来说，这都属于细枝末节的问题，如果你想深入了解与合约展期有关的问题。请参阅杰克·D. 施瓦格在 1995 年出版的《期货交易技术分析》一书。

期货价格时间序列使用方式的变化

这些通过计算得出的期货价格时间序列数据存在一个明显的问题，那就是它们不是可交易的金融工具，也无法代表期货合约价格的真实变化趋势。它们仅仅是对某个长期持仓组合可能走势的一种粗略估计，是通过计算得出的高度理论化的时间序列。如果你想进行 100 天移动平均线计算这样的长期分析，你绝对需要期货价格时间序列数据。在单一品种的期货合约上做这种计算意义不大。

更重要的是，我们是否应该使用以及如何使用期货价格时间序列进行回溯测试。过去，大部分进行这种回溯测试的人都是利用预先计算好的模拟交易序列。虽然这种做法是对现实的较大简化，但也算是不错的近似值。

除了存在价格差异，使用这种方法的问题还包括所需的合约数量及保证金要求混乱不清，而且没有考虑展期成本。

如果你将趋势跟踪策略应用在期货价格时间序列上，那么结果可能就会让人误以为，只要简单地买入并长期持有石油、黄金或玉米等商品，就能做到稳赚不赔。然而，合约的展期是一种更为复杂的现实因素。如果可能的话，我们应该在回溯测试的设计逻辑中充分考虑到这一点。

好消息是，自本书第 1 版于 2013 年发行以来，这个领域已经取得了显著的进展。在当时，对于散户以及一些资金规模较小的机构投资者来说，如果不使用期货价格时间序列分析，还真没有其他更好的选择。当时没有现成的软件来对单个期货合约进行回溯测试，即使你想自己开发一个软件，计算能力和数据存储也是明显的制约因素。

即使有能力构建自己的回测系统，你的硬件设施也要满足处理数万个单个合约及其时间序列数据的需求，就是现在，这个要求也不算低。

在本书中进行的所有研究中，我都使用了单一品种的期货合约，以尽可能接近现实。我使用的软件能够基于分析和交易逻辑对期货价格时间序列进行实时计算，并根据真实的期货合约执行交易，我真希望我在十年前就能用上这样的交易软件。在这里，“实时”的意思是回溯测试每天都会根据当天的实际情况来计算期货价格时间序列数据，而不是在整个时间段里使用预先计算好的单一时间序列数据。这是对现实交易的近似估计。

期货板块划分

农产品期货

纯粹主义者可能会反对我给出的农产品的定义，因为我把软商品、谷物、纤维、肉类等都纳入了这一板块中，但我觉得这个定义更务实，比教科书的标准定义要好。农产品板块还可以做进一步的细分，但就本书的内容来说并无太大意义。

对于那些习惯交易股票、外汇及债券的交易员来说，农产品板块看起来可能稍微有那么一点点滑稽。农业领域中的期货交易品种繁多，从咖啡和棉花到瘦肉猪和家畜都可以进行交易，这使其成为名副其实的大超市。由于农产品板块中各交易品种之间的相关性不是特别高，从某种程度上讲，这一板块有很大的分散化交易优势。尽管对交易品种的信息了解越多越好，但你基本上可以将每个交易品种作为单纯的数字看待，而无须关心小麦市场需求量这类价格驱动因素。

大多数农产品期货合约在芝加哥或纽约交易所挂牌交易，但在东京、伦敦及温尼伯的期货交易所中，你也会发现一些有趣的期货交易品种。对于分散化期货交易基金经理来说，交易品种繁多的农产品期货是他们梦寐以求的，这些交易品种涵盖了咖啡、可可、棉花、橙汁、糖、玉米、小麦、木材、橡胶、燕麦、大米、大豆、豆粕、豆油、活牛和瘦肉猪等。在某种程度上，这些交易品种的价格都受到通货膨胀和美元的影响，但这些在长期没有多大影响，每个交易品种都呈现出独特的长期走势。分散化期货交易业务始于农产品领域，这绝非巧合，直到现在，交易员还在沿用商品交易顾问（CTA）这一当年使用的称谓。

农产品板块中各个交易品种的波动率之间存在着显著差异。农产品期货合约的价格在很大程度上受到合约标的资产的基本面因素的驱动，如主产区的恶劣天气、当季收割进度和最新库存报告等。当重大新闻发布后，不仅标的资产当天的价格可能会出现大幅波动，而且这一变动可能会持续相当长的一段时间。若价格走势对你有利，这自然很好，但你也要做好价格变动不利的准备。对于某些农产品交易品种来说，季节性也是需要考虑的因素之一，因为供求的周期性变化也会影响到价格走势。

交易所通常对这些交易品种实行所谓的“涨跌停板制度”，也就是设定期货合约在一天内价格变动的最大幅度。当价格变动达到最高限额，买卖双方认为交易品种的公允价格超出了交易允许的最大范围，即交易价格触及了涨跌停板，交易即告停止。如果下一个交易日的交易价格再度触及涨跌停板，交易还会停止，如果市场参与者都冷静下来，交易价格一直在规定的波动范围内运行，则交易可以继续进行。

农产品板块的所有期货合约理论上都是可以交割的，这意味着无论你持有的期货合约是多头还是空头，超过了关键时点，交易者将不得不对标的资产进行实物交割。对于所有可交割的期货合约（如黄金、活牛、玉米等），你需要在实际到期日之前的一段时间就主动平仓。根据不同的市场惯例或专业术语，需要提前平仓的时间称谓也各不相同，但你通常需要在所谓的第一通知日之前离场。你将在这一天之后接到履行承诺的通知，这意味着你要负责交付和接收与该合约对应的标的资产。我不知道你是如何理解“交割”一词的，但对于我来说，没有什么比办公室门口停着整整一卡车要卸货的活牛更让人糟心的事情了。

对于大多数交易者来说，这只是一个有趣的虚拟场景，实际上没有风险，因为大多数经纪人不会让这些合约实际交割，因此如果你忘记所持合约或是在关键时刻失联，他们会帮你强行平仓，这当然也不是你希望看到的。所以请确保你知晓合约的平仓及展期时机，否则由此产生的不利后果可能是你无法承担的。

农产品所使用的单位通常是磅或蒲式耳这样的质量或体积单位，但也有例外，如木材的计量单位就是英尺（见表 2-2）。

在农产品板块，小型交易者具有明显优势，即存在大量流动性较低，与其他资产关联度低的工具。这些工具的流动性足以支持数千万美元，甚至可能超过 1 亿美元的交易账户，但由于这个领域的交易者体量过大，获取的利润与其庞大的规模相比显得微不足道。如日本橡胶或欧洲土豆的成交量很小，这使得大型CTA基金远离这两个交易品种。如果你管理的账户规模不大，那么农产品板块可能正合你的胃口：你可以在投资组合中将各种冷门品种悉数纳入，从而提高组合的风险调整后收益率。农产品板块内各品种的相关性相对较低，这意味着加入更多交易品种可以极大地提升分散化效果。

表 2-2　农产品期货品种

期货品种	点值	单位	货币单位	交易所
日本红小豆	2 400	千克	日元	TGE
咖啡	37 500	磅	美分	CSCE
玉米	5 000	蒲式耳	美分	CBOT
棉花	50 000	磅	美分	NYCE
瘦肉猪	40 000	磅	美分	CME
活牛	40 000	磅	美分	CME
木材	110 000	英尺	美元	CME
燕麦	5 000	蒲式耳	美分	CBOT
橙汁	15 000	磅	美分	NYCE
菜籽油	20	吨	加元	WCE
糙米	2 000	英担	美分	CBOT
橡胶	10 000	千克	日元	TOCOM
豆粕	100	吨	加元	CBOT
大豆	5 000	蒲式耳	美分	CBOT
白糖	112 000	磅	美分	CSCE
小麦	5 000	蒲式耳	美分	CBOT

非农产品期货

“非农产品期货”这一板块分类仍然采取实用主义原则，这类定义你是很难在纯粹主义者的学术文献中看到的。我将能源和金属也归到非农产品板块中，因为它们彼此之间的契合度比它们与农产品之间的契合度更高(见表2-3)。

能源板块的期货品种不多，但提供了一些有趣的投资机会。该板块的主要品种是石油及各类石油产品，其中低硫轻质原油是核心品种。这类产品主要开采自世界不同地区，如沙特阿拉伯、得克萨斯州和阿拉斯加州。

原油的主要产品是燃料油、柴油和汽油，它们都可以在期货市场上交易，并且具有很高的流动性。上述四个期货品种彼此间的相关性通常较高，但有时也受特殊的价格驱动因素影响，这让它们的价格走势在很长一段时间内独立运行。石油产品很容易形成长期趋势，和分散化的期货趋势跟踪方法可谓相得益彰。

表 2-3 非农产品期货品种

期货品种	点值	单位	货币单位	交易所
重柴油	100	吨	美元	NYMEX
原油	1 000	桶	美元	NYMEX
燃料油	42 000	加仑	美元	NYMEX
亨利港天然气	10 000	百万英热单位	美元	NYMEX
汽油	42 000	加仑	美元	NYMEX
黄金	100	金衡盎司	美元	COMEX
铜	25 000	磅	美分	COMEX
钯金	100	金衡盎司	美元	NYMEX
铂金	50	金衡盎司	美元	NYMEX
白银	5 000	金衡盎司	美分	COMEX

能源板块还有一种非常有趣的交易品种，它通常与石油主题关联不大，这就是亨利港天然气。这是一种特殊的商品，其行为相当独特。天然气主要用于发电，主要从俄罗斯和美国的地下开采。这种期货的独特之处在于其期限结构一直是严重的期货溢价，这意味着未来交割的合约价格比即将到期的合约价格更昂贵，因此其期限结构图向右上方倾斜。如前所述，大多数期货的期限结构都会表现出某种程度上的期货溢价，原因在于对冲成本（主要原因是存储成本和资金的机会成本，尽管对于一些市场来说，季节性也是一个很大的原因）。

天然气合约的期货溢价非常高，其原因很清楚。这种特殊商品的密度非常低，使其具有极高的储存成本。理论上，对冲天然气期货空头仓位的方法是当前买入天然气现货，将其储存在巨型储气罐或储气仓（通常位于地下）中，然后在合同到期时交割（当然也可以选择将其留在地下，以待日后开采）。当然，作为期货交易员，你无须考虑实物交割的具体细节，但对冲方法在理论上仍然对定价有效，你需要理解期限结构图的形成机理，并学会如何加以利用。持仓成本对冲模型主要适用于可以存储的商品，对于石油这样的资产来说，这是决定当前期限结构形态的核心因素。对于天然气来说，由于其储存方式极其复杂，几乎无法储存，天然气期限结构在很大程度上也受到标的资产的季节性需求模式的驱动（见图 2-7）。

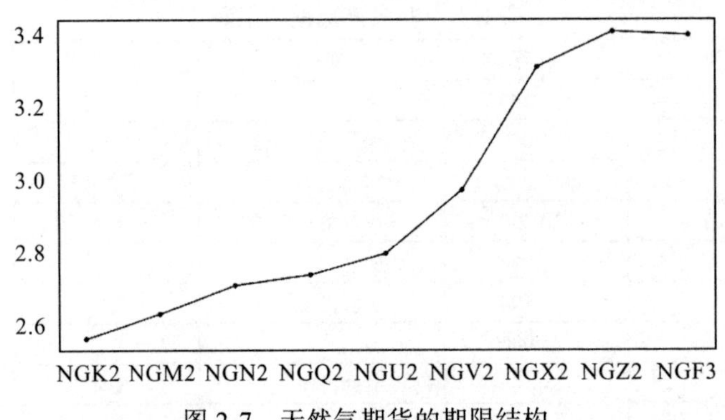

图 2-7 天然气期货的期限结构

在本书撰写时，天然气 2012 年 5 月合约和 2012 年 9 月合约的价差接近 5%。到期时的实际价格通常相当稳定，而期货合约的交易价格要高得多，这取决于它们离到期日有多远。这意味着期限结构曲线上的点在向左移动时往往会缓慢向下移动，这也提供了盈利机会。那些长期保持较强期货溢价商品的期货价格总是存在强烈的向下趋势，只要这种形态一直持续，货币就处于游戏的空头状态。

严重的期货溢价及现货溢价都提供了巨大的盈利机会，但交易者也不能掉以轻心，要正确处理时间序列的问题。对于天然气这类商品，如果你只是将每一份期货合约的价格简单地连接起来，而不对价格基差做适当调整，所得到的价格趋势图就会与价格的实际走势出现很大的差异。如图 2-8 所示，其中淡灰色曲线没有经过任何调整，只是按照时间顺序，将每份合约的实际价格简单地显示出来，直至合约到期，而深黑色曲线采用了前述的向前调整的方法。那么，天然气的实际价格是上涨还是下跌呢？每个人可能会有不同的解读，但从期货交易员的角度看，期货的价格绝对是崩盘了，这时候做空会赚得盆满钵满。天然气现货价格的变化则没有那么大，而且随着时间的推移还略有上涨，但如果你交易的是期货，那就完全无关紧要了，因为期货溢价效应远远超过了现货价格的变化幅度。

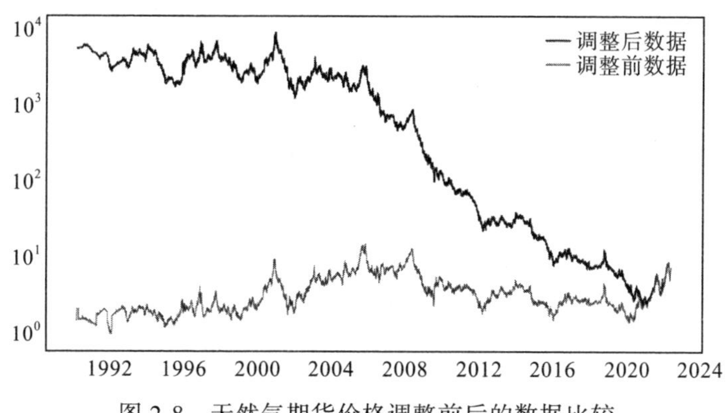

图 2-8　天然气期货价格调整前后的数据比较

下面我们来看金属期货，它包括基本金属和贵金属。对于交易员来说，只有四种贵金属值得关注，因为钌、铑以及其他更不为人知的贵金属流动性不够。贵金属板块中的头牌当属黄金，它具有双重属性：一方面，黄金象征着财富和地位；另一方面，它也是防止通货膨胀和各种世界末日情景的心理保障。黄金的价值大部分来自人们的信念支撑，也有一部分政治因素的影响，因为其工业用途有限，但人们永远不要低估社会群体的癫狂。黄金往往被世人视为价值储藏工具，是对抗通货膨胀、通货紧缩、战争、骚乱的有力保障。从某种意义上说，黄金确实具有这些属性，但这只是因为大量人都认同这一逻辑。如果世界局势急剧恶化，大批喊着口号、手拿干草叉的人逼近你的家园时，此时你应当随身携带猎枪和罐头，而不是金条。尽管如此，黄金价格的长期表现一贯优秀，也是构建分散化期货投资策略时不可或缺的交易品种。

白银通常被视为黄金的小弟，其价格走势与黄金的相关性相当高，但白银也有其独特的优点。白银的工业用途更为广泛，其价格受到诸多因素的影响。除了这两种众所周知的贵金属，铂金和钯金有时也会形成优异的交易形态。尽管铂金和钯金的流动性不如黄金和白银，但对于中小型管理期货基金来说，它们的流动性绝对够用。

基本金属中最常见的交易品种是铜，通常在芝加哥期货交易所交易。其他大多数基本金属主要在伦敦金属交易所（LME）交易，采用远期合约而非期货合约的交易形式。像锌、铝、铅这类不常见的基本金属也在伦敦金属交易所交易。期货市场和远期市场之间的差异不大，远期合约可以按照与期货合约相同的原理进行交易。

外汇期货

如果你此前没有做过外汇交易，那你最好花点时间来熟悉一些基本概念。一个欧洲投资者买入一手德国中型企业股指（MDAX）期货合约，这很容易理解：她用本国货币购买一篮子股票。如果这位投资者购买黄金期货，她就是在赌黄金会相对美元升值，这也很容易理解，但如果该投资者买入墨西哥比索期货合约，她就是在赌墨西哥比索会相对美元升值，这相当于在两种完全不同的货币上同时下注。在进行外汇交易时，有一点至关重要，无论是哪种资产类别或行业板块，建立任何一个交易头寸都相当于做多某种东西的同时做空另一种东西。如果你购买IBM股票，你在做多IBM股票的同时做空美元，依此类推。确实，你在购买IBM股票时，可能已经准备好了用于支付的美元，但获取这些美元的行为也属于建立交易头寸，该交易也包含做多与做空的行为。

同样地，买入一份外汇期货合约就相当于做多一种货币的同时做空另一种货币。外汇期货合约的交易品种非常多，大多数的流动性都非常好。这些期货合约的价差很小，通常比相同品种的远期合约更具有流动性。外汇市场是世界上流动性最强的市场，现货市场能够容纳任何规模的成交量。这非常有利于那些规模巨大的CTA基金，当它们的资金规模膨胀到一定程度后，交易任何品种的成本及难度都会变得越来越大，这时它们往往会将大部分资金转移到外汇市场中。如果你对那些资产规模达到数十亿的趋势跟踪者的资产配置进行研究，你会发现他们的大部分资金都投在了外汇市场上。

许多外汇期货都是同美元的交叉盘，如果只提到一种货币，那就意味着这是它和美元的交叉盘（见表2-4）。因此，瑞士法郎期货就是押注瑞士法郎和美元之间汇率变化的。近年来，像欧元/日元期货这样的非美元交叉盘数量不断增长。这类交叉盘为其使用者提供了某些有趣的分散化的可能。此外应意识到在美元上积累过多风险的危害，并确保随时监控所承担的全部风险。如果你在欧元期货、瑞士法郎期货、日元期货、英镑期货和澳元期货上均属多头，你实际上是在做空美元，当美元反弹时，你所持仓的所有头寸都会遭受损失。当然，这类操作有时也是不错的策略，但前提是你明白自己所承受的风险并对其进行适当建模，只有这样才能在形势恶化时做好充分的准备。

表2-4 外汇期货品种

名称	点值	单位	币种	交易所
澳元/美元	100 000	澳元	美元	CME
英镑/美元	62 500	英镑	美元	CME
欧元/美元	125 000	欧元	美元	CME
加元/美元	100 000	加元	美元	CME
日元/美元	1 250	百万日元	美分	CME
新西兰元/美元	100 000	新西兰元	美元	CME
挪威克朗/美元	200 000	挪威克朗	美元	CME
南非兰特/美元	500 000	南非兰特	美元	CME
瑞典克朗/美元	200 000	瑞典克朗	美元	CME
瑞士法郎/美元	125 000	瑞士法郎	美元	CME
欧元/瑞士法郎	125 000	欧元	瑞士法郎	CME
欧元/英镑	125 000	欧元	英镑	CME
欧元/日元	125 000	欧元①	日元	CME

① 原文是瑞士法郎CHF，可能是标错了。——译者注

股票期货

就可交易工具的数量而言，股票期货是最大的期货板块，也是大多数人最熟悉的板块。在一个成熟的市场上购买一篮子股票是一个非常简单的概念，这种交易的潜在风险和收益也很容易理解。标的指数的涨跌情况每天都

会在新闻网站、电视屏幕和报纸上公布。在本书中，我们只讨论股指期货，而不涉及个股期货，有人可能会认为我们这么做是为了省事，其实是我认为个股期货没什么太大意思，它们对于分散化期货投资策略没有太大的帮助。

正如单个的股票现货产品具有很高的内部相关性，股指期货当然也是如此。因为可供选择的股指期货品种非常多，你可能会忍不住在你的交易策略中加入大量的股指期货，但我建议不要在股票期货板块配置过高的风险，因为这很容易让你的投资组合陷入困境，从表面上看，你的组合风险得到了充分的分散化，但实际上你将大部分赌注都押在了股票的贝塔系数上。尽管如此，股指期货确实应当在分散化的期货策略中占据一席之地，我们的组合至少应纳入几只来自不同市场的代表性指数合约。表 2-5 列举了几只大型美国股指期货，如标准普尔 500 指数期货和纳斯达克 100 指数期货，以及几只欧洲代表性指数期货，如欧洲斯托克 50 指数期货、富时 100 指数期货、德国 DAX 指数期货和法国 CAC40 指数期货，还有一些亚洲的股指期货，如恒生指数期货和日经 225 指数期货。此外，我还列出了几只中国指数期货，投资者可以通过恒生中国企业指数和 MSCI 中国台湾指数期货来实现一些有趣的投资机会。

表 2-5　股指期货品种

名称	点值	单位	币种	交易所
法国 CAC40 指数	10	指数点	欧元	Euronext
德国 DAX 指数	25	指数点	欧元	EUREX
欧洲斯托克 50 指数	10	指数点	欧元	Euronext
富时 100 指数	10	指数点	英镑	Euronext
恒生指数	50	指数点	港元	HKEX
恒生中国企业指数	50	指数点	港元	HKEX
西班牙 IBEX35 指数	10	指数点	欧元	MEFF
MSCI 中国台湾指数	100	指数点	美元	SGX
纳斯达克 100 指数	100	指数点	美元	CME
日经 225 指数	5	指数点	美元	CME
标准普尔 500 指数	250	指数点	美元	CME
标准普尔 60 指数	200	指数点	加元	ME
标准普尔 200 指数	25	指数点	欧元	ASX

需要记住的一点是，大多数分散化期货投资策略都是既做多也做空的，而股票做空的特征与做多的特征具有非常大的差别。当股市处于牛市中，股价会在长时间内缓慢地有序上涨，收益逐周增加，最终获得高额利润。然而，当股市下跌时，股价的变动往往更快、更剧烈。急剧下跌后紧接着V形反转，交易环境极度恶化。许多强大的分散化期货交易程序在股票板块的表现都乏善可陈，即使是那些一度表现非常优秀的交易系统，随着时间的推移，在股票板块持续亏损也是屡见不鲜。即便如此，我也不建议你从交易组合中剔除股指期货做空策略。从长远来看，做空策略可能最终没有给你带来可观的利润，你甚至可能会亏钱，但从短期看，做空策略的分散化功能非常有价值，而且可以将收益率曲线平滑化。当股市赶上糟糕的年景时，股票上的空头交易可以为我们赚很多钱，你要是没做空头交易，你的组合很可能会损失惨重。

股指期货的交易单位是标的指数的点数，因此股指期货的盈亏计算非常简单。比方说，如果你在股票指数100点时买了5手期货合约，在110点时卖出，这份合约的点值是10，那么你的收益就是500[=（110−100）×5×10×1]个相关货币单位。

利率期货

利率期货板块要讨论的问题，实际上包含了收益率曲线从短期到长期的全部内容。在收益率曲线上相距较远的两种金融工具，其特点大相径庭，因为二者的波动率水平完全不同，在确定交易头寸规模时务必考虑到这一点。人们一般将其视为两种完全不同的工具。位于收益率曲线左侧的交易品种（短期利率）的波动率总是比右侧的交易品种（长期利率）低得多，因为短期利率的久期更短，利率风险也更低。但是，关于固定收益产品在数学方面的深入研究不在本书的讨论范畴之内。你不需要通读法博齐[1]所有相关著作就可以交易债券期货，但是掌握一些基本知识也不无裨益。关键是要理解这一点，越是靠近收益率曲线的左侧，波动率下降越

[1] Fabozzi，美国著名债券专家。——译者注

快，沿着收益率曲线向右移动时，波动率开始上升。

如图 2-9 所示，收益率曲线的左侧是短期利率期货，其标的资产一般来自 30 天或 90 天贷款利率。这些通常称作短期利率期货（STIRs），利率期货实际上是押注于收益率曲线左侧的利率变化。前面曾提到，收益率曲线左侧和右侧的潜在价格变动存在较大差异，这也是短期利率期货与债券期货之间的主要区别。如果美国 30 年期国债价格在一天内变动 1%，这一幅度略高于正常水平，这没什么可说的；如果短期利率的价格变动 1%，这就是一个全球性的灾难事件了。从中我们可以迅速得出结论，要想在短期利率期货交易中获取更高的收益，就要使用非常高的杠杆，杠杆比率可能会高得吓人。

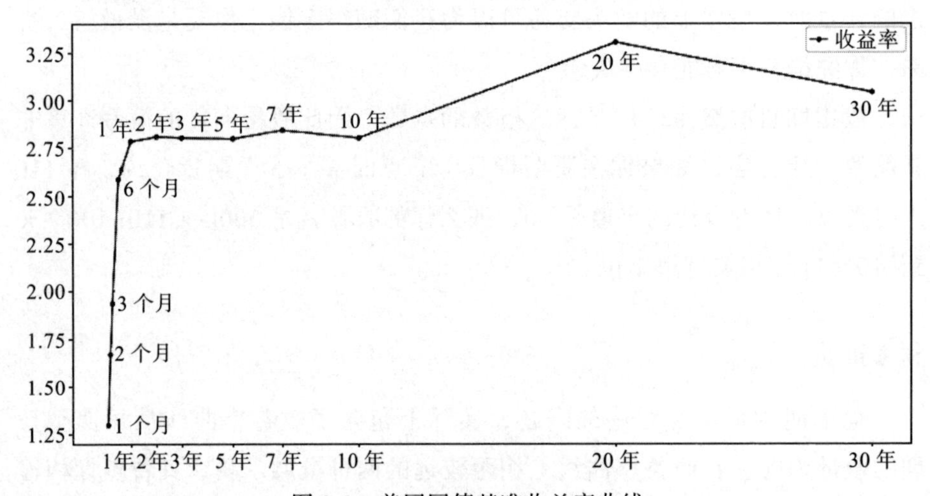

图 2-9 美国国债基准收益率曲线

同时，你还要注意短期利率期货的合约价值和点值与其他交易品种的计算方式略有区别。以欧洲美元为例，欧洲美元期货合约是基于 3 个月美元 LIBOR 利率形成的交易品种，但不要将其与欧元 / 美元的外汇期货混淆，这是两种完全不同的概念。欧洲美元指的是美国境外以美元计价的定期存款利率，这一名词的出现远远早于欧元的诞生。一手欧洲美元期货合约的名义价值为 100 万美元，报价方式是用 100 减去 3 个月的 LIBOR 年化利率。因此，要计算合约的点值，和债券合约一样，你首先需要将合约的名义价值除以100，再用这个值除以4，因为尽管合约是以年利率为单位报价的，但它的期限只有一个季度，而非一年。因此，如果欧洲美元期货合约的报价从98涨到99，对一手合约的盈亏影响就是2 500美元。当然，短期利率期货不太可能在一天内发生一个点的变化。

短期利率期货常常让人们望而却步，因为如果你想从中获得一定的收益或亏损，需要持有巨大的头寸。如你所见，在一个分散化的期货投资组合中，基金所持有资产的名义价值完全以短期利率期货为主，其原因也正在于此。以黄金为例，如果将波动率（更准确地说，是潜在的价格波动）标准化，使所持有的黄金期货头寸和短期利率期货头寸具有相同的风险水平，短期利率期货头寸对应的名义价值应该是黄金期货的50倍。大多数人可以接受在一个500万美元的投资组合中持有价值100万美元的黄金，但如果在同一个投资组合中持有5 000万美元的欧洲美元头寸，你还能做到高枕无忧吗？然而，这种看法基本上是经不起推敲的，你更应该关注实际风险，而不是名义价值。

在收益率曲线上，2年期以上的利率期货属于债券期货，这种期货在到期时会有实际的标的债券交割。和普通债券一样，债券期货以面值的百分比报价。这就意味着，当收益率上升时，债券期货价格下降，反之亦然。每种债券期货合约都有一些特定的细则，如到期日、票息、发行人等，理论上讲，当合约到期时，交易者可以选择多种不同的债券进行交割。但在实际上，通常只有一个债券的交割成本最低，那些选择将合约持有到期的交易者会将这只债券作为交割债券。作为一名交易员，你不会将合约持有至到期，以避免处理债券交割的实务问题。美国、德国、英国、澳大利亚、加拿大和日本等各国政府发行的债券期货流动性最强，因此也最受关注，当然，如果你想要在债券期货领域深入发展，也可以考虑投资其他国家的债券。

债券期货通常有具体的到期时间，但这往往是一个大致的时间范围。以美国为例，利率期货合约包括2年期、5年期、10年期和30年期的国债期货。而在德国，术语则较为复杂，其中最长期限的合约被称为Buxl，对应的是久期为24～35年的德国政府债券。此外，还有久期分别为8.5～10.5年的德国长期国债，4.5～5.5年的德国中期国债以及1.75～2.25年的德国短期国债（见表2-6）。

表 2-6 利率期货品种

名称	点值	单位	货币单位	交易所
澳大利亚10年期国债	1 000	债券价格	澳元	ASX
澳大利亚3年期国债	1 000	债券价格	澳元	ASX
澳大利亚90天短期国债	2 500	利率价格	澳元	ASX
德国中期国债	1 000	债券价格	欧元	Euronext
德国长期国债	1 000	债券价格	欧元	Euronext
加拿大10年期国债	1 000	债券价格	加元	ME
加拿大90天短期国债	2 500	利率价格	加元	ME
欧元银行同业拆借利率	2 500	百万欧元	欧元	Euronext
欧洲瑞士法郎	2 500	百万瑞士法郎	瑞士法郎	Euronext
日本10年期国债	1 000	债券价格	日元	TSE
英国金边债券	1 000	债券价格	英镑	Euronext
德国短期国债	1 000	债券价格	欧元	Euronext
短期英镑利率	1 250	50万英镑	英镑	Euronext
美国10年期国债	1 000	债券价格	美元	CME
美国2年期国债	2 000	债券价格	美元	CME
美国5年期国债	1 000	债券价格	美元	CME

债券期货合约的票面价值通常是100 000的相关货币，尽管报价表示为百分数的形式，但需要将其除以100才能得到债券期货最常见的点值——1 000点。作为期货交易者，点值对你而言比实际的合约价值更为重要。合约的点值与合约价值通常相同，如果不同，只要关注点值就可以了。

从总体上看，期货合约的波动率相对较低；然而，久期长的债券期货总是比久期短的债券期货具有更大的波动率。久期长的债券期货对利率变动的敏感性更高，价格变动也会更快。债券期货的价格变动小于其他板块，但10年期国债与2年期国债之间的波动率差异非常大。

|第 3 章|

构建分散化的期货交易策略

在第 3 章及接下来的两章里，我将向你展示，如何运用极其简单的策略来实现与大型期货管理公司非常接近的投资业绩。某些大型期货基金把他们的专有策略视为独家机密，好像这是罗斯威尔外星人的照片一样。这些公司大肆宣扬他们拥有大量的博士员工和庞大的研究预算，这在大多数情况下也是事实。然而，你更应该问这样的问题，这些策略之间真有这么大的差别吗？一旦你管理的资产规模达到数亿美元以上，那么雇用一批研究人员来改善投资细节也不失为一种办法。但事实上，只要足够勤奋，再配上一些正规的分析软件，一个人单打独斗，也能取得差不多的业绩回报。

我将在第 3 章中介绍两个非常基础的趋势跟踪策略，它们使用了最常见的趋势捕捉方法。然后，我对这些策略进行了一些细微的调整，并将其整合成一个更符合实际的单一策略。我将详细分析这一合成策略，并将分析结果与知名期货基金的业绩进行比较。

我想通过这个练习说明两点：构建有效的趋势跟踪投资组合策略并不需要复杂的数学知识，精确的买卖规则在很大程度上并不重要。趋势跟踪交易的理念很重要，但将关注重点放在开仓与平仓的规则上则是缘木求鱼。

他们做的是同一件事情

我在本书中大胆声称，所有做趋势跟踪交易的期货经理大致做的是相同的事情，他们的工作其实很容易复制。首先我得承认，我之所以这么说，部分原因是这个有争议的声明应该能吸引读者的眼球，你能一直坚持到现在，我的目的也基本上达到了，但我是认真的，而且也会努力证明这一点。当然，许多基金都有自己的独家秘方，可以对投资策略进行微调，随着时间的推移，业绩可以远超同侪，而我的声明也绝不是为了贬低在这一行成功的期货经理，对这些人我还是深怀敬意的。理解如何构建一个成功的策略并不难，有能力、有动力并且有足够的毅力将其实现就是另外一回事了。这是最难的部分，仅靠教是很难掌握的。本书提到的基金的创业者们取得了骄人的业绩，他们理应获得我们的掌声。

我展示第一张图表（见图 3-1）的目的不单是比较各类基金的业绩表现，也是扼要介绍这类基金的收益特征。图 3-1 展示了这一行业的一些基金及其成立以来的表现，由于这些基金的成立时间各不相同，它们在图中的起点也不一样。图中的基金既有那些老牌基金，也有一些新成立的基金和不那么出名的基金。其中米尔本基金是保持官方业绩记录最长的一只，我同时包括了老的传奇基金和新的、不那么知名的基金。这些基金的波动率特征各不相同，投资领域也各具特色，但如果你仔细观察，你就会发现它们经常在同一时间里出现波峰及波谷。我们还可以看到，有几只长期表现优异的基金在刚设立时表现并不出色，但很快就重拾升势并持续增长，在现实中，能做到这一点的凤毛麟角。

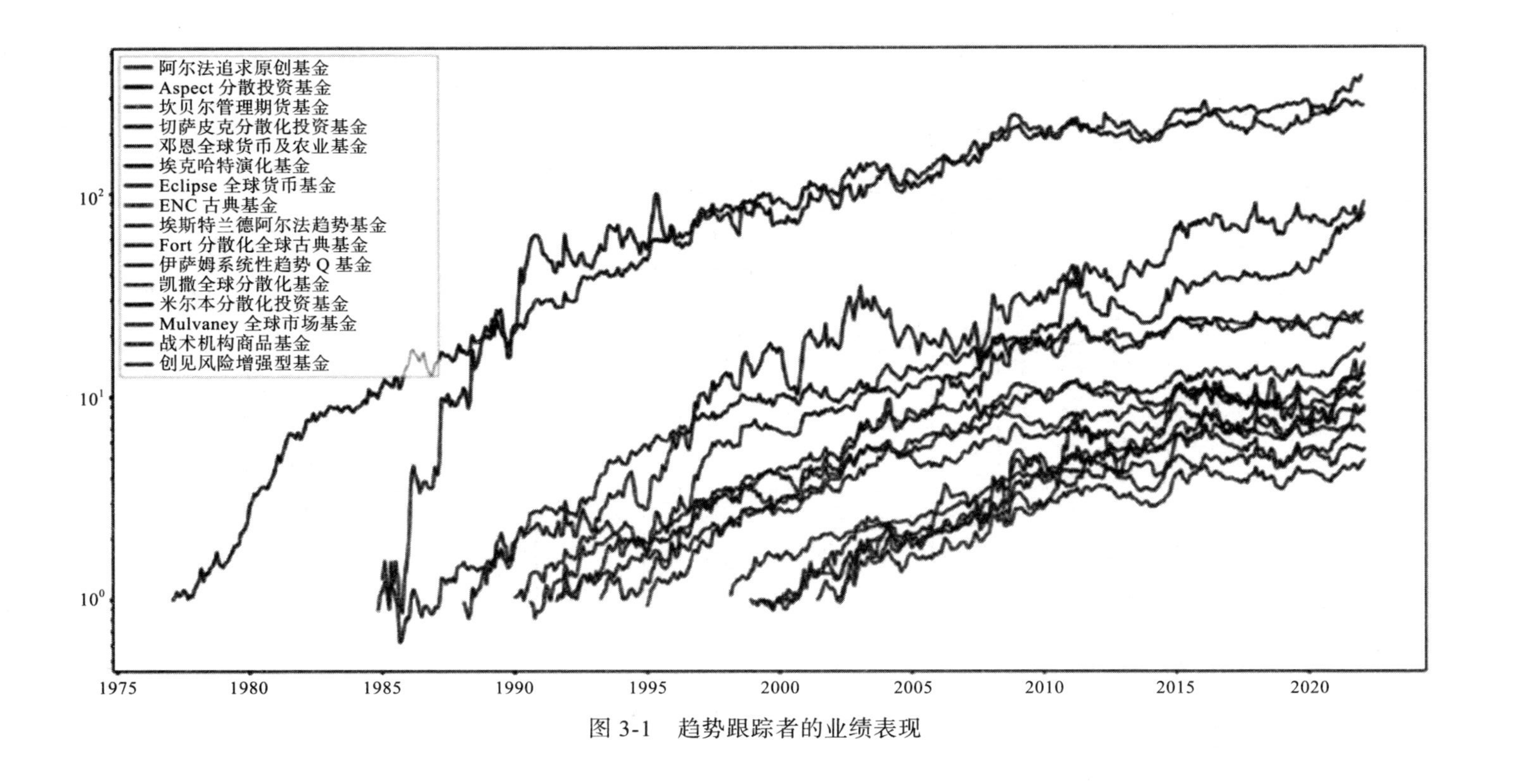

图 3-1 趋势跟踪者的业绩表现

要想更好地理解这些趋势跟踪基金的收益能力，可以参考表3-1中一些基金的基本业绩表现数据。这些基金的复合年化收益率相当高，大多数基金的长期收益都接近甚至超过10%。加上这些基金的历史最大回撤水平适中，其表现远远超过传统投资方法。当然，与股市的低相关性是这些基金最大的亮点。

表3-1中历史最悠久的米尔本分散化投资基金成立于1977年，自那一年以来，MSCI全球指数的复合年收益率为8%。为了进一步理解这些数字，全球股市的年化收益率的标准差为15%，最大回撤（DD）为55%，无论从哪个角度看，股票都是一种相当糟糕的投资工具。

表3-1 趋势跟踪者的业绩表现

	年复合收益率（%）	历史最大回撤（%）	与MSCI全球指数的相关性	基金成立时间
MSCI全球总收益指数	8.12	−54.57		1988-01-01
米尔本分散化投资基金	13.25	−25.65	0.02	1977-02-01
邓恩全球货币及农业基金	12.85	−57.88	−0.09	1984-11-01
切萨皮克分散化投资基金	10.06	−31.58	0.17	1988-02-01
坎贝尔管理期货基金	8.27	−31.77	−0.04	1990-01-01
埃克哈特演化基金	10.85	−27.11	0.02	1991-08-01
埃斯特兰德阿尔法趋势基金	7.86	−29.71	0.04	1991-10-01
战术机构商品基金	16.34	−41.53	−0.05	1993-04-01
创见风险增强型基金	11.25	−15.67	0.01	1995-01-01
Mulvaney全球市场基金	12.49	−45.08	−0.12	1999-05-01
阿尔法追求原创基金	9.85	−29.39	−0.08	1999-05-01

显然，这些趋势跟踪策略的风险特征各不相同，因为它们的年化收益率和风险数值相差很大，所以你可能很好奇：我凭什么说这些基金经理几乎做的是同一件事？仔细查看图3-2和图3-3，读者可能会更理解我的观点。图3-2显示了一组典型的期货基金的业绩表现，从2004年开始，比较基准统一调整为单位净值1。数据就是各基金经理的历史业绩记录，如你所见，除了知道这些基金在这段时间里几乎都是盈利的，基金的各项表现差异甚大。直到你开始深入挖掘细节时，你才会发现它们之间存在许多相似之处。不用在意哪条线对应的是哪只基金，这对我要阐述的观点并不重要。图3-2中的基金与表3-1中展示的是同一组，问题的关键之处在于观察它们的共同点。

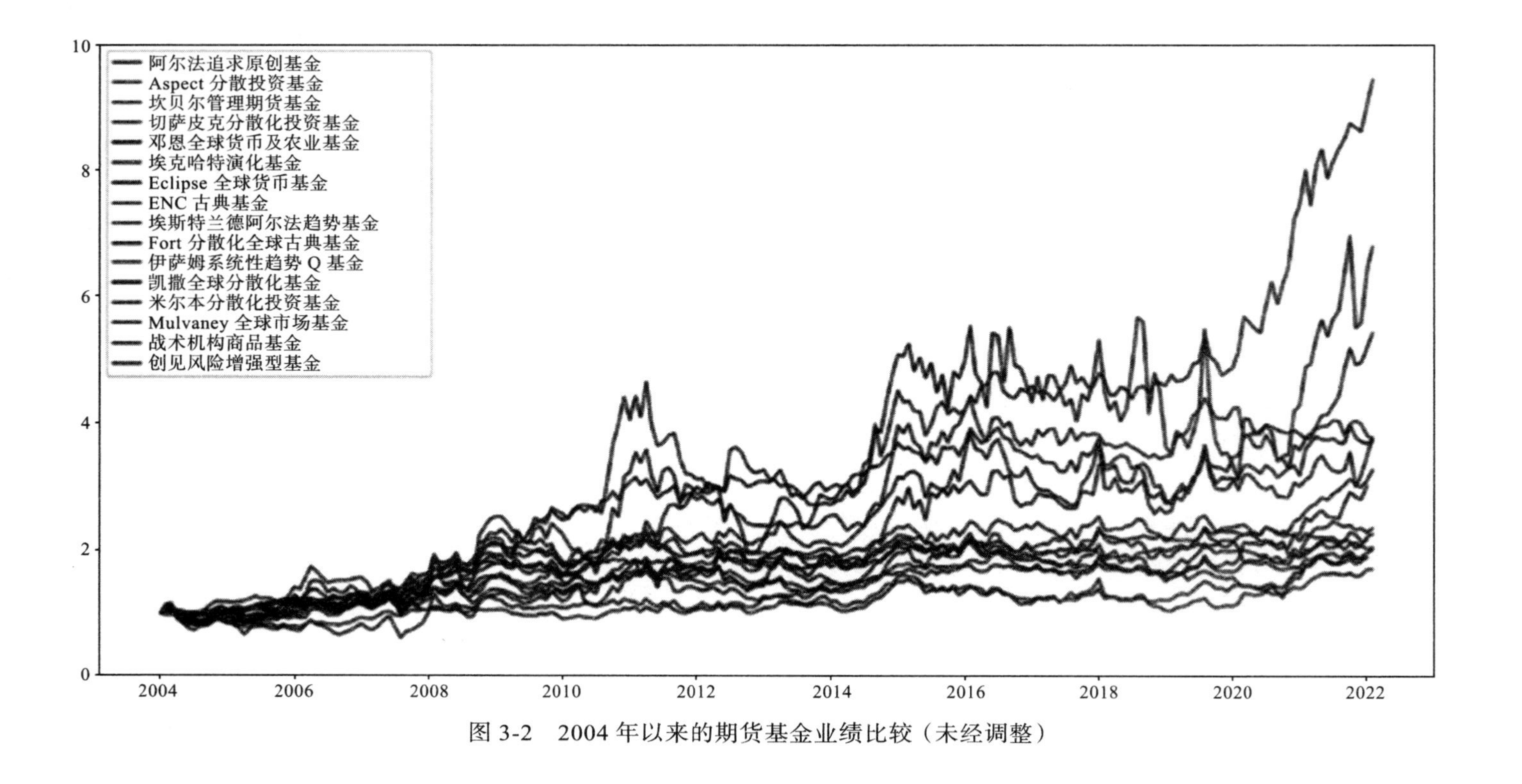

图 3-2 2004 年以来的期货基金业绩比较（未经调整）

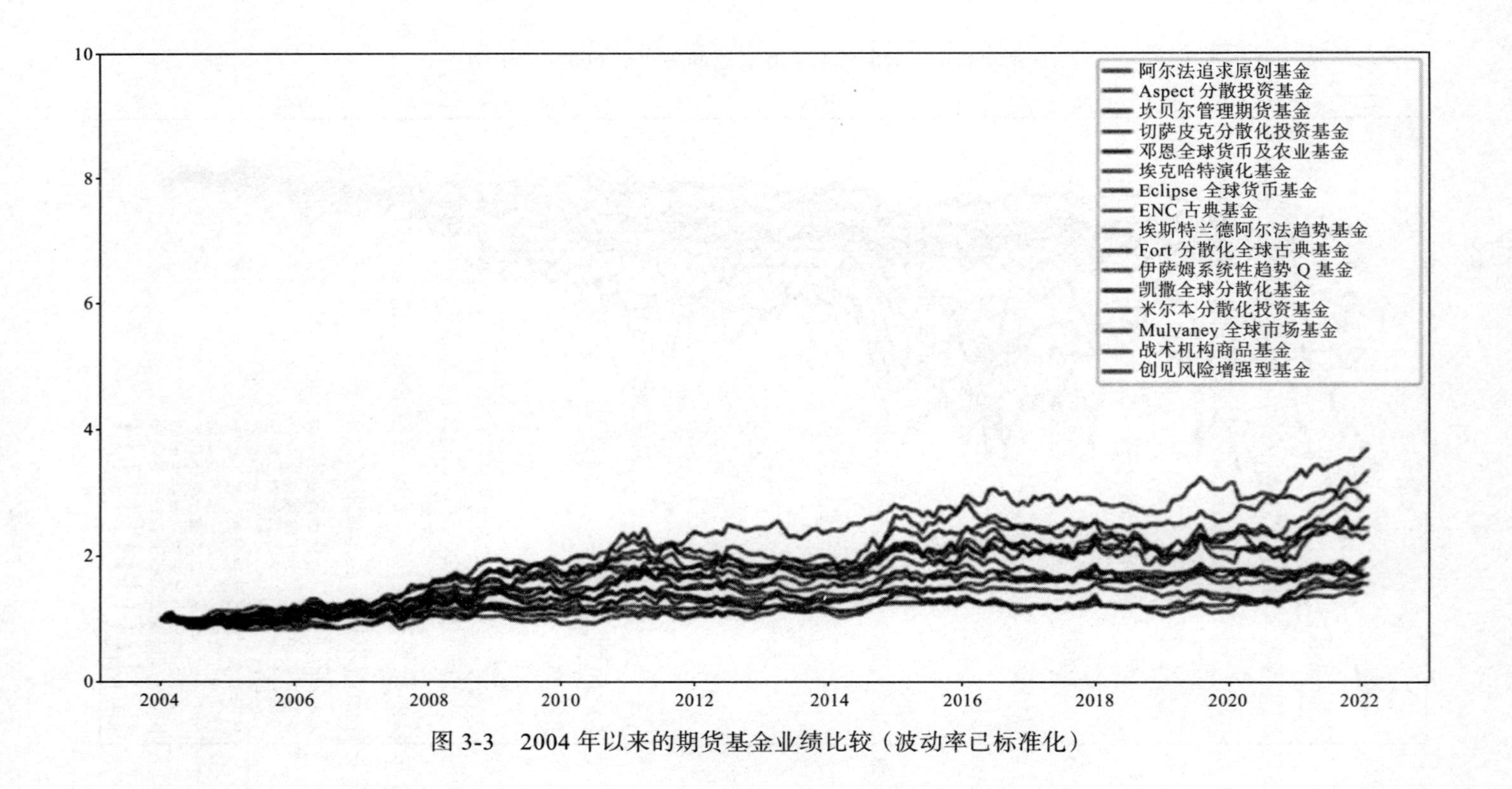

图 3-3　2004 年以来的期货基金业绩比较（波动率已标准化）

图 3-3 展示的基金与图 3-2 完全相同，更重要的是，y 轴的比例也完全相同。唯一的区别在于，每个基金的收益率都根据收益率的标准差进行了调整。从本质上讲，我只是将收益率的波动率进行了标准化，以便在相同的基础上进行比较。当然，你仍然可以看到基金之间存在某些差异，但从这张图中可以很清楚地看出，它们是在同一个核心投资理念基础上运作的。某些基金的表现优于其他基金，但它们都会在同一时间对同一事件做出反应。这些基金之间的主要差异是在投资偏好上，更具体地说，在于其行业配置、投资的时间范围以及风险承受水平。

本书的目的在于探究基金的本质，深入挖掘它们创造非凡业绩的细节。你会发现，越是根本的方法就越简单，任何有志于投身这一行业的人都可以在其中大展宏图。

揭秘神奇的趋势跟踪黑箱

趋势跟踪的投资范围

要想在分散化期货投资策略中获得长期成功，投资范围必须覆盖多个投资品种及各品种下的多种交易工具。只在单一品种或单一资产类别上实施趋势跟踪策略，往好里说是很傻很天真，往坏里说是纯粹的自杀行为。如果你采用这一策略，然后只交易纳斯达克 100 指数，当你收到保证金催缴通知时，千万别埋怨我。当我说你应该投资于多个交易品种时，我的意思绝不是说你只要投资标普 500 指数和纳斯达克 100 指数就够了。如果你的投资没有涵盖不同资产类别中的多个交易品种，那你一开始就不应该干这行。有时，某个交易品种甚至整个资产大类会连年亏损，然后在几年之后，突然又咸鱼翻身，成为市场中的大赢家。问题的关键在于你要能交易所有的交易品种，即使某些交易品种一直在赔钱也不能放弃。只要盈利的品种能够弥补亏损的品种，能实现整个投资组合的分散化就是值得的。你永远不知道市场热点何时发生转换，也不知道哪只丑小鸭突然就变成了白天鹅。投资于多个交易品种的重要性，怎么强调也不过分。在单一品种上使用单一策略，这种人要么是绝顶高手，不是我们这等凡夫俗子能效仿的，要么是阎王爷上吊——活得不耐烦了。

我们往往要在交易品种的数量与交易策略的复杂性之间进行权衡取舍。交易品种越多，分散化效果越好，也能创造出更多的投资机会，但这同时也让交易策略及操作变得更复杂。你最终选定的交易品种数量既要基于你的模拟结果，也要与你的风险承受能力相匹配。在这里，我选择的交易品种数量均衡、覆盖面广泛，略微偏向于农产品板块（见表3-2）。

表3-2 投资范围

农产品	非农产品	汇率	股指期货	利率
棉花	重柴油	澳元/美元	法国CAC40指数	德国中期国债
玉米	燃油	英镑/美元	德国DAX指数	德国短期国债
木材	原料油	欧元/美元	富时100指数	英国金边债券
活牛	布伦特原油	日元/美元	恒生中国企业指数	加拿大银行承兑汇票
瘦肉猪	亨利港天然气	新西兰元/美元	恒生指数	美国2年期国债
燕麦	汽油	瑞士法郎/美元	纳斯达克100指数	美国10年期国债
糙米	黄金	加元/美元	日经225指数	欧洲美元
大豆	铜	墨西哥比索/美元	标准普尔500指数	欧洲瑞士法郎
美国11号糖	钯金	美元指数	欧洲斯托克50指数	欧元银行同业拆借利率
芝加哥小麦	铂金		罗素2000指数	短期英镑利率
豆油	白银		标准普尔400指数	欧元意大利长期国债
可可			多伦多证券交易所60指数	德国5年期国债
芝加哥三级牛奶			道琼斯指数	美国5年期国债
饲牛			恐慌指数	美国长期国债
阿拉比卡咖啡				加拿大10年期国债
罗布斯塔咖啡				30天联邦基金利率
堪萨斯小麦				
白糖				
橙汁				
菜籽油				
豆粕				

为什么要选择这些特殊的交易品种？最重要的原因是这些交易品种流动性极高，易于交易。一只典型的趋势跟踪期货基金会使用大约100种不

同的合约，有些基金还会通过交易不同品种（如黄金和白银）之间的价差来自制交易品种。

我只使用日线数据，这不仅是为了简化，还因为你可以专注于这类策略的运行，而不必费心处理日内数据。由于是期货数据，你需要确保这些数据已得到适当调整，这些调整方法我已经在第 2 章中介绍过了。千万不要忽略或低估这一细节的重要性。如果你使用的期货数据没有得到适当调整，那你构建的策略也纯属浪费时间，再用这些策略交易那更是瞎花钱。

仓位管理

如果没有一个有效的仓位管理公式，交易规则再好也没有多大意义。上面提到的构建投资组合使用的各个交易品种中，其波动率特征存在明显的差异。这里使用的波动率概念并不严格，而我们真正关心的是根据不同交易品种的近期表现来估算未来可能的价格波动。

尽管欧洲斯托克 50 指数很容易在一天内波动 1% ～ 2%，有时如果赶上某一天事件频发，其波动率甚至会达到 4% ～ 5%，但对于欧洲美元来说，一天内波动 0.5% 都是极其少见的。因此，如果我们只是简单地在每笔交易中投入相同数额的名义美元，投资组合立刻就会被波动率更高的交易品种所主导，而波动率较小的交易品种就没有那么大的影响。这当然不是我们想要的结果，因此，我们在确定每个交易品种的合约买卖数量时，必须考虑各品种自身的波动率特点。要做到这一点，有几种不同的方法：有些人喜欢使用真实波幅均值这一指标，有些人更倾向于基于标准差，还有一些人可能更喜欢使用自己独创的公式。从本质上讲，大多数 CTA 使用的方法大同小异，基本原则是给那些波动率较小的交易品种以更大的持仓比例，目的是确保每个交易品种在理论上的最终盈亏对整体策略产生相同的影响。

对于本书使用的交易策略，我使用了一种基于真实波幅均值计算的方法，这种方法已经广为人知并应用了至少 40 年。该指标旨在测量每个交易品种每天的正常波动幅度，并将其作为仓位管理的基础。真实波幅是根据该交易品种在每个交易日的最高价、最低价以及收盘价计算得到的价格变化区间。某个交易日 t 的真实波幅的计算公式是：

$$TR_t = \max(H, C_{t-1}) - \min(L, C_{t-1})$$

式中，H 与 C_{t-1} 分别代表 t 交易日当天的最高价与前一天的收盘价，max（ ）函数表示在上述两个值之间取最大值，减去 t 交易日当天的最低价（L）和前一天的收盘价这二者中的最小值，就得到 t 交易日所有成交价的真实波幅（TR_t）。所谓真实波幅均值（ATR），是指各个交易日真实波幅的平均值。我使用指数移动平均线来计算每个交易品种在一段时间里的正常交易区间。你还可能在其他书中看到真实波幅均值的其他平滑方法，但无论使用哪种方法，都不会有太大的区别。

使用 ATR 估测波动率的关键之处在于，它不仅提供了一个可用于仓位管理标准化的可比指标，而且可以用来估计在任何一个正常交易日中的预期价格变动范围。我们可以利用该信息设定单个头寸对投资组合整体的目标影响。这个目标影响值将转化为一种杠杆系数，管理者可以通过上调或下调杠杆系数来相应调整投资策略的风险水平。

在初始策略中，我们将风险因子设定为 20 个基点，因此，从理论上讲，每笔头寸对投资组合的日均影响值应为 0.2%。假设当前整个投资组合的价值为 100 万美元。由于我们希望每笔头寸的理论影响为 20 个基点，即 2 000 美元，如果此时黄金出现买入信号，而此时黄金的 ATR 恰好为 10 美元。又因为纽约商品交易所黄金期货合约的点值为 100，所以我们每买入一手黄金期货合约，其理论影响为 1 000 美元。因此，我们买入两手黄金期货合约。

我之所以坚持使用“理论影响”这一措辞，是因为你务必牢记这一点，波动率并不是稳定不变的，在头寸持有期间可能发生剧烈变动。这种仓位管理的计算方法并不依赖于稳定的波动率，它只是在某个交易品种建仓时用 ATR 作为潜在价格变动的合理估计。在整个持仓期间的合约规模保持不变，不会随着时间的变化而变化。最后要注意，最终策略可以对合约数量进行微调，也可以不做任何调整。

用于计算持仓合约数的公式具体如下：

$$合约数量=\frac{0.022\times 资产价值}{(ATR_{100}\times 合约点值)}$$ ㊀

资产价值是指正在交易的账户的全部价值，或所讨论策略获配的资金总额，ATR 的概念前面已经介绍过了（点值的概念详见第 2 章介绍）。如果波动率保持不变，上述公式的分母是该交易品种价格的正常日常波幅。请注意，如果你所持仓的合约以不同的货币计价，必须将该数字转换为与相应账户本币相同的币种；此外，点值与合约标的资产的金额不一定相同。当然，我们只能购买整手的期货合约，而不能分割购买，本着谨慎的原则，对合约数量的计算结果要做取整处理。

此处的神奇数值是 0.002，即 0.2%，我将其称为风险因子。大致上讲，我们可以任意确定该数值的大小，并通过调整该数值来迅速放大或缩小策略的风险水平。我建议你通过模拟实验的结果来确定一个适当的风险因子。较低的风险因子会降低你的收益和风险，而较高的风险因子会增加你的收益和风险。

我使用 ATR 方法进行仓位管理，因为这种方法解释起来最简单，并且效果很好。还有几种类似的方法可以做到这一点，这些方法都是根据交易品种价格的预期变动尽力调整持仓规模，以此形成一个共同的风险基准。另一种常用方法是使用标准差而不是 ATR。请注意，如果你使用这种方法，你需要计算日收益的标准差，而不是价格本身的标准差。

尽管我个人始终对这种方法保持谨慎，但我知道，有一些期货对冲基金只使用保证金与资产价值之比来管理仓位与度量风险，也取得了出色的业绩。这种方法不同于估算历史波动率的方法，但二者的目标是一致的。交易所针对每个期货交易品种设定保证金，这一决策主要基于其对市场波动率的判断，以尽可能降低市场参与者的违约风险。如果我们认为保证金

㊀ 公式中的数字是 0.022，疑为 0.002 之误。——译者注

能够准确反映该交易品种的风险，那么可以将此作为风险管理的基础，例如，我们可以将每笔头寸的保证金与资产价值之比控制在0.5%，这里的资产价值是指整个账户的价值。但是，鉴于交易所在保证金决策方面存在主观因素，而且某些交易品种的保证金要求也曾出现意想不到的变化，我对这种方法一直持谨慎怀疑的态度。同时，由于我们很难准确获取保证金要求的历史数据，因此用历史数据模拟测试也是一项极具挑战性的工作。尽管如此，仍有大型基金利用这种方法取得了非常好的业绩，因此我不会轻易将其摒弃。

滑点与佣金

对本书中所有回溯测试的策略，我使用了实际的手续费和滑点。近年来，期货交易的佣金已经下降了不少，但仍然是一个必须考虑的因素。在本书中，我假设每手合约的佣金为1美元，加上1.5美元的交易所费用。除此之外，我还假设我们的执行效果总是很差，因为生活中往往会出现一些黑色幽默。我采用了一种基于成交量的滑点算法，试图根据市场上的实际成交量提供实际的执行价格。这些估计永远不可能完美，但你应该始终谨慎行事，宁可高估自己的成本。在现实中，获得意外的惊喜总是一件好事。

趋势跟踪策略的特点

业内有句老话，想从市场中赚钱，就得低买高卖。这当然不是趋势跟踪期货交易者的操作方式，你需要适应一种非常不同的工作方式。作为趋势跟踪者，你可以在高点买入，在更高的点卖出，也可以在低点做空，然后在更低的点平空。你的建仓价格有时可能看起来非常疯狂，比如某个交易品种在一个月内已经上涨了20%，而且刚刚出现大幅飙升，显示出极度超买的迹象，此时你却应当大举买入。当其他所有人都认为某样东西已经涨得太多，肯定会扭头向下时，这通常是你入场的时候。

尽管趋势跟踪策略看起来很简单，从长期收益曲线图也能看出该策略获利丰厚，但你也应研究包括日内波动与交易在内的短期变化，从而判断你能否在现实生活中真正遵循这一策略。这取决于你的个性，你是否能够并且愿意按照策略要求的方式进行交易，以及客户对交易结果的看法。其中有许多策略会出现高达 30% 的回撤，有时需要一年或更长时间才能恢复。如果你在发行产品后不久就出现重大回撤，可能半年以后客户还在为账户中的大量亏损不依不饶，这时候你可能会后悔为什么要冒这么大风险选择了这样一种交易策略？当然，从长期看，波动率越高的策略，盈利性也越高。这一切都取决于你和客户的风险承受能力。

我将在第 4 章介绍两种趋势跟踪方法，我特意挑选了这两种方法，是因为它们非常简单并得到广泛应用。这两种方法有助于我们熟悉趋势跟踪期货交易原理，尽管它们的长期收益表现很不错，但我不建议你们全盘接受这些模型。但不必担心，我不会像有些书那样，只给你们介绍那种在现实中根本无法使用的简单模型。随着本书内容的不断深入，我将持续改进这些策略，并得出可在真实对冲基金中使用的完美方法。

趋势跟踪策略原理剖析

趋势跟踪策略的目的是与已成形的趋势共舞，然后一直顺势而为，直到趋势将要发生反转时退出交易。这意味着你的目标应该是趋势的中间部分，有意避开趋势形成的初始阶段及收尾部分。其隐含的道理在于，市场的趋势一旦形成就会持续相当长一段时间。在大多数情况下，任何一个交易品种都无法形成有效的趋势，趋势跟踪者要么是无从介入，要么是再三试图进入那些未成形的新趋势而招致不断的亏损。任何一个交易品种都有可能在这种无趋势模式下持续很长时间，有时甚至会长达数年之久。因此，对于那些严肃的趋势跟踪交易者来说，关键是要能够系统地交易许多不同板块的不同交易品种。如果你只想在这类策略上使用单一交易品种或少数交易品种，那你还不如去买一张彩票算了。

与趋势跟踪策略有关的书通常会将大量的笔墨用在讨论开仓与平仓方法上，却常常忽视了该策略中最关键的地方。实际上，在期货交易中，开仓与平仓方法的重要性远远不及仓位管理及投资分散化。业余选手往往在学习开仓与平仓方法上耗费了大量的时间和精力，却忽视了分散化和风险等更为重要的内容。对于趋势跟踪策略而言，即使开仓与平仓方法存在缺陷，只要结合良好的分散化和风险规则，仍然有可能实现盈利。然而，如果忽略了这些关键因素，只注重开仓与平仓方法，其结果将是灾难性的。

如果你对那些经典的趋势跟踪期货交易系统（其中一些已经被公开或以其他方式公之于众）进行分析，你会发现，这些交易者主要使用两种方法。第一种方法是在价格向上突破时买入并在向下突破时做空，这意味着你需要找到一种判断价格突破的好方法（见图3-4）。

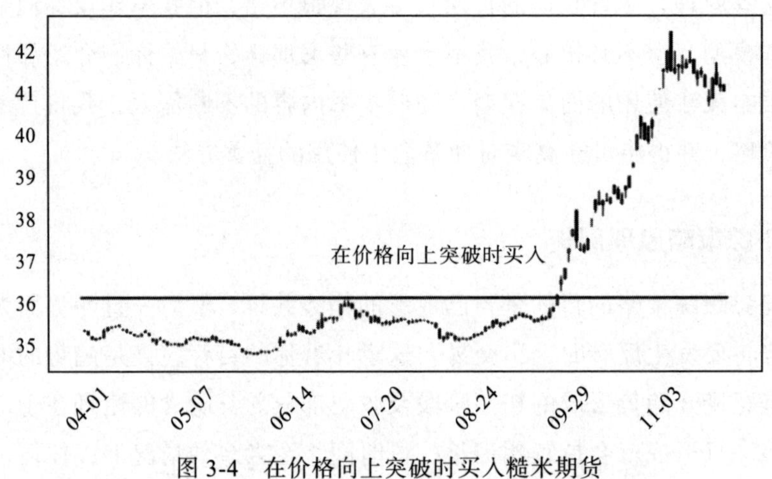

图3-4 在价格向上突破时买入糙米期货

第二种方法是使用一些经典的趋势指标，如移动平均线，并根据各种交叉规则决定买卖点位（见图3-5）。最简单的例子是在价格走势图上绘制移动平均线，当价格曲线与移动平均线交叉时，在价格高于移动平均线时买入，价格低于移动平均线时做空。

如上所述，开仓方法是交易策略中最不重要的部分，因此你应该在这方面花最少的时间。这并不意味着它们与交易策略无关，可以忽略不计，只是随着时间的推移，其他因素对实际交易结果的影响更大。

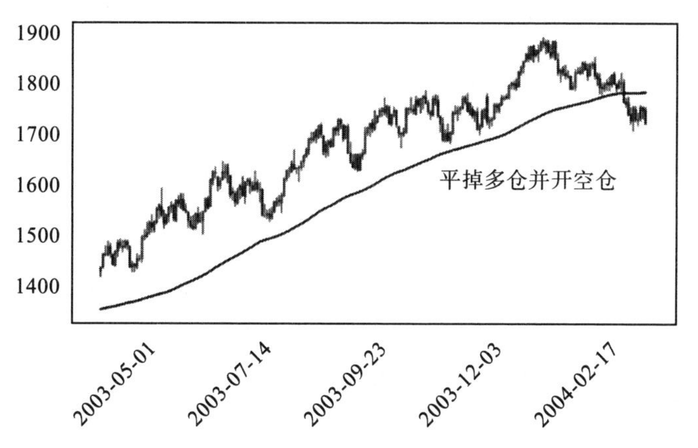

图 3-5 在纳斯达克指数与移动平均线交叉时反向操作

趋势跟踪策略通常要与过滤规则结合使用，以确保只在市场处于上涨趋势中买入，反之亦然。许多趋势跟踪者都不想因为短期反向波动而意外地与强势趋势背道而驰，而有效的过滤规则可以帮助你解决这一问题。一个简单的方法是使用不同时间范围的双重趋势测量法，例如，使用 200 天移动平均线作为长期趋势过滤器，而将时间较短的移动平均线作为短线趋势的入场信号。两个指标方向一致才能确保你的交易方向和长期趋势保持一致。对于本书这一部分介绍的初始策略，我不采用趋势过滤器。这么做只是为了在初次演示的过程中尽可能使模型保持简单，稍后我将为这些策略增加更多功能，以观察交易结果受到影响的程度。

|第 4 章|

两种基本的趋势跟踪策略

本章没有在构建交易策略的理论层面耗费过多的笔墨，而是使用了一些你可以自行复制和测试的案例，这样你就可以自行判断哪些策略有效，哪些无效。我首先介绍了两种非常基本的趋势跟踪方法，人们从 20 世纪 70 年代甚至更早的时候就开始使用这些方法了。为了证明我的观点，我选择了简便易行并得到广泛应用的两种方法。我打算证明这一点，即使未经任何复杂的修改，这些非常简单和众所周知的策略取得的成果也能与许多专业的趋势跟踪基金相媲美。除了讲述这些策略的细节，我还介绍了这两种策略共同使用的仓位管理公式和分散化投资计划。然后，我们可以看到这些策略的长期表现，以及它们与对冲基金行业的业绩比较结果。

我们接下来要分析的第一种策略非常经典，易于建模与交易。该策略的基础是移动平均线，即过去 X 天的平均价格。这种策略还有一个不同的版本，使用不同天数作为回溯期，这样我们就得到了两条移动平均线，一条变化较快（简称快线），一条变化较慢（简称慢线）。

细心的老读者可能会发现，我在这一版的书中修改了许多内容。实际上，在本书几乎全部章节中，交易规则都进行了不同程度的修改。这么做主要出于两方面的考虑。

首先，撰写本书的目的是演示一些概念。要让这些概念发挥作用，就不能让它们过度依赖精确的参数。本书不讨论参数优化的问题，而是想说明，如何用简单而稳健的规则来解释数十亿美元的趋势跟踪行业的大部分情况，以及如何构建自己的模型从而与专业人士抗衡。

其次，如果我十年磨一剑，第 2 版使用的交易规则还和以前一样，那我也确实有点太懒了。毕竟，出版社可是给了我稿费的。

正因如此，我们的第一个模型将使用 50 天和 100 天的指数移动平均线（见图 4-1）。你或许会问，为什么要选这些数字呢？其实这些数字是随便选的，你可以对各种数字的组合进行测试，最后你会发现数字其实没那么重要。

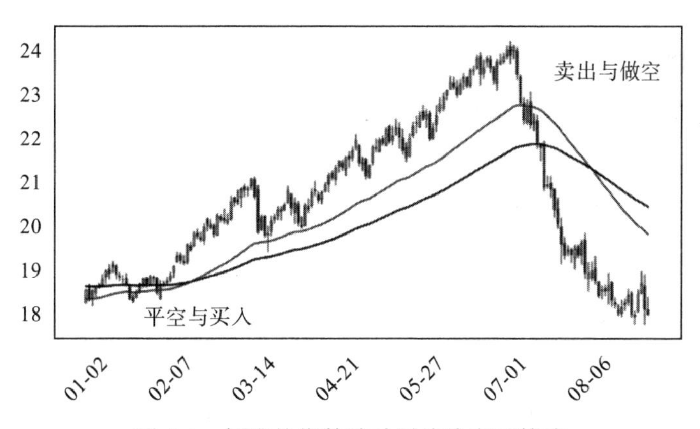

图 4-1 标准的指数移动平均线交叉策略

指数移动平均线使用了加权方法，其中时间较近的数据点比时间更久远的数据点具有更高的权重。在上一版中，我使用的是简单移动平均线，此次选择指数移动平均线正是出于这个原因。

这种策略可以在所有交易品种上实施，既可以用于多头交易，也可以用于空头交易，而且始终在市场中运行。也就是说，对于纳入策略投资范围内的每个期货合约，我们在任何时候都会有持仓，不是多头仓位就是空头仓位。一旦从多头策略中止损，我们会立即反手开空头仓位，反之亦然。在这个阶段，我们并未使用趋势过滤器或类似指标，因此我们只是简单地按照移动平均线发出的交叉信号进行交易。该策略使用日线数据运行，并始终在信号出现后的下一个交易日进行交易。这么做是一种保护，目的是防止所谓的数据窥探，这是实施模拟策略时常见的一个错误，即交易时所使用的数据在现实中并不可用。如果周二发出了一种买入信号，模拟策略假设我们在周三早上买入，由于第 3 章中假设的滑点与佣金成本的影响，我们的成交价格一般比买入信号发出时的价格要差一些。

该策略的逻辑非常简单。如果某个交易品种的移动平均线的快线高于慢线，这就意味着该品种处于上升趋势。既然趋势是上升的，我们的买入依据是：如果价格走势和我们的操作背道而驰，我们可以以很小的代价迅速止损，而如果价格继续上涨，我们理论上面临着无限的上涨空间。

我们所使用的第二种策略是进入新形成的趋势，并尽可能长时间地跟踪这一趋势。自本书第 1 版问世以来，这个模型也稍微受到了一些挑战。如果简单使用原来的代码和逻辑，确实有些懒惰了，也没有给老读者增加多少价值。和第 1 版相比，我将使这个简单的突破模型示例更加长期化，方法就是将突破窗口和止损窗口的时间都加倍。

这一策略的规则同样非常简单：如果今天的收盘价高于或等于过去 100 天内的最高收盘价，我们就在下一个交易日开仓买入；如果收盘价低于或等于过去 100 天内的最低收盘价，我们就在下一个交易日开仓做空。平仓的逻辑与之类似，当收盘价达到 50 天内的最低点时卖出平多，当价格达到 50 天内的最高点时买入平空（见图 4-2）。根据日线收盘价做出分析，在信号发出后的下一个交易日执行交易。

与移动平均线交叉策略不同，使用突破策略并不需要一直待在市场里。在止损平仓后，你可能要退出市场一段时间，才能等到下一次信号出现。

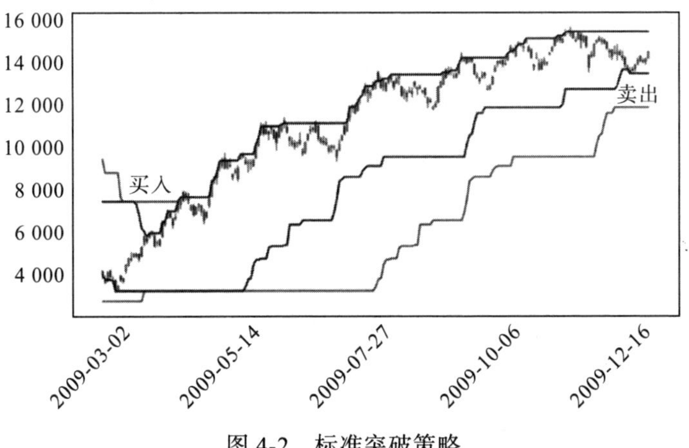

图 4-2 标准突破策略

策略表现

在适当的背景下评估一种策略的表现，这一点非常重要。只看复合年收益率这一指标，你无法判断这一策略是否可行，也不能判断它和其他策略孰优孰劣。要确定哪种策略更好，你需要考虑各种风险因素，但也要详细研究策略的净值曲线，以判断你能否承受实际交易中发生的各种情况。一些高收益的策略可能会经历非常可怕的时期，如果你承受不了这一点，你应该找到一个适合你和客户的不同策略。

图 4-3 中的净值曲线表明，在较长的时间范围内，这两种策略看似都能带来盈利，但不要轻易下这个结论。例如，只是简单地观察这条长期净值曲线，我们无法判断均线策略是否真的优于突破策略。在这个时间范围内，突破策略或许会带来更高的收益，但从波动率调整后的角度来看，我们很难判断哪种策略更好。请注意，为了让读者看起来更方便，图中的 y 轴采用了对数尺度。如图所示，当时间范围较长时，价格的变动幅度会非常大，如果采用线性尺度，图看起来将会很不合理，基于此，本书中的所有图几乎都以对数尺度表示。

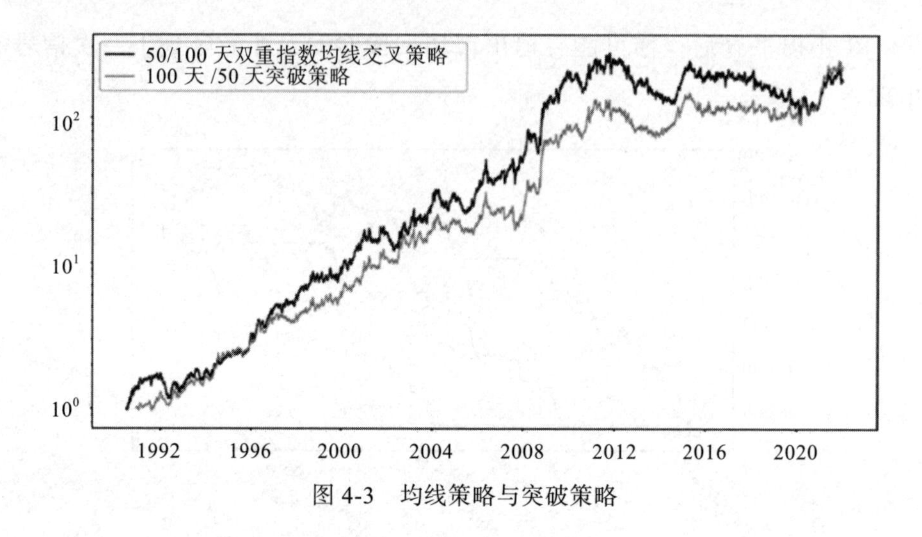

图 4-3　均线策略与突破策略

图 4-3 中真正值得注意的是这两个策略彼此之间的紧密程度。用眼睛简单一扫，就能发现这两个策略的表现相当接近。它们几乎同时上升和下降，虽然在某些困难时期某个策略可能会略胜一筹，但整体上讲，它们的表现就像在交易相同的东西。

为了更全面地评估基本策略的长期业绩表现，我们引入了四个参照基准。其一是 MSCI 全球指数，该指数涵盖了全球众多地区的上千只股票，也是全球股市业绩表现的通用基准。其二是巴克莱 BTOP 50 指数，该指数代表了管理期货行业的整体表现（见图 4-4）。另外，我们还引入了米尔本分散化期货基金（米尔本基金）和邓恩全球货币及农业基金（邓恩基金）(见图 4-5）。米尔本基金是该行业的领军企业之一，自 20 世纪 70 年代以来一直非常成功，因此可作为评估表现的有力基准。同样，邓恩基金也是长期表现卓越的企业，堪称行业传奇。我们选取这两只基金作为行业代表，是因为它们都有公开的长期业绩记录，并且表现卓越，备受推崇。

从图 4-3 至图 4-5 及表 4-1 中的数据汇总信息中可以看出，这两种几十年来反复公布的基本策略的业绩表现远远超越了传统投资方式。首先，我们考察股票的长期业绩表现，在模拟测试期间，全球股票的年化收益率不足 9%，而这一数据仍然高于股票市场在更长期限内的预期收益。但这个收益率实际上是被 2009 年以来持续至今的长期牛市放大了，本书在 2022 年初撰写时，这一牛市仍在持续。在一个更长的时间范围内，考虑到多种市场机制分散投资的情况，股市的收益率通常在 5% 左右。

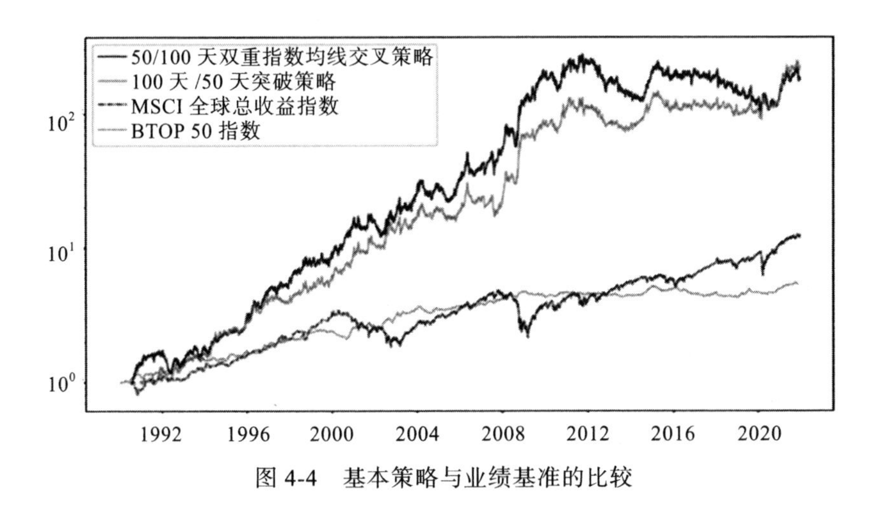

图 4-4 基本策略与业绩基准的比较

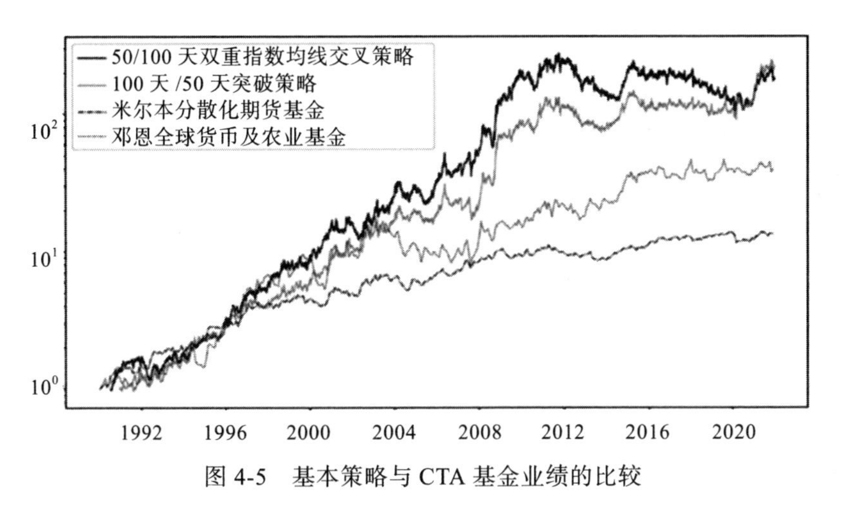

图 4-5 基本策略与 CTA 基金业绩的比较

公众普遍认为股票总会上涨，因此每个人都会在股票上进行资产配置。这一说法在历史上的某些特定时期内确实成立，但这也可能只是一种危险的错觉。举个例子，如果 1999 年你在全球股市中投资了 100 美元，10 年后你的投资仍然会亏损。同样地，如果你在 2007 年投资了 100 美元，

1 年多以后就会亏掉一半，而 10 年后你的总收益也只有 8%。

表 4-1 基本策略与业绩基准及基金同行之间的比较

	突破策略	均线交叉策略	MSCI 全球总收益指数	BTOP 50 指数	米尔本基金	邓恩基金
年复合收益率	17.90	18.18	8.88	4.95	7.02	13.12
最大回撤	−47.19	−64.67	−56.23	−17.30	−22.94	−57.88
年化波动率	25.74	28.65	15.46	8.17	13.77	30.75
盈利月份占比	53.74	57.18	62.64	45.98	57.47	55.17
最高单月收益	48.70	37.94	12.21	10.00	14.59	29.55
最高单月亏损	−19.29	−21.04	−19.79	−7.00	−11.51	−23.52
夏普比率（无风险利率为 0）	0.77	0.73	0.63	0.63	0.56	0.55

这绝非建议你避免接触股市。对于大多数投资者来说，将投资组合的一部分配置于股票或股票型基金是非常合理的选择。然而，这并不意味着你应该将大部分资产都集中在这一变化无常的资产类别。相反，将目光转向期货这样的另类投资，不仅能够实现投资组合的分散化，而且可以获得更高的长期收益。

从模拟的结果来看，期货基金的表现也谈不上一帆风顺。在与本书第 1 版进行比对时，细心的读者应该会注意到，在本书出版后的几年里，这两个简化模型迭代一直没有太好的表现。这两个初始模型的目的是向读者展示，即使简单到可以在餐巾纸上画出来，这些交易规则也能提供足够的结果来证明概念的可行性。因此，尽管存在一些明显的问题，这两个模型仍然有效。

令人担忧的是，与本书第 1 版相比，这两种策略的最大回撤值更高了。在强劲的牛市中，它们的表现不及股票，对此你不必感到惊讶，也无须担心。当股市火爆时，股票的收益是一枝独秀。期货模型的真正价值是为投资组合提供不相关变量，而不是在牛市中击败股票。

我们最关心的问题不是最大回撤值的大小，而是回撤的持续时间。对于纯粹的趋势跟踪者来说，过去十年确实比前一个十年更困难。这不是说趋势跟踪策略不赚钱，也不是说它失效了。只是赚钱的难度变得更大了，许多业内人士开始实施跨策略分散化投资，以寻求额外的盈利来源。当然，真正值得注意的是，即使经历了十年困难期之后，当股市反弹时，趋势跟踪期货模型仍然表现甚佳，并显示出强劲的长期收益能力。

敏锐的读者这时可能会问，如果你在这段时间内购买并持有指数基金，你将获得多少股息，这是否会影响到股票指数的实际表现。答案很简单：不会。此处展示的 MSCI 全球指数用的是总收益数据，已经考虑到股息的影响。

接下来我们来看第二个指数，即巴克莱 BTOP 50 指数。该指数的长期业绩表现非常稳健，充分证明了这类策略的有效性。尽管期货市场在过去几年的表现明显不佳，但 BTOP 50 指数的增长率仍然接近 5%，最大回撤略超 17%，考虑到年收益率，这一数字也令人颇为满意。当然，请记住，BTOP 50 指数由许多分散化期货交易基金组成，因此其波动率自然比大多数单个成分基金低得多。比较图 4-4 中的 BTOP 50 指数和 MSCI 全球指数的收益分布，你会发现管理期货基金指数的收益更平稳，在牛市与熊市中均保持稳定，不像股票指数那么容易大幅下跌。

为了与业内巨头进行比较，我选取了两家历史悠久且在业内备受推崇的管理期货基金。自 1977 年以来，米尔本基金的年复合收益率约为 14%，几乎可以击败你选择的任何基准。邓恩基金自 1984 年以来延续至今，自那时以来的年复合收益率约为 13%。市场上还有许多顶级的趋势跟踪管理者，我们将在稍后对其进行深入研究。但到目前为止，我们将以这两家基金作为行业的初始比较对象。在此公开声明，在本书中，我不会直接或间接地从任何基金或类似机构中获取资金，为它们说好话。但如果你管理着一家对冲基金并想让我在下一本书里帮你美言几句，你应该知道，金砖和爱彼手表是我的最爱。

那么，与同类指数及业内巨头相比，我们这两种模拟策略表现如何？均线策略的年复合收益率为 18%，最大回撤为 64%，而突破策略的年复合收益率为 24.5%，最大回撤为 60%。

最大回撤幅度如此之高，确实暴露了这种简单策略暗藏的危险。显然，60% 的资金回撤对于任何投资组合都可能是致命的打击，我们必须采取相应措施来避免此类事件的发生。然而，值得注意的是，尽管存在这样的风险，这些策略仍然取得了令人瞩目的长期业绩。特别是在股市疲软或下行时，它们往往能够跑赢大盘。因此，我们有充分的理由坚信它们将在未来继续创造卓越的表现。

显然，这两种策略的波动率明显高于基准指标，风险与收益水平也都更高。从目前的情况来看，它们的波动率水平有些偏高了，但只要盈利水平与所承担的风险相匹配，也没有必要过分担忧。波动率本身不是什么问题，因为我们可以非常轻松地通过调整持仓规模来调整波动率的大小，从而同时降低风险和收益水平。第 5 章将详细探讨这一机制的运作方式。因此，相比绝对收益和最大回撤值，两者之间的比率更为重要。

夏普比率是一种常见的用于比较不同波动率的指标。人们经常将该指标看成一种投资策略的通用排序方法，按照这种方法，你只需要选择夏普比率最高的投资策略即可。但这种做法是错误的，在做出解释之前，先让我简要解释一下什么是夏普比率。该公式本身相当简单：用某个策略的历史年化收益率减去所谓的无风险利率，然后将结果除以策略收益率的标准差。

夏普比率的真正问题在于其对波动率的反应方式。由于我们用标准差表示收益的波动率，在夏普比率的计算公式中，收益率的标准差在分母的位置上，这种表示形式明显认为波动率总是有害的，并应该受到严厉的惩罚。这一核心理念没有什么问题，平稳的收益当然好于波动率更大的收益，但标准的夏普比率的计算方式让人难以评估不同的交易风格。标准差的计算公式是基于理论上的平均收益率，当实际收益率远离平均收益率时，偏差就会增加，而夏普比率也会下降。请注意，标准差对正偏差和负偏差是同等对待的，所以如果你的策略在某段时间内出现强劲增长（比方说，大多数趋势跟踪策略在 2008 年下半年都出现了这种情况），你的收益情况可能表现优异，但夏普比率看起来可能没那么好。

对于我们使用的这类策略来说，夏普比率不是一个好的指标，还有另一个原因，那就是我们的策略本质上是高度杠杆化的交易。在使用跨资产策略时，我们究竟应该使用多大的杠杆，这是值得讨论的问题，在这种情况下，许多传统的杠杆度量方法已经失效了，但我们肯定利用了杠杆。如果你研究此前提到的仓位管理公式，你会发现它有一个关键的输入变量，我们可以根据你的持仓规模以及你想在策略中承担的风险大小来升高和降低这一数值。通过调低这一数值，你可以降低收益率，减少回撤值，降低标准差，反之亦然。然而，你在收益中扣除的无风险利率仍然是相同的，因此如果你降低这一数值，你能得到一个更低的标准差，但在夏普比率计算公式中的分子部分损失的收益会更大，由此计算出的夏普比率也就更低。

表 4-1 中的数据从 1992 年开始，时间跨度相当长，我们知道这些数据是从图 4-4 和图 4-5 中得到的，显然，业绩表现好的时期主要集中在前十年。这一方面是因为趋势跟踪策略在 20 世纪 90 年代的强劲表现，另一方面也是因为 2000 年的熊市，在此期间，股票价格下跌，而趋势跟踪模型并未受到影响。在本书的第 1 版中，我把数据的覆盖范围设定为 20 年，现在我们来看一下同一组数据在过去 20 年的表现，如表 4-2 所示。

表 4-2 基本策略与业绩基准及基金同行之间的比较（2002 ～ 2021 年）

	突破策略	均线交叉策略	MSCI 全球总收益指数	BTOP 50 指数	米尔本基金	邓恩基金
年复合收益率	14.25	12.74	8.29	3.64	5.13	7.34
最大回撤	−47.19	−64.67	−56.23	−17.30	−22.94	−57.88
年化波动率	27.46	30.85	16.12	7.43	12.6	28.41
盈利月份占比	52.92	54.17	62.08	45.98	57.47	55.17
最高单月收益	48.70	37.94	12.21	7.00	12.13	29.55
最高单月亏损	−19.29	−21.04	−19.79	−6.00	−11.51	−22.63
夏普比率（无风险利率为 0）	0.62	0.54	0.58	0.52	0.46	0.39

各种策略之间的相关性

我们在这里研究的是月度收益相关性，即一种策略的收益与另一种策略的收益之间的关联程度。在计算相关性时，务必小心谨慎，避免新手常犯的错误。

对于那些没有做过相关性计算的人来说，他们最常犯的错误是在Excel表格中直接创建一列，然后把所有的价格序列、基金的资产净值、期货合约价格等数据填充进去，然后对这些数据运行相同的Correl（）函数，这样产生的数据是毫无意义的。问题不是出在前面提到的Excel函数公式上，因为Excel软件完全能胜任这份工作，使用者需要做的是输入正确的数据。

最常见的计算相关性的方法是通过对数收益率来计算，但百分比收益率也可以。你要找的是变化之间的相关性，而不是绝对值之间的相关性。这就是你不能使用价格本身，甚至不能使用价格的变动来计算，而应该使用百分比或对数收益率的原因。

对数收益率的计算公式：

$$R_i = \mathrm{Ln}\left(\frac{P_i}{P_{i-1}}\right)$$

式中，P_i是时间序列在时点i的价格或价值，P_{i-1}则是同一时间序列前一天的价格。由此得到的R_i就是数据点i的自然对数收益率。如果你用Excel表格计算相关性，只需将你的时间序列价格数据全部放在一列中，然后在旁边的一列中使用软件内置的Ln（）函数计算相应的对数收益率。最后用Correl（）函数计算出这两组对数收益率的相关系数。

当然，如果你打算使用更先进的计算工具，也可以不用Excel表格，直接使用Python。这种编程语言易于学习和编码，而且是为我们所分析的这类时间序列量身打造的。

相关系数的值在−1和1之间，该数值描述了用于比较的两组时间序列数据的关联性。相关系数为1意味着两组数据及运动方向完全相同，而相关系数为−1意味着两组数据的运动方向完全相反。相关系数为0意味着二者完全无关。

表4-3中的相关矩阵揭示了一些有趣的现象。首先，即使这两个简单期货策略在2013年之后的表现出现背离，但从整体来看，二者间的长期

相关性仍然相当高。它们此前的表现非常接近，在1990年到2012年期间的表现几乎一模一样。

表4-3 各种策略及基金表现的相关性

	50天/100天双重指数均线交叉策略	50天/100天突破策略	MSCI全球总收益指数	BTOP 50指数	米尔本基金	邓恩基金
50天/100天双重指数均线交叉策略	1.00	0.89	−0.12	0.57	0.44	0.54
50天/100天突破策略	0.89	1.00	−0.17	0.62	0.52	0.58
MSCI全球总收益指数	−0.12	−0.17	1.00	−0.02	0.04	−0.08
BTOP 50指数	0.57	0.62	−0.02	1.00	0.80	0.80
米尔本基金	0.44	0.52	0.04	0.80	1.00	0.68
邓恩基金	0.54	0.58	−0.08	0.80	0.68	1.00

更有趣的是，我们可以看到期货策略和期货基金与股市的相关性非常小，或是呈现负相关。这正是我们所期待的，也是它们的真正价值所在。这意味着期货策略可以作为股票投资组合的有益补充，因为它们有着正的预期收益并与股市呈负相关，如果将其作为股票投资组合的一部分，既可以提高收益，又可以降低风险。事实上，包括巴克莱BTOP 50指数在内的所有分散化期货策略与全球股市呈微弱的负相关性。如果你的组合中的投资品种与市场不相关或是呈微弱的负相关，而且组合的预期收益显著为正，这将大大提升整个投资组合的分散化效果。

两个期货基金相互之间的相关性非常强，这是意料之内的，也是趋势跟踪策略固有特性导致的自然结果。

对基本策略的总结

到目前为止，我们在本章中可以明确这一点，即使是最简单的趋势跟踪策略也能取得优异的长期表现。这个例子可以说明，具体选择哪种趋势跟踪方法并没有大家想象的那么重要。掌握好的交易规则确实有帮助，但使用几十年来已经为公众所知晓的最基本的方法，同样可以取得非常好的结果。成功的秘诀绝不在交易规则上。

策略的组合应用

趋势过滤器

均线策略的最大问题是要一直待在市场中，即使没有形成真正的趋势也要保持交易状态。当市场横盘整理时，按照均线策略交易会出现频繁开仓又平仓的情况，每一次都可能造成损失。这么做不仅无利可图，还会使人心烦意乱、丧失斗志，而且毫无意义。图 4-6 显示了标准普尔 500 指数在 2000 年中期处于横盘整理期间应用均线策略交易时出现的情况。每当这两条移动平均线相互交叉时，我们就会平仓反手，而且一直在亏钱。此时缺少了某种趋势过滤器，它可以在均线策略没有形成可以获利的趋势时停止交易。

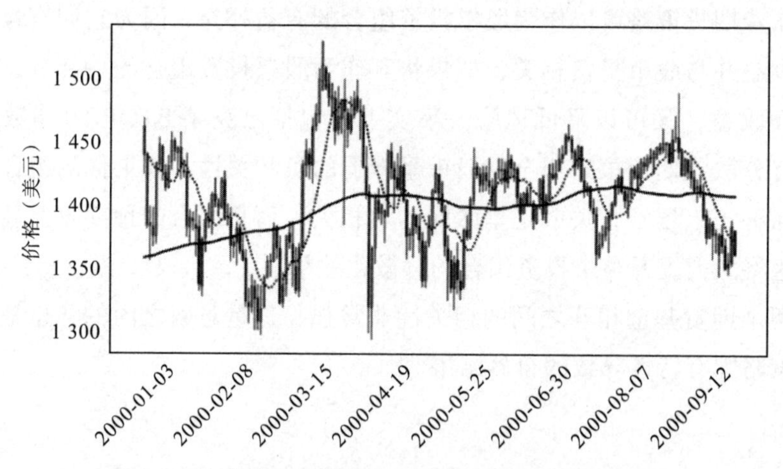

图 4-6 均线策略在没有趋势过滤器情况下的过度交易

突破策略的问题略有不同，因为这一策略不要求一直待在市场中，而是在价格突破后才开始建仓。但是突破策略确实有类似的症状。突破策略会在一定天数内观察到最高价格后开始做多，并在一定天数内出现最低价格后开始做空。因此，突破策略有时候会与市场主趋势背道而驰。如果市场趋势持续强劲上扬，那么回调将是大概率事件。对于某些策略来说，回调可能是一个获利了结的好时机，但此时绝不适合平仓反手操作。

图 4-7 展示了突破策略在标准普尔 500 指数处于强劲上升趋势的时期里的表现，这一时期也是互联网泡沫的高峰期。稍稍浏览就会发现两个问题：一是突破策略会在强劲的牛市中做空，这是很不合理的；二是存在过度交易，在趋势已经形成后做了大量的开平仓操作。

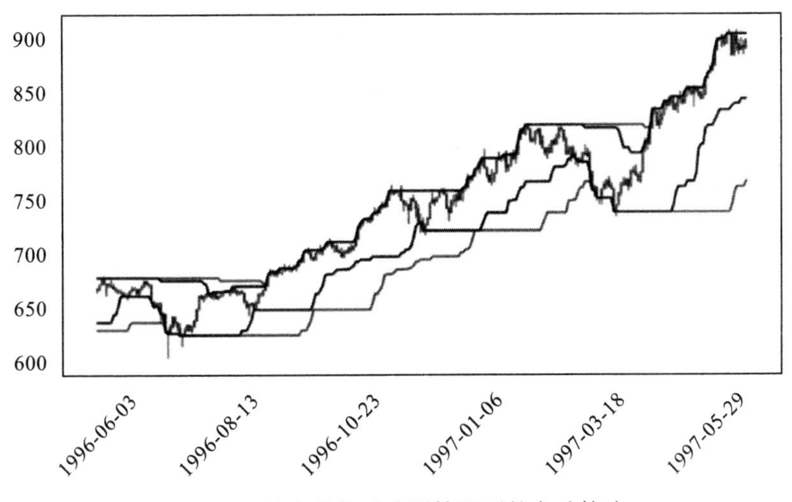

图 4-7 没有趋势过滤器情况下的突破策略

对于这两个问题的解决办法是增加一个趋势过滤器。这样可以保证我们只沿着主要趋势的方向进行交易，而不会因为频繁开平仓而遭遇双重打击。实际上，均线策略本身就是一个很好的趋势过滤器，直接使用也是可以的。我们可以将这两个基本策略结合使用，交易时使用突破策略，再将均线策略作为趋势过滤器。这两个策略的参数和细节都没有什么特别之处，所使用的数字也是随机挑选的几个整数。没有刻意优化或人为操纵。趋势跟踪交易的理念远比具体的交易细节重要得多。

图 4-8 展示了原油价格的一个牛市阶段及随后的熊市阶段。我们用来确定市场处于牛熊阶段的方法是将两条指数移动平均线结合起来，其中实

线是反应较慢的 100 天移动平均线，而虚线是反应较快的 50 天移动平均线。在这里，移动平均线是初始策略的一部分，它不是被用来发现交易信号的，而是被用来判断市场主导方向的一种趋势过滤器。如果我们为策略设定一个标准，即只在市场整体处于上升趋势时才允许买入，在下降趋势时才允许做空，这样做有两个好处：交易次数减少且胜率更高。

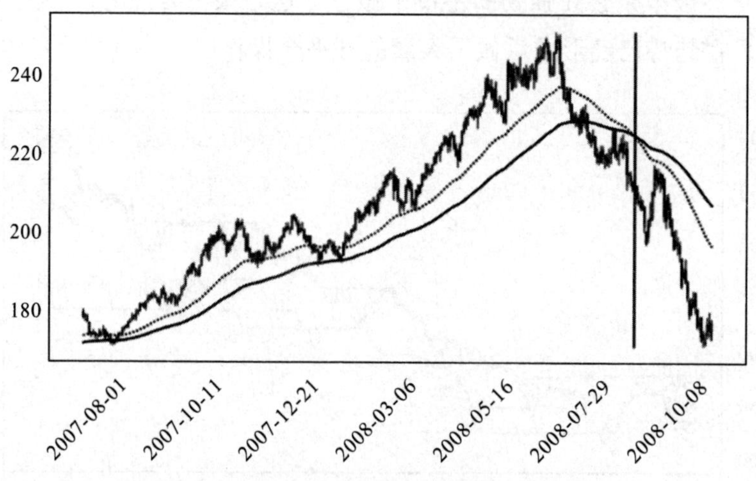

图 4-8 用移动平均线作为趋势过滤器

表 4-4 中的数据从 1992 年开始统计，从中我们可以看出，通过使用简单的趋势过滤器，标准突破策略得到了显著改善。收益率上升，最大回撤值下降，盈利月份的数量也增加了。最重要的是，最大回撤显著降低，夏普比率也有了明显改善。

表 4-4 加入趋势过滤器的影响

	两种策略联合使用的核心模型	突破策略	均线交叉策略
年复合收益率	15.81	14.25	12.74
最大回撤	−39.43	−47.19	−64.67
年化波动率	25.90	27.46	30.85
盈利月份占比	57.08	52.92	54.17
最高单月收益	37.04	48.70	37.94
最高单月亏损	−18.37	−19.29	−21.04
夏普比率（无风险利率为 0）	0.70	0.62	0.54

一种趋势跟踪核心策略

将这两种基本趋势跟踪策略联合使用之后，所得到的业绩看起来更出色了。迄今为止，我们使用的交易规则比真正的期货交易者所用的方法更简单，但它们模拟的结果已经非常接近了。本书的主旨在于阐明，趋势跟踪期货交易获得的大部分收益可以通过非常简单的规则来实现。

增加策略的复杂性可能让你感觉更舒服，因为你觉得复杂性会带来安全感，同时也增加了策略的复制难度。但这种看法并不一定正确。对于大型基金来说，大多数复杂性与各个市场的执行规则、波动率控制和风险管理有关，而这些对于业余交易者来说都不太重要。

现在我们回顾一下所学内容。总的来说，以下是我们迄今为止所使用的交易规则。

- 交易品种应覆盖整个期货市场，并涵盖所有主要板块。
- 每日交易。
- 如果 50 天均线高于 100 天均线，则趋势看涨。
- 如果 50 天均线低于 100 天均线，则趋势看跌。
- 如果趋势看涨，则在价格创下 100 天新高时做多。
- 如果趋势看跌，则在价格创下 100 天新低时做空。
- 如果价格下跌至 50 天低点，或趋势转为看跌，则多头离场。
- 如果价格上升至 50 天高点，或趋势转为看涨，则空头离场。
- 使用 20 天 ATR 进行仓位管理，目标为 15 个基点。

如果我们绘制一张长期图，展示该策略与基准中的两个运行时间最长的基金的业绩对比，结果看起来相当惊人（见图 4-9）。但在现阶段，我强烈建议不要过早地得出太多结论。这种视觉比较可能会给人极大的误导，而且用这样的比较图来故意误导别人是非常容易的。

快速看一下图 4-10，你会发现核心策略的表现非常出色。但是，单凭这张图还不能说我们的核心策略比这些基金更具有吸引力。稍后我会向你展示，我们可以很容易地调控策略参数，以此获取更卓越的业绩。正如马克·吐温所说，世上有三种谎言：谎言、该死的谎言，还有回溯测试。

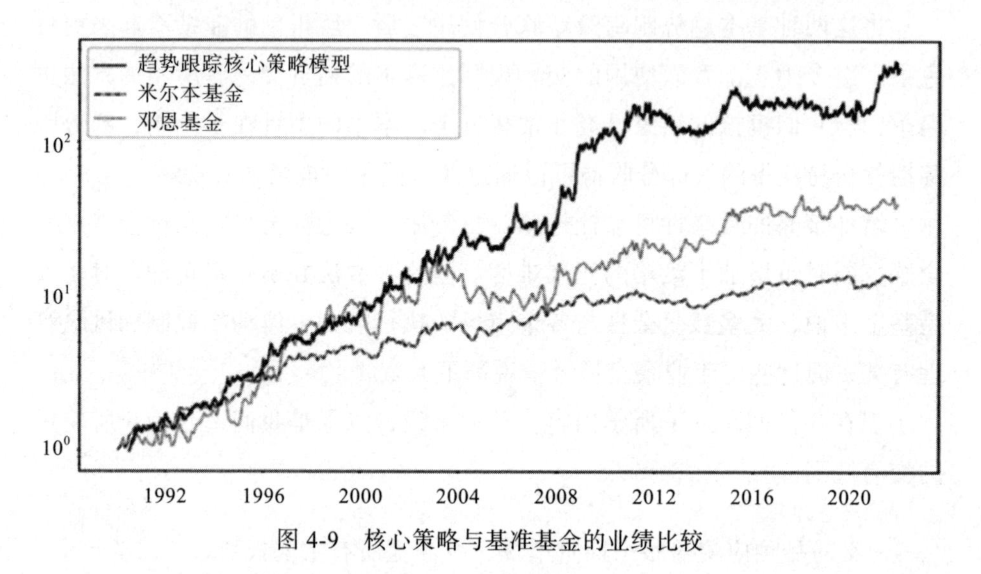

图 4-9 核心策略与基准基金的业绩比较

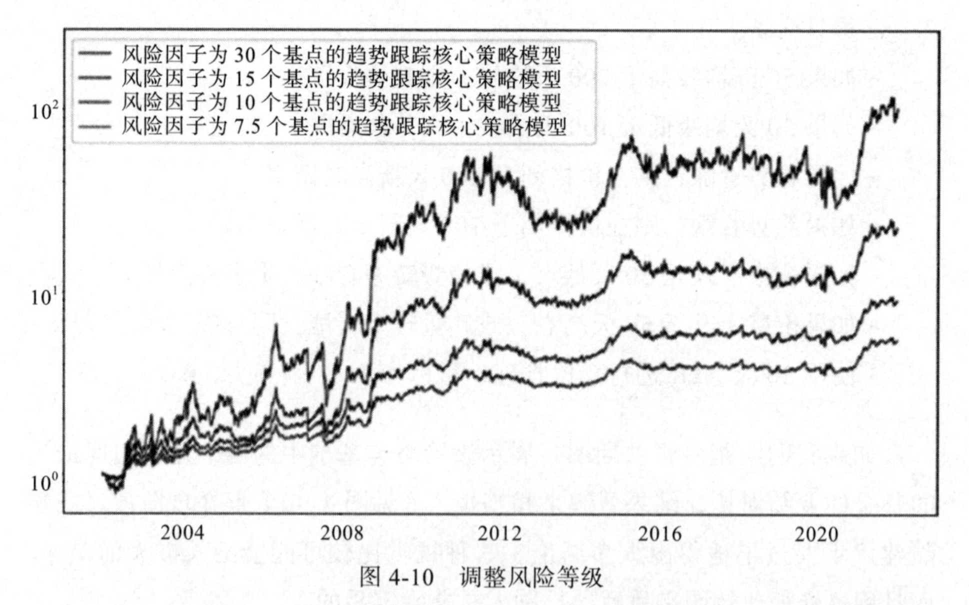

图 4-10 调整风险等级

将我们的策略表现与这些基金的实际业绩进行比较，存在几个问题。首先，我们的策略是一种回溯测试，因此是在事实发生后构建策略的理论收益。我们构建这些交易规则，为的是解释趋势跟踪这种现象，并讲授其背后的原理。我们应当将这些策略视为一种学习工具。

其次，这些基金还要向投资者收取资金管理费和业绩分成。而我们的策略并未计入这些费用，因此这样比较是不公平的。

在这种长期图中，像我们曾经经历过的十年间业绩持平的情况很容易被忽视。好好想想吧，你真的能做到在没有盈利的情况下，每天交易，连续十年？这可是股市横盘的 2 500 个交易日。无论你多么坚信自己的交易规则，十年间一直处于亏损状态是极其难熬的。当然，如果你是帮别人管钱，你的客户恐怕没有这么大的耐心和你一起干熬。

但是，如果你一直以来都遵循这些交易规则，那么你很可能已经取得了骄人业绩。从长远来看，趋势跟踪的表现一直都非常好。但我们又要提起约翰·梅纳德·凯恩斯关于长期的观点了。他曾经指出：从长期来看，我们都是要死的。

控制风险水平

我在上一节提到，我们很容易产生回溯测试的盈利幻觉。在回溯测试的世界里，我们有预知未来的优势。就像电影《土拨鼠之日》中的比尔·默瑞一样，我们可以反复尝试和失败，直到找到有效的解决方案。我们有充足的时间去尝试各种方法，直到找到有效的那种。一旦找到这种方法，我们只需要通过调整风险水平，就能获得极具吸引力的收益。

这是一个大多数人在某个时刻都会掉入的陷阱。这些年来，我见过成百上千名热情洋溢的年轻交易员展示他们的回溯测试，希望得到投资。这么多年来，我从来没有见过任何人展示过结果糟糕的回溯测试。

本书的重点不是讲解如何正确使用回溯测试工具来制定策略。关于这一点，我非常推荐罗伯特·卡弗所著的《系统化交易》一书。这个主题非常值得用一两本书来专门讲解。

对于前面展示的略低于 16% 的年化收益率，不同交易背景的人评价也是大相径庭的，这对于业余交易者及机构交易者来说尤其明显，前者可能会认为这一收益率过低，而后者则会认为这一收益率非常高。一般来说，业余交易者和专业人士对交易收益的期望往往有很大差异。事实上，通过这样的回溯测试，你可以实现任何想要的收益率，因此，不要相信那些不是自己亲手所做的回溯测试。

在这种情况下，我们的基本交易模型有可能在长期内实现正的预期收益率。知道这一点后，我们可以通过改变仓位管理机制来决定收益的大小。我们只需要采取更大的头寸，然后喊一声：嘿，变出来了！更高的收益就产生了。可惜，现实情况可能没有那么简单。

还记得我们是怎样使用基于 ATR 方法确定仓位管理的吗？我们将每天的变动目标设为 15 个基点。这个数字是我们要关注的关键变量。为此，我们将尝试对这一方法做些调整。

调整后的版本是一个高风险版本和两个低风险版本。到目前为止，我们的基本模型是将每天的变动目标设为 15 个基点，我将向你展示基于 30 个基点、10 个基点和 7.5 个基点的版本。

如表 4-5 所示，我们可以把风险水平提高到 30 个基点，每年获得近 26% 的收益。这当然是一个非常危险的假象，在现实生活中不太可能实现。你真的想把大笔资金投入到一个在某些时候亏损超过 65% 的策略中吗？永远要假设现实情况可能比回测结果更糟糕，所以你的实际损失可能是 75%、80%，甚至更多。

表 4-5 控制风险水平

	核心策略模型（7.5 个基点）	核心策略模型（10 个基点）	核心策略模型（15 个基点）	核心策略模型（30 个基点）
年复合收益率	8.88	11.63	15.81	25.94
最大回撤	−22.23	−28.69	−39.43	−64.66
年化波动率	13.08	17.41	25.90	49.57
盈利月份占比	58.30	58.80	57.10	57.50
最高单月收益	17.30	23.50	37.00	69.30
最高单月亏损	−9.00	−12.20	−18.37	−35.90
夏普比率（无风险利率为 0）	0.72	0.72	0.72	0.71

我们下面用一个简单的例子来说明为什么70%的最大回撤的结果非常可怕。尽管这个例子很简单，但个体交易者往往容易忽视这个问题。想象一下，你在年初拥有10万美元，然后遭受了70%的损失。现在你只有3万美元了。如果下一年你的收益率达到了70%，你连本金都没赚回来。不，你的损失仍然接近50%（= 30 000美元 × 1.7 = 51 000美元）。

因此，如果你的资金真的发生了70%的回撤，你需要多高的收益率才能回本呢？答案是234%。这样的收益率才能让你收回初始成本。

你交易生涯中最重要的决定之一是设置风险水平。风险水平设置得太高，你很可能会在某个时刻遭受毁灭性的损失并被淘汰出局。设置得太低，你还不如直接购买标普500指数基金，然后该干啥干啥去。

资金管理以及政府的免费资金效应

那些足够年长、从未使用过TikTok[㊀]的读者或许还记得，以前存钱是有利息的。当然，这取决于你住在哪个国家以及阅读本书的时间，或许你现在也能拿到一些利息。

在期货交易中，利率可能是一个非常重要的因素，其重要性可能超出大多数人的想象。请记住，当我们进行期货交易时，我们不用像股票交易那样为我们的头寸支付现金。我们只需在账面上有足够的现金来覆盖初始保证金，并且足以避免在头寸对我们不利时出现追加保证金的风险。如果投资组合中唯一的头寸是10手小麦合约，该合约刚以每蒲式耳800美分的价格建仓，那么我们实际上对小麦合约的名义敞口为40万美元，但这并不意味着我们的账户中需要有这么多的资金。我们需要持有的现金数额将根据这种商品的保证金要求而变化，具体由交易该商品的交易所设定。

在本书撰写时，一手小麦合约的初始保证金约为3 000美元，因此我们至少需要30 000美元来覆盖刚刚建仓的10手合约。小麦合约此时的维持保证金约为2 250美元，这意味着我们需要确保在扣除任何未实现亏损后，账户中每手合约至少有这么多现金随时可用。如果小麦期货的价

㊀ 抖音国际版。——译者注

格现在跌至780美分，由于一个点值为5 000美元，而报价是以美分计算的，因此一手小麦合约的未实现亏损为1 000美元。这意味着我们在10手小麦合约的账户上损失了10 000美元，如果账户上只有符合最低要求的30 000美元的初始保证金，我们就会收到追加保证金的通知，因为账户上的现金不足以满足每手合约2 250美元的最低维持保证金要求。

追加保证金的通知要求我们将账户现金补充至30 000美元，否则将强行平仓。没人愿意收到追加保证金的通知，妥善的资金管理能防止这种情况毁了你的一天。永远不要让自己陷入可能接到意外追加保证金通知的境地。务必要在账户上保留足够的现金，以应对对你不利的大幅波动。

如果你的投资以美元计价且仅在美国交易，现金管理就很简单。当然，对于我们大多数人来说，情况并非如此，你的投资可能涉及5～10种货币，具体数量与投资国家数有关。这样，你将面临新的任务，既要保证每个账户上的资金充足，又要管理由此带来的汇率风险。

但话说回来，我们不是说你一定要把所有的现金都放在某个经纪账户里。这样做既浪费资金，又带来不必要的风险。这里所说的风险可以用一个词来概括：雷曼兄弟。尽管这家投资银行的不幸倒闭是金融危机中最令人瞩目的事件，但在雷曼兄弟倒闭前后也发生了许多同样的事情。许多原本成功的期货交易公司在曼氏国际破产事件中遭受了巨大损失，但这可能只是冰山一角罢了，这些倒闭的公司可能只是烟雾弹，掩盖了那些真正存在问题的公司的真实情况。银行和经纪公司有可能发生更壮观的倒闭事件，而且我们很难预测具体哪一家会倒闭。

如果你所持股票或债券的托管银行或经纪商突然破产，这确实会给你带来一段混乱和痛苦的经历，但好消息是，由于这些资产是以你的名义直接持有的，你和客户最终很可能会拿回这些股票和债券。然而，如果是现金，情况就完全不同了。我相信，如果你能读到这里，你肯定明白银行的部分存款准备金制度是如何运作的，而且你也知道你存在银行账户中的钱实际上也不在银行里。存款准备金制度的细节及其利弊不是本书讨论的主题，但简单来说，所有流入银行的现金都会与其他人的资金汇集成一大笔资金，然后被银行贷给那些需要购买商品和服务的人。这些人再把钱存回银行，银行再次把钱贷出去。这样循环往复，银行就可以不断地赚取利润。

举例来说，你在床垫里找到了1 000美元，然后你去了当地的银行，把这笔钱存进了你的储蓄账户。银行会按照要求保留一小部分资金作为法定存款准备金，然后把剩下的钱借给别人。现在假设银行把你的900美元借给了某人，这个人用这笔钱去买了一辆二手车。卖车的人会把钱存进他在同一家银行的储蓄账户里，突然之间，银行账户上的资金总额就变成了1 900美元。而银行可以将其中的1 710美元再次贷出去，开始新的循环。为方便起见，我们假设银行需要在存款中持有10%的准备金[㊀]，在银行体系的神奇作用下，你的1 000美元就能为整个货币体系注入10 000美元。

最终，每个人都会认为他们的钱在银行里，而所有的钱都是一样的。只有银行发生挤兑，也就是所有人同时都想把钱取出来时，这种幻觉才会消失。当然，挤兑只有在银行即将破产，或者人们认为银行有可能破产的情况下才会发生，在这种情况下，挤兑就成了一个自我实现的预言。你需要明白的是，放在银行的现金并不安全，会面临相关银行的对手方风险。如果银行破产了，你可能会损失所有的现金。尽管如此，你还是需要在账户里留一些现金，而适度的对手方风险是做生意的代价。但你应该选择一家好的经纪商，而且不要无缘无故地在账户中放太多现金。

不能把所有的资金都以现金的形式持有，还有一个原因，那就是持有现金几乎得不到任何利息。诚然，在2022年撰写本书时，政府债券收益率的水平让利息收入几乎可以忽略不计，但持有政府债券，既可以白拿利息，同时还能降低风险。我们在运行本书中描述的核心策略时，通常将保证金与资产的比率设为10%～20%，因此账户上会闲置大量的资金。对于一个规模在1 000万美元的趋势跟踪策略基金来说，将其中的600万美元甚至更多的现金以政府债券的形式持有没有什么大问题。

㊀ 法定存款准备金率为10%。——译者注

如何持有这些过剩的现金是值得你认真考虑的问题。我建议只持有那些信用等级最高国家的国债，币种最好和本币相同，冒更高的风险向信用等级较低的债务人放贷，只为了赚几个基点的利息，这样做是很不划算的。如果你只把钱放在所持基金的本币国家，或者欧元区那几个信用等级最高的国家里，那你几乎不会有什么风险。不管国家的经济状况如何，七国集团（G7）的国家会用本国货币偿还债务，因为它们拥有印钞机。当然，欧元区成员没有独立发行货币的权力，但实力最强大的那几个国家看起来还是相当安全的。

选择久期不同的债券构建投资组合，并在债券到期时向前滚动投资是一种可行的办法。还有一种常见做法是持有少量的短期债券，剩余大多数投资于1～3年内到期的中期债券。随着时间的推移，恰当的资金管理极大地提升了投资业绩，至少到目前为止一直如此。

我相信很多读者都在奇怪我为什么到现在还没有提到利息收益的作用。毕竟，这是影响管理期货收入的一个重要因素，它会对基金的整体业绩产生极大的影响。这是因为，利息收益在过去是一个主要因素，但没有任何迹象表明它在未来仍然是一个重要因素，至少没有像在20世纪80年代和90年代那样重要。实际上，在过去的30年里，许多管理期货策略的收益中有很大一部分是来自政府的免费资金，我们将对这一现象进行深入的探讨。

现在回到我们的核心策略，看看如果我们把所有多余资金以现金的形式持有，和明智地将现金配置在政府债券上相比，这二者之间的收益有多大差别？我做了一个合理的简化假设，即我们平均将65%的资产投资于美国政府债券，平均久期为两年。

如图4-11和表4-6所示，多余现金的利息收入影响逐渐降低，目前（2022年）非常低。其原因在于，收益率水平在这几十年里普遍下降。凡事总有两面性：一方面，我们的多余现金获得的无风险收益减少了，但与此同时，由于该策略一直持有长期债券期货，这使它们在收益率下降中获得了巨大收益。

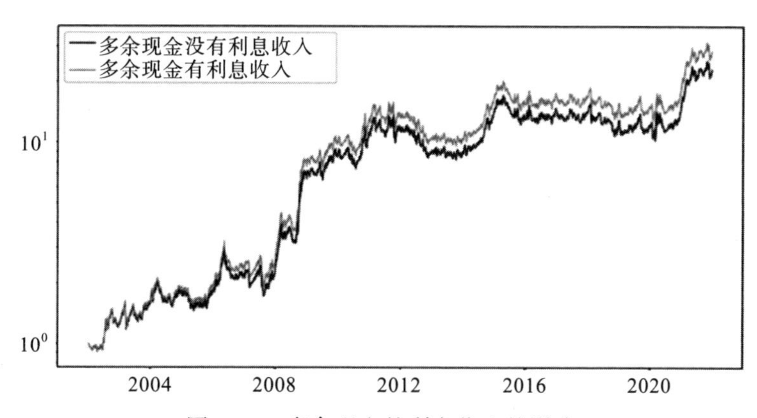

图 4-11 多余现金的利息收入的影响

表 4-6 多余现金的利息收入的影响

年份	没有利息收入时的收益率	有利息收入时的收益率	利息收入的影响
2002	24.7	1.81	26.5
2003	22.5	1.19	23.7
2004	12.6	1.62	14.2
2005	6.9	2.37	9.3
2006	24.9	3.84	28.8
2007	3.1	2.74	5.9
2008	136.8	1.87	138.7
2009	25.7	0.68	26.4
2010	30.5	0.46	31.0
2011	2.7	0.30	3.0
2012	−20.1	0.16	−20.0
2013	2.2	0.19	2.4
2014	52.6	0.34	53.0
2015	−5.9	0.44	−5.5
2016	11.0	0.57	11.6
2017	3.7	0.88	4.6
2018	−6.2	1.53	−4.7
2019	−4.9	1.21	−3.7
2020	12.5	0.24	12.7
2021	51.3	0.25	51.6

20 世纪 80 年代和 90 年代的确是期货经理的黄金时代，他们不但能白赚 5% 或更高的收益，而且还能从中获得绩效分成。尽管这笔额外的收入

本质上是政府免费提供的，但期货经理仍然可以从中获利。在分析期货经理的长期业绩时，务必牢记这一点。造成目前管理期货行业收益下降的一个重要因素当然与低利率环境有关，估计该策略在一二十年前的表现应该会更好。

即使没有利息收入的影响，长期来看，趋势跟踪期货交易策略的收益也相当可观，其风险收益率比大多数传统投资策略（如共同基金）更健康。再向前追溯 10 年至 20 世纪 80 年代，利息收入的作用要大得多。在这种环境下，管理期货基金要比在当前环境下容易得多。举一个不太恰当的例子：在 1985 年这样波澜不惊的市场中，一个期货基金经理在交易上可能不亏不赚，但由于其持仓中美国国债占比非常大，他借此获取了 7% 的收益。尽管他在这一年中的交易业绩相当差劲，但他仍然可以从这 7% 中获得业绩分成。不要指望这种轻松赚钱的环境很快就会回来。在未来一段时间内，利率很可能保持低位运行，而趋势跟踪交易这一行业的竞争只会愈演愈烈。

前端费用

利用多余现金赚取利息对我们的策略帮助很大，极大地提高了策略的业绩表现。我们的业绩甚至比基准指标还高出一筹，但也要考虑到它的负面影响。实施分散化期货交易策略的人大多是专业人士。和我们用来作为比较基准的对冲基金期货经理一样，他们主要是帮助别人管理钱财。因此，他们会收取费用，而且这些费用长期算下来可不是一笔小数，对基金的长期净收益也会产生非常大的影响。

期货经理收取的费用标准各不相同，但基本结构往往相同，主要分为两种类型。第一种是管理费，这是按照所管理资产数额的一定比例收取的固定费用。这是一笔无论业绩好坏都要收取的基本费用，通常按月或按季度收取。按照这一行的幽默说法，这就是你早上开个灯就能挣到的钱。

第二种是业绩分成，这才是收入的大头。期货经理可以从他们为客户创造的收益中提取一部分业绩分成，这笔收入可能相当可观。业绩分成通常是按年支付的，并遵循高水位线原则。这意味着我们只有在投资业绩创下新高时才能得到这笔绩效分成。

在本书剩下的部分，我将以 1.5% 的管理费和 15% 的业绩分成为假设条件进行计算，其中管理费每季度支付一次。与利率的影响相比，这些费用的加入将对投资结果产生更为显著的影响，但方向恰好相反。

如图 4-12 所示，这些费用对长期收益的影响是相当大的。这对投资者是个坏消息，但对身为期货经理的你来说却是个好消息。图中各条曲线之间的差异代表的就是你的收入，这也是你阅读本书的首要原因。

我想给那些新手期货经理一些建议。你们在制定预算时很容易只考虑到业绩分成，并不切实际地期待大笔的资金能迅速涌入。如果你能碰上这种情况，那我要恭喜你，你确实很幸运。但是你们在制定预算时应当以零绩效费为前提。你和你的期货管理业务必须做到只靠管理费也能维持下去。如果做不到这一点，那只要赶上一年业绩欠佳，你就会被淘汰出局。

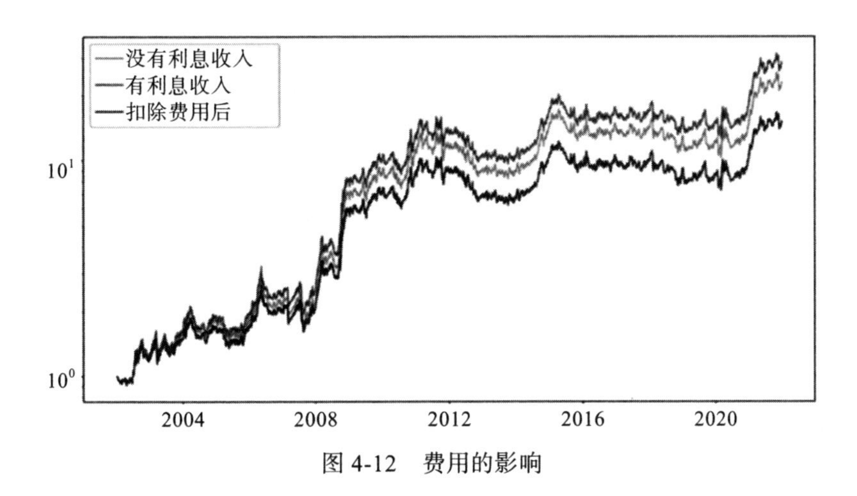

图 4-12　费用的影响

| 第 5 章 |

趋势跟踪策略表现的深度分析

第 5 章将运用第 4 章中概述的核心策略，深入分析此类策略中盈亏的来源。通过深入挖掘行业归因以及多空归因，并对分析结果进行解释。

策略的表现情况

现在我们使用的这个策略的长期表现看起来相当不错，但在真刀真枪的实战之前，你还需要充分了解这个策略是如何赚钱和亏钱的。要管理这样一种策略，你一定要充分熟悉它的特点才能实施，否则一旦出现问题，你很可能会不知所措并将原来的预案全盘推翻。有太多的策略开发者只会依赖他们的回测软件生成的概览统计来了解策略的表现情况，而我将会进行更深入的研究并逐年展示策略的实际运作情况。来自普通回测软件的统计数据虽说也能提供一些价值，但它们只讲述了故事的一小部分。接下来，我先介绍一些关于这个策略的常见统计指标，然后分析深层次细节。

我们先来分析每日收益率分布。图 5-1 可以让我们快速了解每日压力水平的预期情况。这是一张展示了日收益率分布的直方图。从图中我们可以看到，收益主要集中在原点两侧。

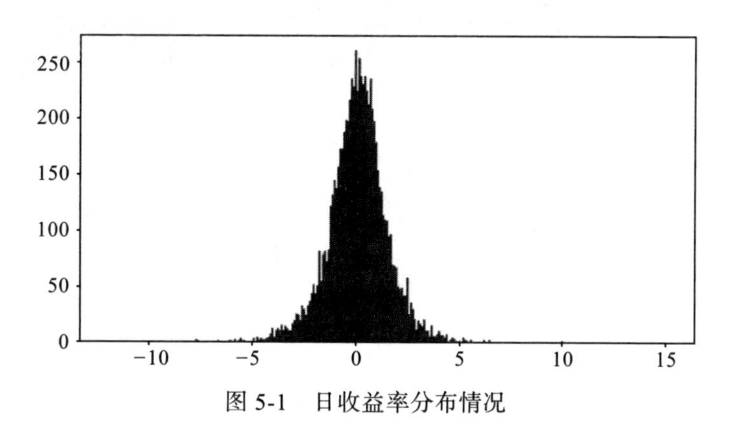

图 5-1 日收益率分布情况

你还会发现，在所有的统计时间内，收益率处于 ±4% 这一区间内的天数超过了 90%。异常情况极其罕见，但确实存在。收益率在两位数以上的天数屈指可数，其中有 6 天的收益率为正，而仅有 2 天的收益率为负。这种情况是你不想看到的，在设计实际模型时，你或许会采取一些预防措施来尽力避免这种大幅波动情况的出现。尽管这种结果现在看起来对我们有利，但我们不能对两位数天数造成的压力水平掉以轻心。

还有一种方法可以更好地感受策略的长期表现，即通过所谓的水下图（也称资金回撤图）来观察资金的长期回撤情况。如图 5-2 所示，策略曲线下方的黑色部分展示了资金回撤信息。从图中可以看出，我们绝大多数时间都处于“水下”，即我们的策略几乎总是处于资金回撤状态。这也是此类策略的本质特征，即通常表现为短暂而急剧的上涨，紧接着是回调，这本身无须过于担忧。真正需要关注的是两次新高之间的时间跨度，即水下图重新回升到零点的时刻。显然，在最近的资金回撤期间的恢复时间似乎过长，这值得我们深入研究。和股票市场等传统市场的观测值相比，这个时间跨度并不算长，但长于趋势跟踪行业习惯的时间跨度。

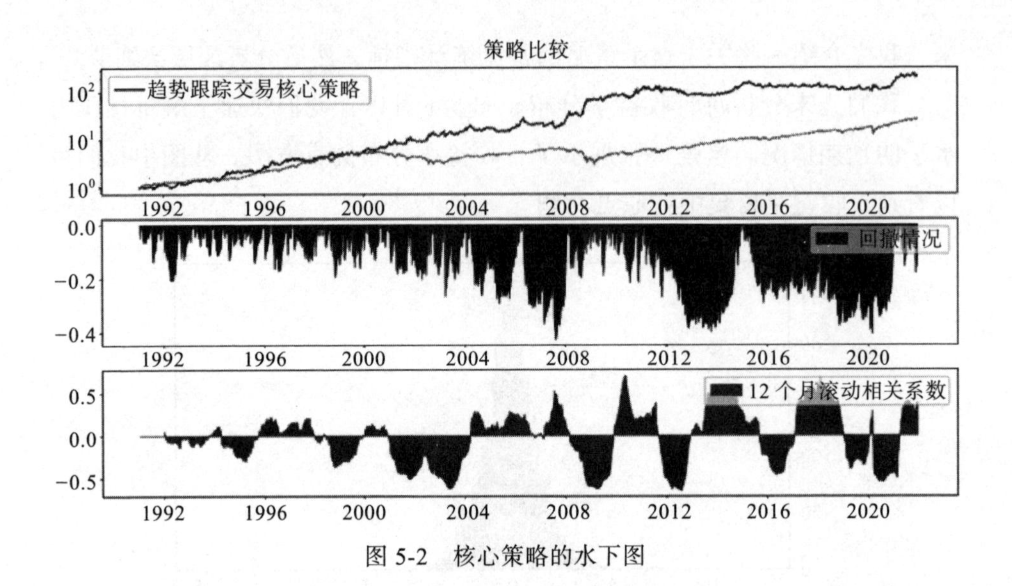

图 5-2 核心策略的水下图

图 5-2 的下半部分显示了本策略与股票市场的 12 个月滚动相关性，本例中，我们以标准普尔 500 全收益指数代表市场指数。毫不夸张地讲，这是图 5-2 中最重要的部分，也是趋势跟踪交易的真正价值所在。如图所示，二者之间的长期相关性几乎为零，但在短期内，相关系数在 ±0.6 之间波动。这意味着二者之间的相关性比较弱，而且很不稳定，如果你熟悉金融风险管理和分散化投资原则，你马上会明白这种相关性有多么宝贵。真正有趣的是，当股票市场转向下行时，二者间的相关性迅速降为负值，这意味着该策略很适合作为整个投资组合的危机对冲工具。

策略的长期业绩表现

如果你观察策略的长期走势数据，很容易得出这样的结论：收益已经永久停滞不前，也许这种策略已经失效了。这是因为我们人类倾向于在头脑中根据最近的历史外推到未来。具有讽刺意味的是，这正是趋势跟踪的分析基础，但它同时也会导致糟糕的投资决策。

对投资者常犯的典型择时错误进行的诸多研究表明，投资者通常在策略表现良好后增加投资，在策略表现不佳时撤出资金。甚至有大量的专业投资者也落入这个特别危险的陷阱。现实情况是，无论长期表现如何出色，每个策略都会有强势和弱势的时期。尽管这一事实显而易见，但大多数人还是会在策略经历了几年强劲表现后开始投资，而一旦策略陷入长期低迷，他们就会撤出资金。这类策略可能也会盈利，但即便如此，新投入的资金完全有可能蒙受损失。这是对冲基金业务中一直存在的投资悖论。

尽管这类趋势跟踪策略本质上跟踪的是最近的价格趋势，但你应该在策略经历了糟糕的表现之后再投资，而不是在它经历了出色表现后入场。有个很好的例子可以说明这一点：在 2015 年至 2019 年间，趋势跟踪策略的表现相对平庸。在这些年里，该策略已经被无数次宣判了死刑，几乎无人问津。但在 2020 年，该策略强势回归，在 2021 年的表现更为强劲。出于实际原因，我将 2021 年底设定为本书分析的截止日期，但截至我在 2022 年 7 月写到这里时，这一策略的表现依然十分强劲。

表 5-1 展示了核心策略的月度表现，和图形相比，表格是了解策略或基金长期表现的一种更简便的方式。我建议你多花些时间研究这张表格，同时也对自己的回测和策略进行同样的分析。尽管月度频率可能会掩盖某些情况，但你仍然能了解大致的情况。以 2020 年为例，策略的全年收益率为 +24%。听起来这一年的表现相当亮眼！但你也看到，我们在 1 月的起始收益率为 −14%。这次回撤十分严重，你需要扪心自问能否真的承受这样的波动。如果不能，这也是人之常情，因为你需要降低风险。

表 5-1 月度表现：核心策略趋势交易模型（%）

年份	1月	2月	3月	4月	5月	6月	7月	8月	9月	10月	11月	12月	全年
1991	1.6	−0.8	0.1	0.4	0.9	3.6	−9.4	5.1	5.5	7.4	−2.1	11.9	25.2
1992	−7.7	−4.2	−4.9	−2.6	2.3	6.3	10.5	2.4	−2.7	−5.1	5.2	2.4	0.4
1993	2.9	6.7	1.7	3.3	−1.5	−0.5	4.4	−0.3	−6.5	−1.8	9.1	7.3	26.6
1994	−4.6	−5.4	5.3	4.7	11.9	13.9	−0.3	0.4	6.1	−4.3	7.2	−1.6	35.8
1995	−1.8	3.0	−0.3	0.4	3.7	−0.3	−5.2	−2.4	5.4	4.1	2.0	18.7	28.8
1996	0.2	−1.6	9.1	12.5	−3.5	−1.4	−6.1	2.2	8.2	10.5	4.7	−0.9	37.0
1997	0.2	4.7	−0.4	0.3	1.9	−6.0	2.7	−6.5	−1.0	2.4	−3.2	7.8	2.0
1998	0.6	5.6	3.6	3.9	−0.1	−3.6	7.0	15.1	−2.6	−5.9	−2.7	4.0	25.8

（续）

年份	1月	2月	3月	4月	5月	6月	7月	8月	9月	10月	11月	12月	全年
1999	1.8	9.4	−11.2	9.9	−4.9	2.7	0.0	−1.7	2.9	−6.8	7.9	11.8	20.8
2000	0.1	10.9	−3.2	−3.0	1.1	1.5	0.1	10.4	−3.6	1.4	8.3	11.2	38.9
2001	−1.5	6.6	10.8	−14.2	2.5	0.0	−0.9	2.7	18.3	7.3	−8.6	−1.0	19.6
2002	−4.9	0.9	2.2	−3.3	2.9	5.9	17.7	5.5	12.9	−9.1	−4.9	1.2	26.7
2003	11.5	8.7	−13.5	2.5	8.4	−5.9	−3.5	2.9	−3.4	15.1	1.1	2.2	24.9
2004	4.3	15.6	5.7	−10.0	−11.0	0.5	3.8	−6.8	4.0	6.3	5.9	−0.1	16.0
2005	−3.1	−1.6	−4.8	−7.1	−0.2	0.8	1.7	−0.6	4.9	−3.4	9.4	4.0	−1.2
2006	12.5	−0.9	15.6	13.1	−5.2	−6.6	−9.5	−0.9	2.6	−0.8	4.7	−2.3	20.5
2007	2.3	−7.3	−3.7	3.7	6.7	−0.2	−10.1	−9.6	11.1	5.5	−0.1	7.9	3.5
2008	27.8	30.2	−8.5	−1.7	6.0	1.2	−12.2	−0.7	26.6	47.2	11.5	5.7	207.4
2009	0.2	3.5	−0.9	−2.6	10.6	−8.0	4.4	5.9	6.5	−4.6	14.3	−5.4	23.8
2010	−2.9	2.0	5.7	1.6	−8.8	−0.6	−5.7	5.0	8.9	18.7	−11.3	19.2	30.5
2011	8.5	4.4	−5.3	8.0	−10.6	−7.7	10.8	−0.4	8.8	−18.9	10.9	−0.1	3.1
2012	0.5	2.3	−2.2	−0.6	−2.4	−11.4	7.8	−9.5	−3.8	−5.7	−0.6	2.5	−22.2
2013	0.8	−4.1	3.7	−0.5	0.9	−2.2	−1.4	−4.5	1.7	5.7	−0.6	1.1	0.1
2014	1.6	3.4	−1.5	4.9	−1.3	3.3	2.1	7.3	16.8	−5.8	9.9	8.6	59.1
2015	13.9	−2.5	0.5	−1.5	−0.3	−8.7	−5.1	−2.0	9.1	−14.4	7.8	−2.2	−8.4
2016	0.0	10.1	−8.6	−0.4	−3.8	8.8	0.3	−4.4	3.9	−6.3	7.2	2.6	7.7
2017	−7.0	2.0	−1.9	1.9	4.7	−2.8	0.1	−1.0	−6.6	7.3	2.5	1.3	−0.4
2018	6.5	−12.4	−1.2	6.0	−7.2	−1.6	−1.0	4.5	−3.3	−9.0	−0.2	8.7	−11.9
2019	−9.2	−0.3	1.9	6.0	−5.6	3.7	3.5	10.9	−14.3	−1.9	2.4	4.5	−1.4
2020	−14.2	−1.8	25.5	−1.2	−6.4	−4.1	3.9	4.8	−2.7	1.4	3.5	19.1	24.1
2021	6.7	21.0	2.6	12.1	−1.5	−4.1	6.5	−0.9	0.8	10.5	−16.0	7.4	48.8

危机阿尔法

趋势跟踪交易饱受追捧的一个重要原因，是所谓的危机阿尔法效应，即该策略在传统市场表现不佳时仍能有很好表现的倾向。可以说，这是趋势跟踪策略最重要的特征，但由于人们往往只追求绝对收益，因此经常忽略这一特征。人们往往会忘记这一点：在传统投资方式亏损时，做到不亏钱是多么不容易。稍后我们将看到，这一特征可以极大地改善投资组合的整体分散化效果，从长期看，也能提高其风险调整后的收益率。

下面我们选择市场陷入困境的几个具体时点，看看简单的趋势跟踪策略能否验证我们对危机阿尔法的高度评价。首先，我们来看一下图 5-3 中 1990 年那次很快被遗忘的熊市。你真的记得 1990 年的熊市吗？在 1990 年下半年，标普 500 指数在几个月内暴跌近 20%，这在当时是一件轰动的事。而在此期间，当普通股票投资者损失了 20% 的时候，趋势跟踪策略的收益率却翻了一番，达到了 40%。

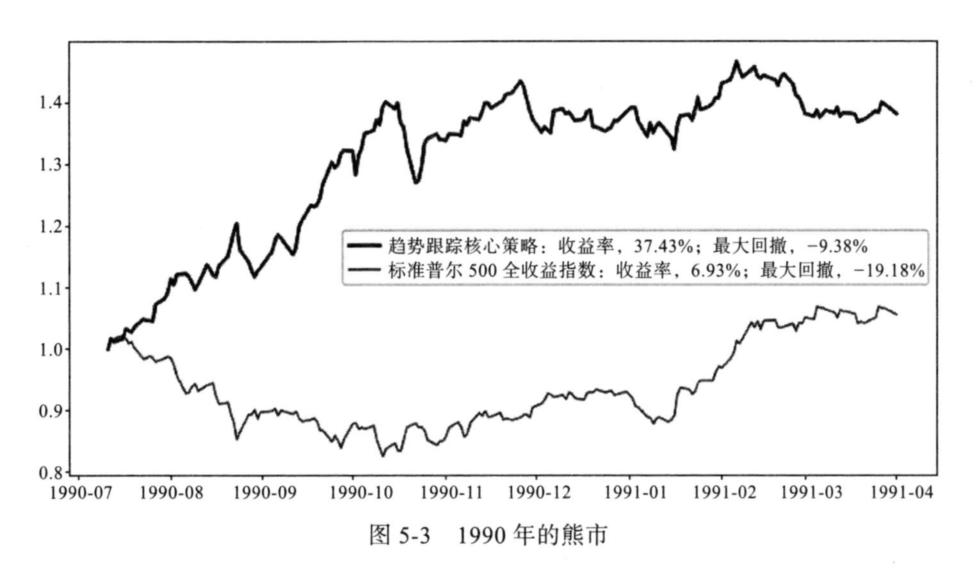

图 5-3　1990 年的熊市

接下来，我们来看 1998 年底的这次股灾。你对此还有印象吧？就是那些被认为是全世界最聪明的人，他们能因为发现了期权定价方法而获得诺贝尔奖，却估算错了期权价值，并在一家核电公司债券违约时损失了一大笔钱。是的，整个过程就是这么滑稽可笑。图 5-4 展示了我们的趋势跟踪策略是如何处理这种情况的，如你所见，我们找准了自己的定位，当市场陷入困境时，趋势跟踪策略却很盛行。股票市场下跌了 20%，而趋势跟踪策略却获得了近 30% 的收益。

有一轮熊市你肯定不会忘记，这就是互联网泡沫的破裂。当现实来袭时，价值高估的科技股股价从 2000 年到 2003 年大幅下跌（见图 5-5）。这轮熊市持续多年，无论买哪只股票都很难赚钱。但是，趋势跟踪核心策略再次显出英雄本色。当股市开始大幅下跌时，趋势跟踪核心策略却逆势而上。该模型已经反手做空股票，买入债券，并准备从进一步下跌中再度获利。总的来说，在这一阶段，股市市值跌去将近一半，跌幅为 47.5%。与此同时，在股市持续下跌的情况下，趋势跟踪核心策略却成功将本金翻番。没错，当股市腰斩时，趋势跟踪核心策略却翻倍了。

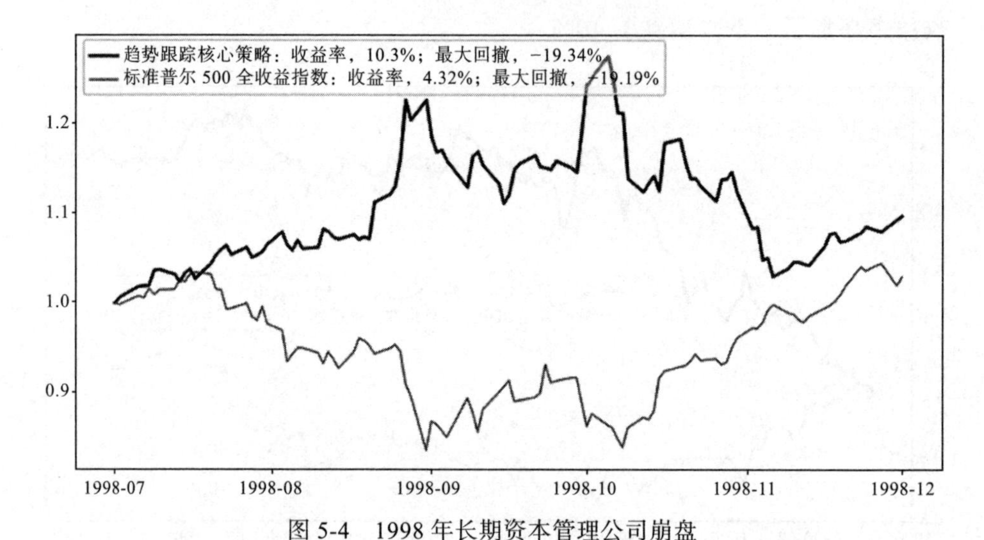

图 5-4　1998 年长期资本管理公司崩盘

图 5-5　互联网公司崩盘

当然，本书的读者大多数都经历过最近一次市场崩盘，而且对此依然心有余悸，这就是2008年的全球金融危机（GFC）。看看图5-6就很清楚。对于几乎所有人来说，这一年就像一场噩梦一样，但趋势跟踪核心策略获得的收益却创了纪录。这一年的表现实在太棒了，我们将在第6章对此加以详细的介绍。对于趋势跟踪交易者来说，这是有史以来最好的一年，收益率高得吓人。

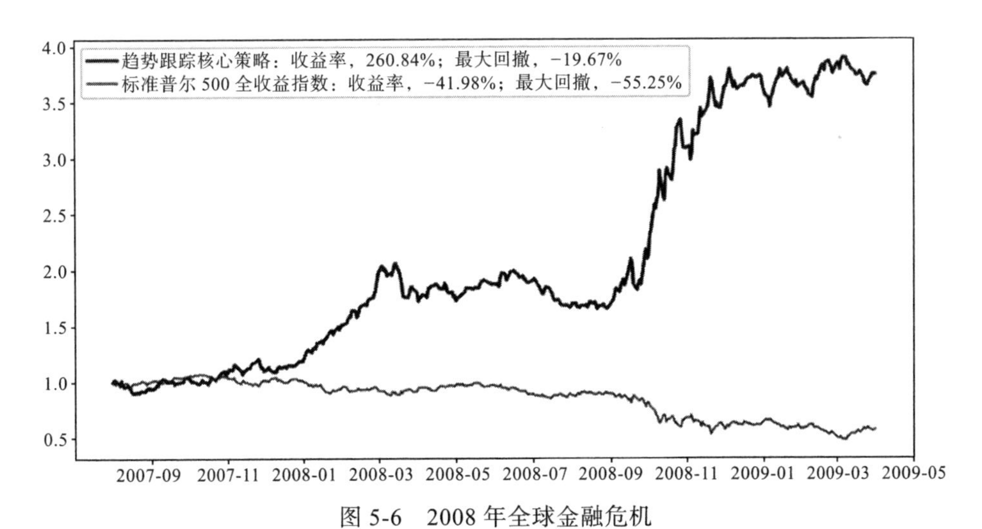

图5-6 2008年全球金融危机

我们最后来看该策略在2020年3月的表现。如果你不知道我说的是什么，我对此深表同情。我们都在尽力忘记这次新冠疫情（见图5-7）。这次危机对金融系统的影响迅速而令人震惊，市场因这一不可预测的突发事件而大幅下跌。尽管股市恢复得相当快，对于大多数人来说简直快得惊人，但在当时是一件非常可怕的事。而趋势跟踪核心策略又一次判断对了形势，随着市场的大幅下跌，趋势跟踪者开始赚钱。在第一个恐慌的月份里，股市下跌了约三分之一，而趋势跟踪者赚的钱差不多也是这个数。

综上所述，我们得到一个必然的结论：趋势跟踪核心策略确实兑现了作为危机阿尔法的承诺。当股市陷入困境时，趋势跟踪核心策略往往会获得收益。这为我们提供了一种绝佳的可能性，使用趋势跟踪核心策略来提高传统投资组合的分散化程度，从而提升投资组合整体的风险调整后收益。

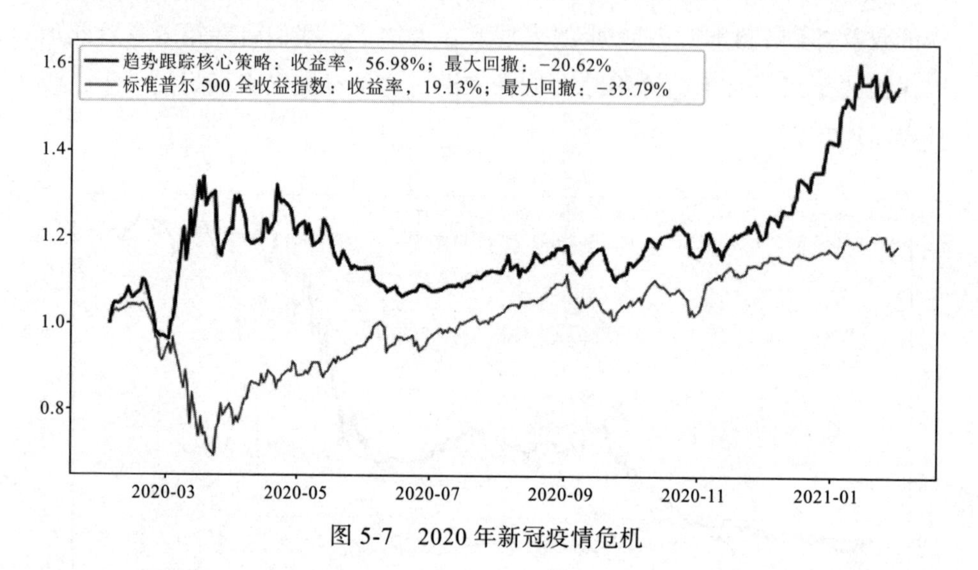

图 5-7 2020 年新冠疫情危机

交易方向

我们目前使用的策略对交易方向没有特殊偏好，在开平仓时机以及仓位规模方面均使用对称规则进行多头和空头操作。迄今为止，我们只分析了策略的整体业绩表现，与业绩基准相比，我们的策略表现看起来还不错，但我们还没有深入研究业绩归因的细节。我们首先需要研究多头交易和空头交易的业绩表现孰优孰劣，以及这两者间的差异程度。对于那些之前没有亲手做过模拟交易的人来说，分析结果可能会让他们略感意外。

图 5-8 显示了趋势跟踪核心策略的年度业绩表现，多头交易与空头交易对照进行。黑色部分的多头交易明显更具优势。我们发现，多头交易几乎每年的收益都是正值，而空头交易却有很多亏损年份。但同时你也会发现，空头交易在 2008 年做出了巨大贡献，在 2014 年也表现不俗。

趋势跟踪策略的空头交易是一个相当难处理的问题，解决这一问题需要反直觉思维。为了开始演示这个问题，表 5-2 展示了我们目前使用的核心策略的交易业绩表现，分别为包含了多空交易的整体策略表现、多头交易和空头交易各自的归因数据。

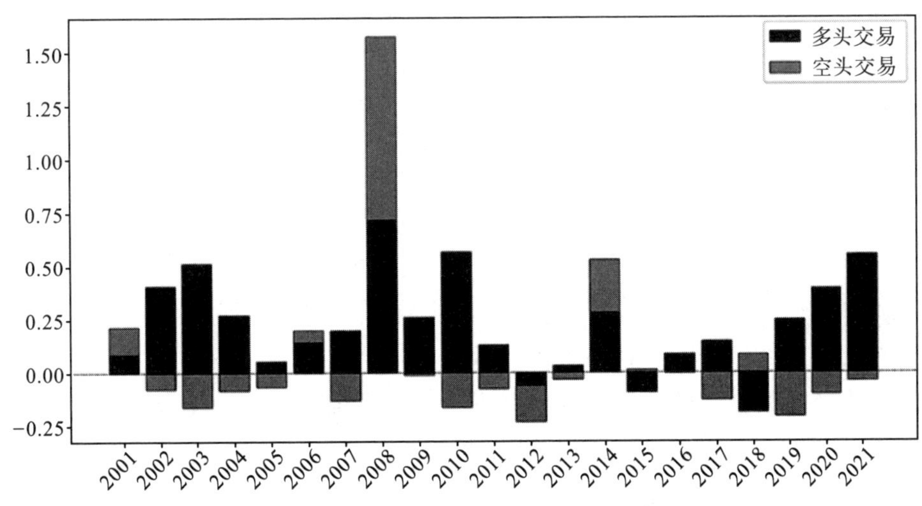

图 5-8　多头交易与空头交易年度业绩比较

表 5-2　2001 年以来多头交易与空头交易的业绩归因分析（%）

	核心策略	多头交易业绩归因	空头交易业绩归因
年复合收益率	18.24	20.37	−2.13
最大回撤	−43.30	−32.58	−54.27
年化波动率	27.52	21.02	15.90
夏普比率	0.722	0.988	−0.056

空头交易的年复合收益率为 −2.13%，最大回撤超过了本金的一半，这些数字都不是笔误。由这几个数字可知，作为一个独立的交易策略，该策略的空头交易的业绩看起来相当糟糕。有一点可以肯定，只做空头交易是一个非常糟糕的主意。结论似乎显而易见：那就是只做多头交易。但事情并没有那么简单。如果只进行多头交易，策略的收益率为 20%，最大回撤为 32%，这看起来比双向交易的业绩表现更具有吸引力。从标准的策略优化技术来看，只做多头交易的策略看似最为理想，其夏普比率、索提诺

比率都要更高一些。但是，根据标准的优化技术生成的策略在现实中失败的情况也比比皆是，所以不要仅仅因为某些比率略高就不再对结果进行深入分析了。

过早得出结论还会让我们忽略一个不那么明显，却非常关键的因素。表 5-2 展示的是完整策略中多头交易与空头交易各自的业绩归因数据。但该表并没有显示独立进行多头交易或空头交易的业绩归因。这二者间是有区别的，因为整体策略的复合收益率包含了多空交易两方面的相互作用。空头交易在其中起到了波动率减震器的作用，这意味着我们能以更大的规模进行多头交易，这样就比只做多头交易时能赚取更多的利润。

从图 5-9 可见，只做多头交易策略的收益曲线呈现出稳步上升的趋势，表现相当稳健，与包含了多空交易的整体策略的走势也非常一致。而只做空头交易策略的收益曲线则比较诡异，其业绩增长能力也远不如单纯的多头交易策略。然而，当你将只做空头交易策略与 MSCI 全球总收益指数进行比较时，你会发现一条重要信息。请注意，当全球股市遭受重创时，只做空头交易策略往往表现非常好。不要低估这种效应的价值。在股市处于熊市期间，没有哪种策略能够独善其身，如果此时能得到空头交易的帮助，策略的整体业绩表现将大有改观。更重要的是，在市场陷入严重困境的时候，大多数市场参与者感到极度恐慌，开始出现踩踏，该策略的空头交易的收益往往开始飙升并最终赚取丰厚的回报。在市场低迷的时候，做空股票指数期货不是赚取巨额收益的唯一途径，做空能源及类似资产也能实现这一目的。2008 年趋势跟踪期货的超常业绩表现很大程度上是由空头交易实现的，而那些选择放弃空头交易的基金经理只能靠长期债券上的收益来挽回一丝颜面。

对于策略开发者而言，将空头交易策略“优化”掉，似乎是一条诱人的捷径。这么做看似很简单，可以提高经风险调整后的收益率，降低交易频次，减少整体敞口。但是否真的要放弃空头交易，还请你三思而后行，因为这样做不但会削弱策略的竞争力，在金融市场剧烈动荡时，也会给你制造不少大麻烦。

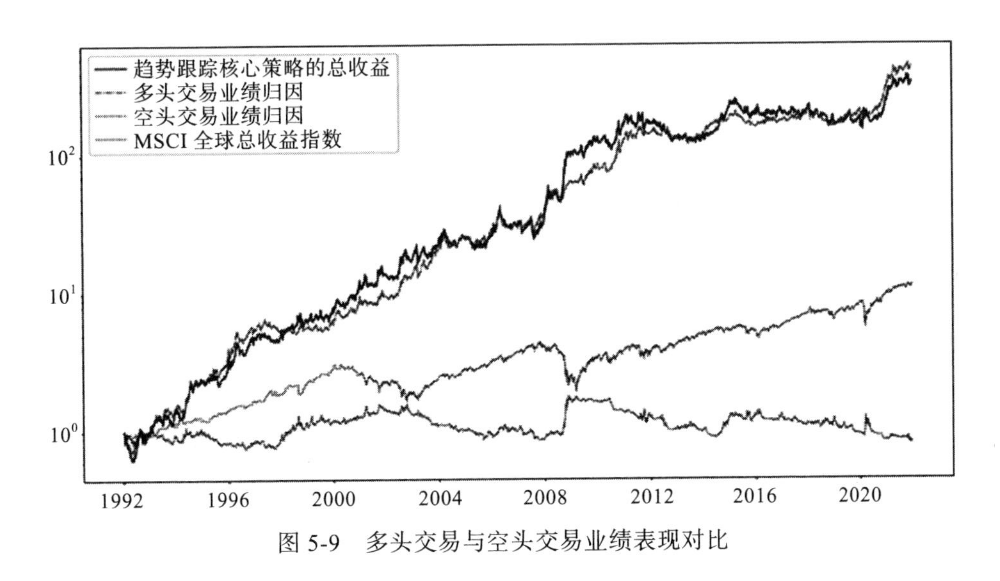

图 5-9 多头交易与空头交易业绩表现对比

为何说放弃空头交易会降低你的策略的竞争力呢？道理很简单，即使你的交易覆盖了全球所有资产类别，只要投资组合中多头交易占比越高，你的收益与全球股市的相关性就越高。管理期货交易的核心优势之一是能够与股市脱钩，无论股市涨跌都能赚钱，不受股市投资群体情绪波动的影响。要成为无处不在的股票投资组合的有益补充，我们的管理期货策略应该具有明确的正预期收益，并且与世界股市保持较低的相关性（无论正负，相关性越低越好）。如果能实现这一点，这将为那些购买我们产品的投资者带来巨大的分散化收益，也是我们产品的重要卖点。这是因为，在保持收益率为正的同时还与股市保持低相关性或负相关性，我们可以让投资者的整体投资组合在有效边界曲线上的位置更进一步。

各板块影响

在本节进行业绩归因分析时，我忽略了管理费和业绩分成的影响及利息效应，因为把这些费用分拆到板块上意义不大。我们的目的主要在于挖掘策略中各组成部分的相对业绩表现，而基金费用与此关系不大。我使用与之前相同的核心策略，风险系数依然设置为 0.15%。我们已经知道这个基本策略产生的收益相当不错，但到目前为止，我们并不知道它们来自哪里。这也是我们在本节要研究的主要内容。

表 5-3 显示了不同板块的年平均收益率，对趋势跟踪核心策略进行了 30 年回溯测试，并按照多头交易与空头交易分别进行归因分析。由表 5-3 中可见，从长期来看，利率板块利润占比最高，农产品板块紧随其后。但这绝不意味着利率板块的超然地位在未来依然会持续，甚至未来能否继续盈利都未可知。利率多头之所以贡献最大，是因为在过去几十年中利率持续走低，从而推高了债券价格。鉴于目前大多数发达国家的收益率水平，利率多头在一段时间内的盈利空间或许十分有限。

表 5-3 不同板块业绩比较：扣除各种费用前的年平均收益率

	外汇	农产品	非农产品	股票	利率	各板块收益汇总
多头交易	−0.18	6.43	−0.41	5.44	9.10	20.37
空头交易	0.51	−0.84	0.67	−1.33	−1.13	−2.13
合计	0.33	5.58	0.26	4.11	7.97	18.24

农产品板块与非农产品板块的长期收益均为正值，其中农产品板块明显高出一筹。这并不令人惊讶，因为农产品或许是趋势跟踪者最感兴趣的板块了。在这一板块，我们可以找到诸多不相关的市场和关联性不强的资产。这让农产品板块变得极富投资价值。能源和金属等非农产品板块的表现也相当出色，空头交易方做出了应有的贡献。

在表 5-3 中，你或许会注意到，空头交易的表现看起来平平无奇。事实上，如果你只关注空头交易的表现，它看起来糟糕透了。在 20 年的时间范围内，我们的策略最终每年平均损失 2%。事实上，在这 20 年里，只有汇率和非农产品这两个板块的空头交易获得了正收益。你或许会认为汇率板块根本不存在所谓多头或空头的区别。这属于学术争论的范畴，但确实有道理。汇率板块的多头和空头之间的区分只与数学计算有关，和市场行为无关。在股票市场中，牛市和熊市截然不同，但在外汇市场中没有什么区别。多头和空头完全取决于你的报价方向。

股票多头交易的业绩令人满意，但空头交易表现不佳。大约十多年到二十年前，趋势跟踪策略在股票市场上赚钱比现在要容易得多，我很想知道，股票市场为何会发生这么大的变化，变得难以捉摸，变得愈加无迹可寻。当然，我们能想到的原因无非是电子交易和高频算法交易的日益增长，加之全球化的进程不断加深，使得全世界的所有股票期货之间的相关性日渐趋同。尤其是市场陷入极度恐慌时，如 2000 年、2008 年和 2011 年的危机，看似由迥然不同的板块或地域组成的指数之间的相关性迅速趋近于 1。我们并不希望投资组合中的各交易品种高度相关，尽管这样做有时也会赚些快钱，但更多的时候这意味着我们的大部分持仓头寸会突然同时逆转，在很短的时间内造成巨大损失。

与往常一样，年度收益图表的情况被 2008 年的超额收益扭曲了，但请尽量将这一年的情况忽略掉。因为 2008 年的超高收益以及极度的波动率，看起来都属于异常情况，很难在短时间内再度发生。尽管如此，对我们的策略中各板块的平均收益率以及多头交易和空头交易各自的贡献进行分析，应该有助于我们知晓盈亏的来源。

从图 5-10 中的各板块收益贡献结果分析可见：

- 利率板块收获正收益的年份远超其他板块，其中好多年份的收益率还相当高。
- 与利率板块及大宗商品板块相比，股票板块的作用相对较小。股票板块的高光时刻出现在 2008 年，我将在后面对此加以详细的介绍。
- 非农产品年度收益通常为正值，在 1996 年和 2008 年的超高收益尤为引人瞩目。
- 农产品板块整体业绩表现强劲，在多个年份里表现都名列前茅。
- 外汇板块总体表现不愠不火，大约有一半的年份是盈利的，但在好年景获得的收益往往高于在坏年景遭遇的亏损。

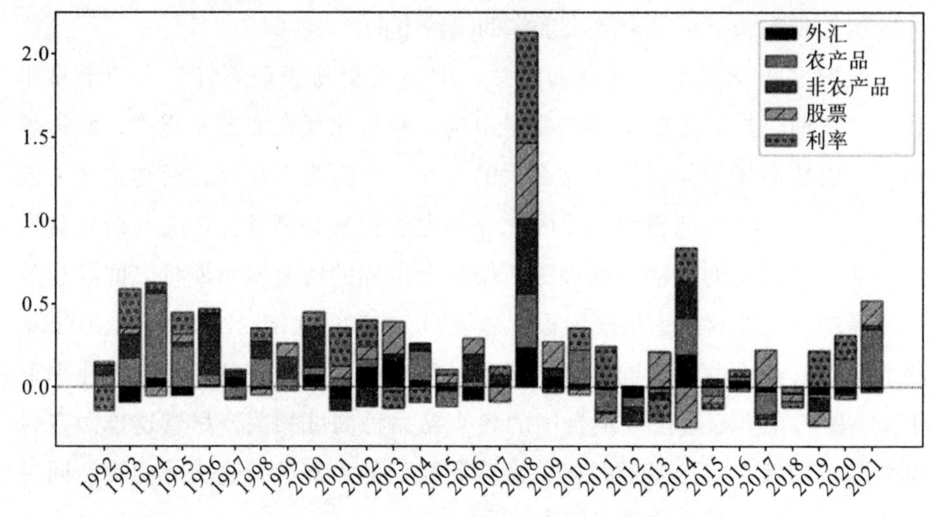

图 5-10 各板块按年计算的收益贡献

正确地理解杠杆概念

毫不奇怪，期货趋势交易需要杠杆，但我们想知道的是到底需要多少倍的杠杆。主流媒体和金融媒体都喜欢使用杠杆术语来强调基金或其他投资的高风险性，而且你会经常听到交易者使用的惊人杠杆率数字。问题是，杠杆和风险是两个截然不同的概念，它们并不一定相关。高杠杆率可能意味着更高的风险，但这一点不是绝对的。当然，如果你只持有一种资产，如 IBM 公司的股票，那 10 万美元持仓市值的风险将是 5 万美元持仓市值的两倍。但是当涉及衍生品和跨资产交易工具时，情况就没那么简单了。

为正确地理解杠杆概念，我们来看一个根据核心策略构建的典型投资组合。如果你的账户规模大概是 500 万美元，并且使用前述风险系数为 0.15% 的核心策略进行交易，那么你的投资组合在 2009 年 5 月 21 日将会持有 40 个涵盖所有行业板块的头寸。这个日期是随便选取的，为了更好地说明我的观点，随便选取哪一天都行。让我们从这个有趣的数字开始，然后我将说明，为什么这个看似荒谬的数字对于我们来说几乎没有价值：在随便选择的这一天，我们总的风险敞口为 1 353%。如果我们在这一天交易的投资组合价值为 1 000 万美元，这意味着我们的投资价值将会超过 1.35 亿美元。这是多大的杠杆率？

人们往往对大额数字没有什么感觉，所以假设你在本地经纪人那里有一个资产 10 000 美元的个人交易账户。现在想象一下，你用这个账户买入价值 135 000 美元的股票。绝大多数人都会认为这是完全疯狂的冒险行为，而且在大多数情况下，他们的担心确实有道理。但这种情况不属此例。你可能想知道其中的奥秘。或许你认为我在上一段中使用的术语是奥秘所在，那就是总风险敞口。总风险敞口是多仓和空仓的加总，而不是用多仓减空仓。所以如果我们做多 10% 和做空 10%，那么风险净敞口为零，而总风险敞口为 20%。但在这个例子中，这就是奥秘所在。当我们的总风险敞口是 1 353% 时，净敞口仍然高达 1 233%。是的，对于那些刚刚做了数学运算的人而言，这意味着我们的多头头寸是 1 295%，空头头寸只有 62%[⊖]。这些比率可能会随着时间的推移而发生剧烈变动，但在那个特定日子里的情况就是这样。

如果你之前关注了这种策略的头寸规模是如何运作的，那么你应该很容易看出其中的端倪。我们不关心名义上的风险敞口；我们根据波动率来调整头寸规模。如果一个市场在正常的交易日中通常只变动 0.1%，而另一个市场通常每天上下变动 3%，那么显然你需要向前者分配更多的资金。如果你不这么做，那么投资组合将完全由波动率更大的市场来驱动。

如果你从事金融行业，或在大学研究金融，那你应该非常清楚哪个行业板块的波动率最小，哪个行业板块的风险最高。没错，风险最高的就是利率板块，更确切地说，利率板块的短期波动风险最大。表 5-4 展示了我们在这一特定日期的持仓情况及一些具体信息。从中你能看到我们持有的具体合约及其所属的行业板块。从中还可以看到以美元计价的风险敞口，

⊖ 原文如此，但计算可能有误，经译者计算，1 295% 应为 1 293%，62% 应为 60%。——译者注

以及用该数值除以投资组合总价值所得的百分比。美元敞口金额是通过将持有的合约数量乘以当前价格乘以相应市场的点值计算得出的，如果是国外市场，数据也将调整为美元。

表 5-4　投资组合在 2009 年 5 月 21 日的持仓结构

交易品种	所属板块	名义风险敞口（美元）	风险敞口（%）
活牛期货（2009 年 6 月）	农产品	−429 130	−4.3
白糖期货（2009 年 8 月）	农产品	808 080	8.1
瘦肉猪期货（2009 年 6 月）	农产品	−260 900	−2.6
罗布斯塔咖啡 10 吨期货（2009 年 7 月）	农产品	−215 460	−2.2
豆粕期货（2009 年 7 月）	农产品	606 720	6.1
大豆期货（2009 年 7 月）	农产品	587 500	5.9
A 级冷冻浓缩橙汁期货（2009 年 7 月）	农产品	513 570	5.1
2 号棉花期货（2009 年 7 月）	农产品	482 630	4.8
美国 11 号糖期货（2009 年 7 月）	农产品	507 338	5.1
豆油期货（2009 年 7 月）	农产品	478 548	4.8
菜籽油期货（2009 年 7 月）	农产品	879 152	8.8
C 类咖啡期货（2009 年 7 月）	农产品	611 100	6.1
饲牛期货（2009 年 8 月）	农产品	864 238	8.6
日元期货（2009 年 6 月）	外汇	−795 750	−8.0
澳元期货（2009 年 6 月）	外汇	696 600	7.0
加元期货（2009 年 6 月）	外汇	1 052 400	10.5
新西兰元期货（2009 年 6 月）	外汇	666 600	6.7
英镑期货（2009 年 6 月）	外汇	990 000	9.9
美元指数期货（2009 年 6 月）	外汇	−1 209 600	−12.1
纳斯达克 100 迷你指数期货（2009 年 6 月）	股票	437 600	4.4
多伦多证券交易所 60 指数期货（2009 年 6 月）	股票	483 760	4.8
恒生迷你指数期货（2009 年 5 月）	股票	510 690	5.1
标准普尔中盘股 400 迷你指数期货（2009 年 6 月）	股票	388 990	3.9
恒生指数期货（2009 年 5 月）	股票	851 150	8.5
日经 225 美元指数期货（2009 年 6 月）	股票	502 150	5.0
罗素 2000 迷你指数期货（2009 年 6 月）	股票	361 350	3.6
CBOE 波动率指数期货（2009 年 6 月）	股票	−225 400	−2.3
铂金期货（2009 年 7 月）	非农产品	519 615	5.2
钯金期货（2009 年 6 月）	非农产品	353 250	3.5
亨利港天然气期货（2009 年 6 月）	非农产品	−144 120	−1.4
铜期货（2009 年 7 月）	非农产品	358 925	3.6

（续）

交易品种	所属板块	名义风险敞口（美元）	风险敞口（%）
RBOB 汽油期货（2009 年 6 月）	非农产品	378 000	3.8
布伦特原油期货（2009 年 7 月）	非农产品	359 580	3.6
加拿大银行承兑汇票期货（2009 年 6 月）	利率	7 222 088	72.2
美国 2 年期国债期货（2009 年 6 月）	利率	6 970 496	69.7
欧元银行同业拆借利率期货（2009 年 6 月）	利率	26 429 000	264.3
30 天联邦基金利率期货（2009 年 5 月）	利率	49 496 555	495.0
美元长期国债期货（2009 年 6 月）	利率	−842 296	−8.4
德国 10 年期国债期货（2009 年 6 月）	利率	−2 060 060	−20.6
欧洲美元期货（2009 年 6 月）	利率	24 092 375	240.9

图 5-11 为我们进一步展示了五个行业板块名义风险敞口差异的极端程度。利率板块的风险敞口大得让其他几个板块的风险敞口几乎可以忽略不计。这并不令人惊讶，也与所涉及的风险没有什么关系。它只是反映了利率板块的低波动率，而我们的目标是让每个板块持仓规模的风险大致相等，这迫使我们承担更大规模的名义头寸来实现各板块相同的风险水平。

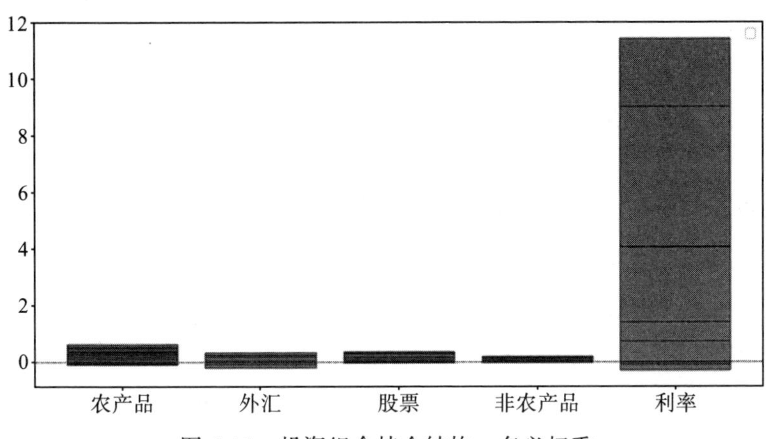

图 5-11 投资组合持仓结构：名义权重

图 5-11 扭曲了投资组合的实际风险状态。由于每个板块的头寸要根据波动率大小进行调整，目的是让各板块具有相同的风险，我们可以很容易地为同一个投资组合绘制出另一幅风险图像。在图 5-12 中，每个板块的头寸被显示为大小相同的方框，反映出风险平价的投资策略。现在你会

发现，利率板块不是权重最高的板块，因为图 5-11 用名义权重的方法误导了我们的判断。风险最大的板块实际是农产品板块。

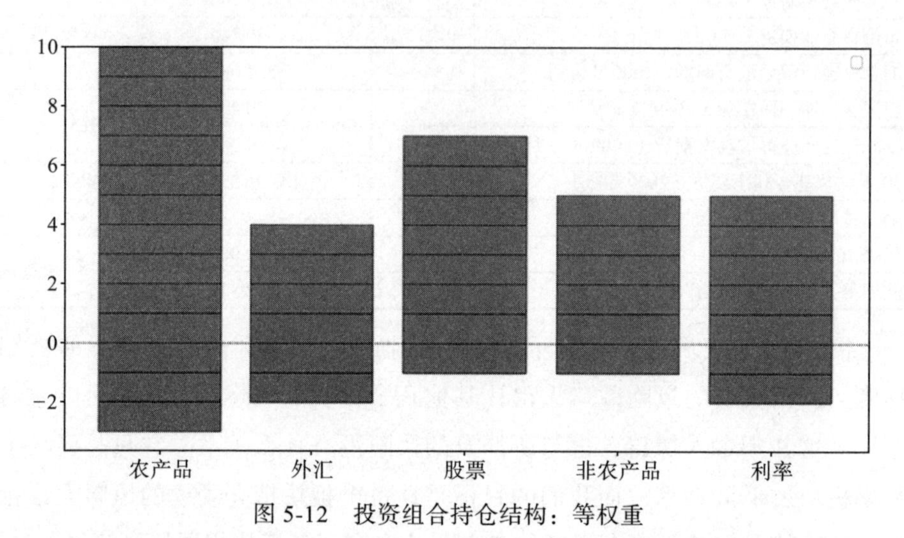

图 5-12　投资组合持仓结构：等权重

我希望这一风险分析方式可以为你提供另一种投资组合构建方式。

成为股票投资组合的有益补充

无论是机构投资者还是散户，大多数人都将资金主要投资于股票市场，也就是说，他们更看好股票的长期表现。我认为，这主要来自学院派和政府一直宣扬的传统投资理念：股票市场在长期内总是会上涨的。从某种程度上讲，这句话没有任何问题，只要你活得足够长。从 1992 年到 2021 年，将股票分红也考虑进来，标准普尔 500 指数的平均年收益率大约是 10%。而这一时期也涵盖了几个很难再现的超级大牛市。在同一时期，也出现了三次跌幅在 35% ～ 55% 的巨幅下跌。因此，假如你恰好在下跌前买在了顶部，你可能需要十年才能刚刚回本。雪上加霜的是，如果你将资金投资在指数基金中，那么你的平均年收益率极有可能更低，因为你还要向业绩不佳的托管银行支付管理费。

在我因为全盘否定一个资产类别而被人打闷棍之前，让我进一步解释一下我的立场。我并不反对股票，实际上，我也有几种有利可图的股票交易策略，甚至有些只是单纯的长仓策略。我只是反对买入一篮子股票这种标准的股票市场投资策略，这种策略大多是买入某个特定指数的成分股，然后长年持有。这确实是一种非常危险的策略，从前面提到的数据中可以很容易地看出这一点，但是某些大学、政府和银行的营销努力已经取得了巨大的成功，人们似乎满足于在冒着失去一半以上资产的风险时获得个位数的回报。当股票市场出现长期牛市迹象时，我们有很多可行的、有利可图的参与策略，但我对简单的买入股票并持有几十年的投资策略并不感兴趣。尽管如此，许多投资者还是对此乐此不疲，所以我们来深入分析，采用将部分资金投入股票市场，部分资金投入本书中讨论的趋势跟踪策略，投资者的整体收益率是如何提高的。

我们在这里要提出一个问题，这也是我们希望潜在投资者思考的问题："在标准的长仓股票投资组合中加入管理期货策略，能否改善投资组合的表现？"我们可以通过严格的马克维茨方法，即构建协方差矩阵、拉格朗日乘数和其他有趣的方式来解决这个问题，由此得到的最优资产组合的精度可以达到小数点后十位数字，但坦率地说，我认为这是在浪费大多数人（包括本书尊贵读者在内）的时间。现代投资组合理论中衍生出了很多有趣的概念，但绝大多数方法毫无现实意义，或许它们根本就不应该出现在课堂之外的现实世界里。

即便如此，有效边界的核心概念仍然相当有效，尽管围绕它的某些假设和方法可能是错误的，因此我将提出一个非常简化的变体，以证明我在分散投资方面的观点。在接下来的分析中，我有两种资产可供选择：一种是我们的趋势跟踪核心策略（已包含全部成本），另一种是扣除股息后的标准普尔 500 全收益指数。问题在于如何确定每种资产的购置比例，以获得整个投资组合的最优波动率调整结果。

为了验证这一点，我对这两种资产的组合进行了 100 次迭代的有效边界计算，如图 5-13 所示。资产组合的计算每月调整一次，以确保期货策略里长期收益率较高的资产不会因一段业绩表现优秀期而导致该资产在组合中的超量配置。

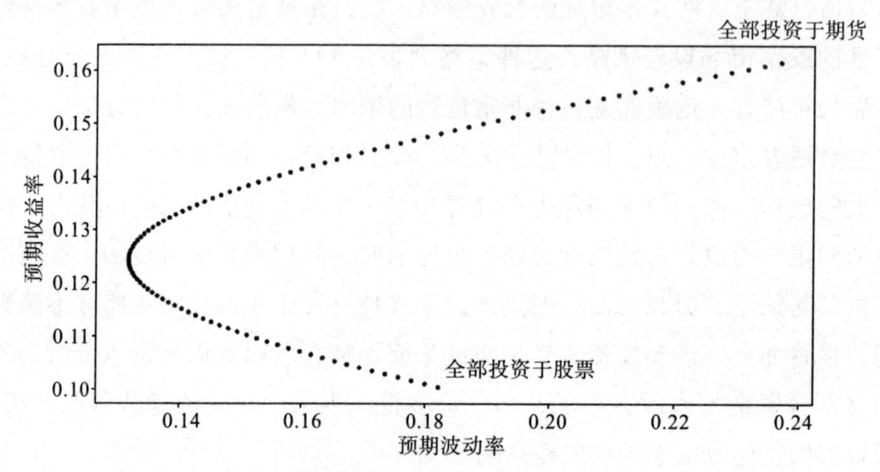

图 5-13 分散化期货投资对股票投资组合收益的提升效果

我们已经知道，期货策略具有更高的预期收益，因此，毫无疑问，资产组合的最高收益率一定来自最大程度地配置期货资产，但这不是我们想要的分析结果。图 5-13 显示了我们投资组合中两种资产构成的某种所谓的有效边界，纵轴为年复合收益率，横轴以标准差作为风险的代理变量。我们的想法很简单；我们希望以尽可能低的波动率来换取尽可能高的年收益率。波动率是我们为收益而支付的货币。

如图 5-13 所示，如果我们从仅持有股票指数的投资组合开始，并持续增加期货资产的配置，我们会发现标准差越来越低，而年复合收益率却在上升。从图中我们可以很容易得出这样一个结论，那就是如果投资组合中期货的配置比例低于 30% ～ 40%，其他资金配置到股票中，这样的组合配置将毫无意义，因为低于这一比例意味着承担相同或更高的风险，却只能取得更低的回报。

表 5-5 显示的数据与图 5-13 相同，但额外增加了一列，用于表示曲线上的每个点的夏普比率。虽然将资金 100% 配置到期货中可以获得最佳的全收益率，但在该组合中添加股票投资，仍然能增加该组合的夏普比率。

当然，在现实世界中，你可以选择的资产不只两种，并且存在其他复杂的现实约束，这使得我们很难精确地确定每种资产的最优购买量。因此，我们更应该将其视为一种指导性原则、一种概念的描述，而不必拘泥于准确的数字计算。

表 5-5　将分散化期货交易添加到股票投资组合中（%）

期货投资比例	收益率	波动率	夏普比率
100	16.16	23.71	0.68
90	15.55	21.10	0.74
80	14.94	18.69	0.80
70	14.33	16.56	0.87
60	13.72	14.84	0.92
50	13.10	13.66	0.96
40	12.49	13.19	0.95
30	11.88	13.50	0.88
20	11.27	14.54	0.78
10	10.65	16.16	0.66
0	10.04	18.22	0.55

|第 6 章|

历年回顾（2002 ～ 2021 年）

我们目前所采取的策略已经能比肩大多数 CTA 基金和期货经理了。尽管这一策略仍有待进一步完善，但其当前版本用于资金管理已然足够。我们目前所拥有的核心策略与大多数趋势跟踪管理期货基金的基本策略非常相似，而二者的优点也大体相同。要想进一步提升这一策略的使用效果，你需要深入了解它的实际运作方式，要形成这种洞察力难度极大。在这方面，丰富的经验是不可或缺的，在实战中观察策略的表现是全面理解其能力的唯一途径。考虑到这一点，我将在本章中尽可能清晰地描绘具体场景，让大家更好地体验这种策略的长期应用效果。

就策略的业绩表现而言，有些年份明显比其他年份更有趣。有些年份一切如常，波澜不惊，但有些年份可能会出现大起大落，我们可以从中获取重要的分析结论。我对策略在 2002 ～ 2021 年的这 20 年间的基本运行情况进行了回顾，并详细解释了这些年里发生的事情、哪些方面进展顺利以及哪些方面出现了问题。看了前面章节的模拟数据概览后，如果你感觉事情看起来很容易，那么本章将重点强调困难之处。

在随后的分析中，为了更贴合实战，我还会将佣金和滑点纳入考虑，并假设管理费为1.5%，业绩分成比例为15%，管理费按季支付，业绩分成按年支付。这是专业人士代表他人实施此类策略时最常见的设置。

为了与市场比较，我使用MSCI全球总收益指数代表全球股票指数，该指数包含了股息的再投资。该策略的目的不是模仿或击败股票指数，而且将MSCI全球总收益指数作为比较基准也并不公平，因为二者完全不在同一维度上，但依我的经验，无论是个体投资者还是机构投资者都非常关注股票市场的整体状况，当股市上涨时，期货经理的压力会随之上升，而在股市表现不佳时，期货经理的压力也会随之下降。即使你的策略与股票完全无关，情况也往往如此。对此我只能说，这就是人类的本性：当别人都在赚钱的时候，自己不赚就是亏，而当别人都在赔钱时，自己亏钱感觉也没那么糟糕了。对于大多数投资者来说，如果邻居赚钱而自己却亏钱，那种感觉简直像吃了苍蝇那么恶心。尽管我对这种现象总是做不到见怪不怪，但它似乎已成为我们行业的一个常态。

如何阅读本章内容

本章是本书中最长的一章，它涵盖了我们的核心策略在20年间的表现，你可能会想：这么久远的数据是不是有些过时了，我这么做是不是纯粹为了凑字数？我可以向你保证，事实并非如此。在我看来，与本书其他章节相比，本章将为读者提供最宝贵的学习机会，如果你想深入了解趋势跟踪交易，你应该深入思考策略在各年的表现，深入分析业绩图表中蕴含的各种细节，并尽力感受趋势跟踪职业交易者的生活状态。

你经常会在书籍和营销资料中看到这一说法：趋势跟踪交易很简单，而且很赚钱。对核心策略的逐年表现和按行业及多空方向的业绩归因分析表明，尽管从长远来看，趋势跟踪交易是有利可图的，而且交易法则从理论上讲很简单，但在真刀真枪的实战中赚钱并没那么容易。你可以把这一章看作现实的检验。我通过这种方式将这个行业的真实一面展现给你，利弊得失都有，既不夸大其词，也不添油加醋。如果你想进入趋势跟踪交易这一行业，请先通读一遍本书，然后反复品味本章的细节之处。

无论是自行构建，还是在我的核心策略基础上进行改造，你在确定了自己的交易策略之后，都要进行实际的模拟，并在细节上与本章的结果进行逐年逐月的比对，看看你的策略在处理事情上有什么不同，以及该策略是否可行。

你不能仅仅基于模拟统计概要或长期收益曲线来选择策略。

在完成历年回顾之后，在接下来的章节中，我将深入研究如何复制当前的期货对冲基金并对其实施逆向工程，以及如何进一步完善核心策略。

2002 年

现在是 2002 年 1 月 2 日的早晨，你已经准备好开始你的冒险了。你很幸运，因为你刚刚从你的新管理期货基金的投资者那里获得了 1 000 万美元的资金，基金的各项工作均已就绪，蓄势待发。首先，你通过回溯测试确定了投资组合的初始状态，即你在交易首日应该持有的期货多头与空头数量清单。随着时间的推移，持有的头寸数量会发生较大变化，这取决于所在时点的可用趋势数量。

多年来，有一个十分常见的问题，那就是如何确定你的初始开仓方式及建仓规模。对此有两种处理方式，其中一种显然是错误的。你或许打算只有在策略发出新的信号时才开始进场。也就是说，在你实施策略的第一天，你并没有建仓，而是一直在等待新的入场信号出现。这种方式的问题在于，我们这里运行的是一个投资组合策略，它依赖于头寸间的相互作用和分散化。对策略的回溯测试和研究都是基于满载的投资组合。只根据新的信号出现来建仓，会导致实际持仓水平极大地偏离预定方案，也会出现高度不可预测的结果。这也是我们选择第二种方案的原因，在第一天就全盘复制回溯测试的即时状态，立刻完成所有的建仓要求。

请务必牢记一件重要事情，那就是所有头寸的规模都要根据波动率进行调整，因此从理论上讲，每笔头寸对我们策略整体收益情况的每日影响是大致相同的。我们在前面的章节中已经对此进行了详细的论证，但对这一部分的重要性无论怎么强调都不为过。如果没有适当的仓位管理方法，你的策略将会失败。

表 6-1 展示了我们根据当前策略在 2002 年 1 月份创建的初始投资组合的持仓情况。

表 6-1　2002 年的初始投资组合

交易品种	交易方向	所属板块
可可	多	农产品
C 类咖啡	空	农产品
KC 硬红冬小麦	空	农产品
玉米	空	农产品
瘦肉猪	空	农产品
豆粕	空	农产品
大豆	空	农产品
罗布斯塔咖啡	空	农产品
美元指数	多	外汇
日元	空	外汇
罗素 2000 迷你指数	多	股票
低硫轻质原油	空	非农产品
亨利港天然气	空	非农产品
布伦特原油	空	非农产品
纽约港超低硫柴油	空	非农产品
燃料油	空	非农产品
铂金	多	非农产品
德国 10 年期国债	空	利率
欧洲美元	多	利率
欧元银行同业拆借利率	多	利率
美国长期国债	空	利率
英国金边债券	空	利率

由于每笔头寸经风险调整后的规模相同，我们可以很容易地将每个板块的头寸数量加总，据此了解基金的整体配置情况（见表 6-2）。当然这只

是一种近似估测，因为经风险调整后规模相同这一结论基于一个有缺陷的假设，即各交易品种的波动率将保持不变。如图 6-1 的饼图所示，我们的初始投资组合中大宗商品期货所占份额过高，两个大宗商品板块的配置比例超过 60%。

表 6-2 2002 年初始投资组合在各板块的配置情况

	多	空	合计
利率	2	3	5
农产品	1	7	8
非农产品	1	5	6
外汇	1	1	2
股票	1	0	1
合计	6	16	22

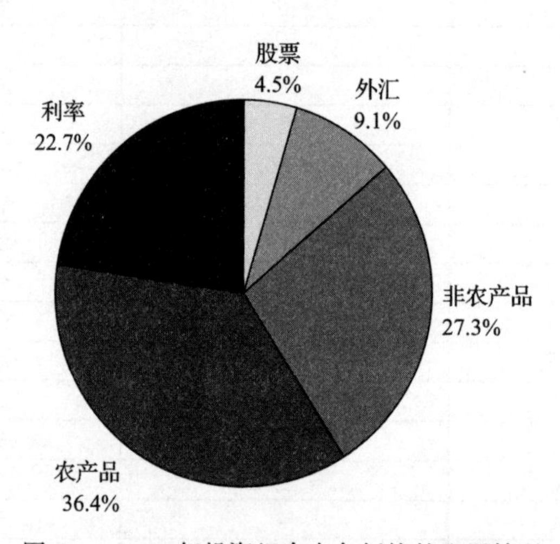

图 6-1 2002 年投资组合在各板块的配置情况

在利率板块，我们持有多空混合敞口，即收益率曲线的长端与短端。如果你以前没接触过利率板块，这些名词可能会让你感到困惑，因为这里的“长”(long) 和“短”(short) 两个词和前文中的含义并不相同[⊖]。收益率曲线的长端指的是长期国债或债券，如美国 30 年期债券，而收益率曲线

⊖ 英语中，long 和 short 既可以指长、短，也可以指多、空。——译者注

的短端指的是短期货币市场工具，如 30 天联邦基金或 90 天欧洲美元等。

我们的策略在剩下的两个板块只持有极少量敞口。在 2001 年底，外汇和股票板块真的没什么趋势可言。

图 6-2 对比了我们的策略与 MSCI 全球总收益指数在 2002 年的表现。在 2002 年初，该策略一直在盈亏线附近挣扎，其间出现近 10% 的年内最大亏损。在此期间，该策略的表现和股市基本一致，在 2002 年上半年，股市也呈横盘整理状态。这一阶段走势相对平稳，其中也蕴含了不少可利用的趋势。走势在年中出现较大变化。

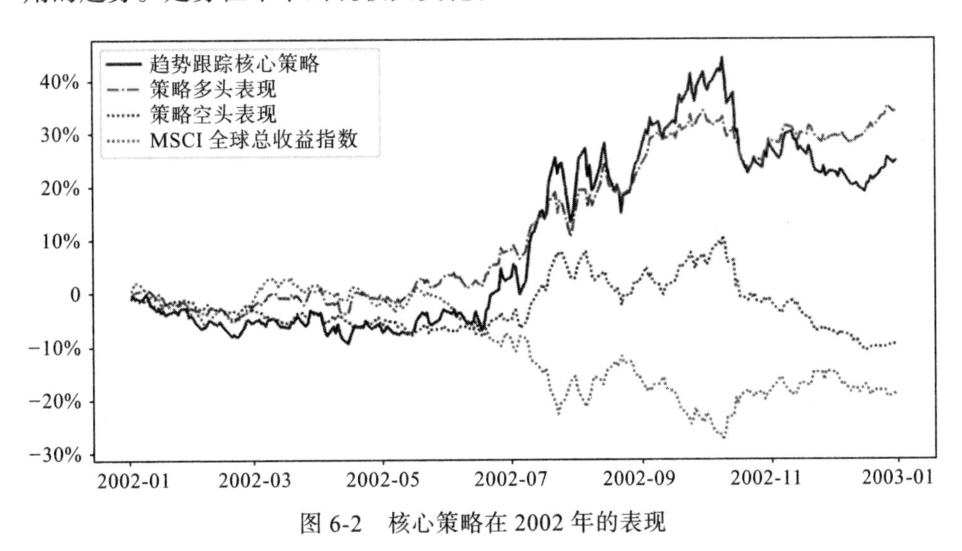

图 6-2 核心策略在 2002 年的表现

从 7 月开始，我们看到该策略的利润开始急剧攀升。如果你在 2002 年初开启交易之旅，那这一开端一定会让你留下深刻的印象。从长期图表上根本体会不到这种感受。当你在 1 月终于开始将你的策略应用于实战时，你每天都在买进卖出，却几乎一无所获。赚也没赚多少钱，赔也没赔多少钱。你可能开始对这一策略产生怀疑，将此作为谋生手段的意志也开始动摇。然后，它突然就启动了，而且一飞冲天。你已经习惯了这种不愠不火的日子，而它现在突然间就火力全开了。

与此同时，股市开始下跌。MSCI 全球指数从持平到下跌近 30%，而我们的策略却赚得盆满钵满。看似平淡乏味甚至失败的一年迅速取得了巨大的成功。尽管在年终时回吐了小幅利润，但我们第一年的业绩仍然可圈可点。

在金融领域，成功可能会以迅雷不及掩耳的速度来临，但请记住，失败也是如此。在 2002 年开启的这场冒险之旅确实非常幸运。的确，运气是长期成功的一个非常重要的因素。任何交易策略，无论多么出色，都会有好年景和坏年景，而且你不知道它们何时来临。如果你的第一年恰好赶上了糟糕的一年，那么即使策略绝对没有问题，你也可能不会继续下去，而你的投资者也会撤资。

要了解 2002 年下半年到底发生了什么，一个好办法是先对各板块进行归因分析。图 6-3 显示了这种归因随时间的变化以及每个板块对策略在本年最终表现的影响。在 7 ～ 8 月，当策略的收益上升时，我们发现三个板块是主要功臣。外汇、股票和利率几乎在同一时间里做出了贡献。

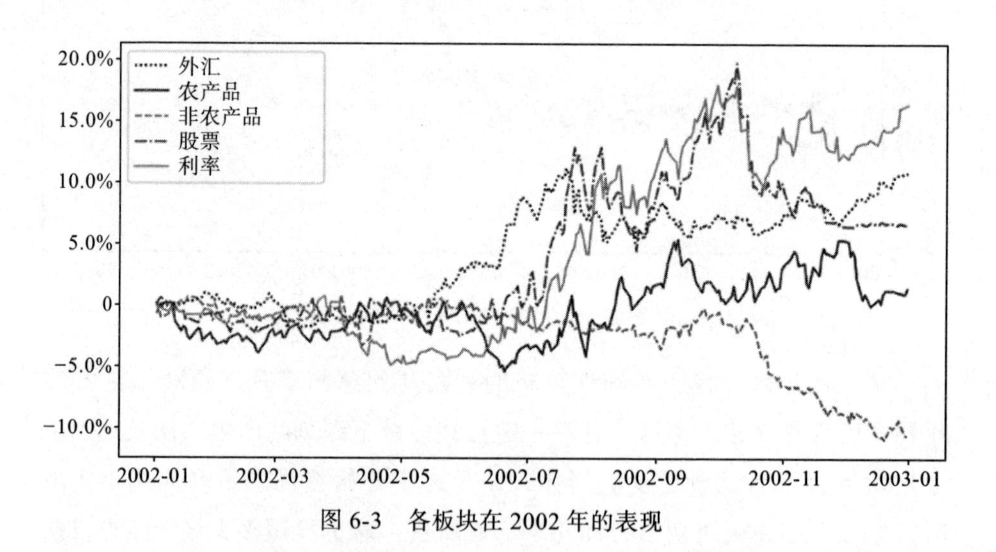

图 6-3　各板块在 2002 年的表现

更进一步，我们可以在图 6-4 和图 6-5 中比较多头交易与空头交易的表现。从多头交易来看，我们可以看到排名第一的贡献者是利率板块，仅该板块就为我们增加了约 20% 的收益。在空头交易中，我们看到股票板块的表现遥遥领先，考虑到这是互联网泡沫破灭后的熊市期间，因此做空股票成为绝对的王者，也就不足为奇了。

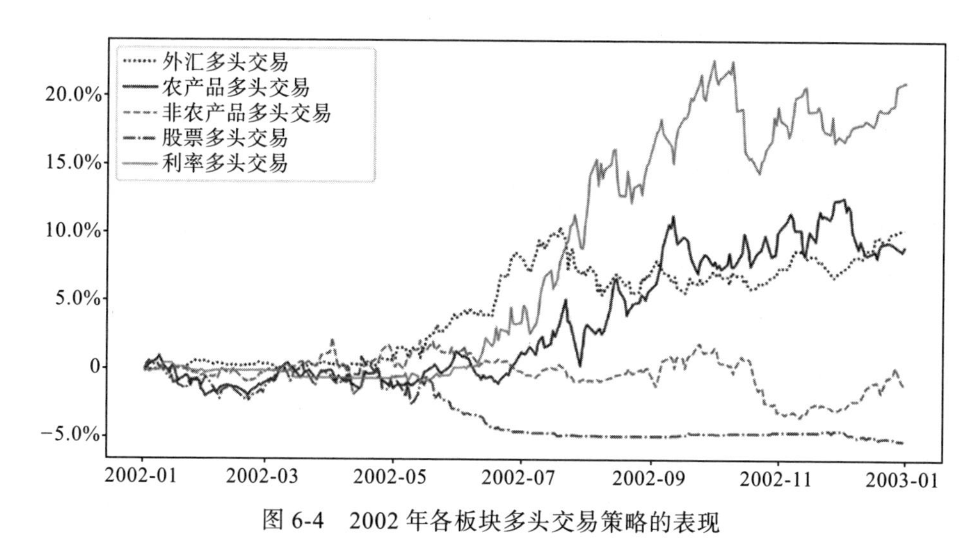

图 6-4　2002 年各板块多头交易策略的表现

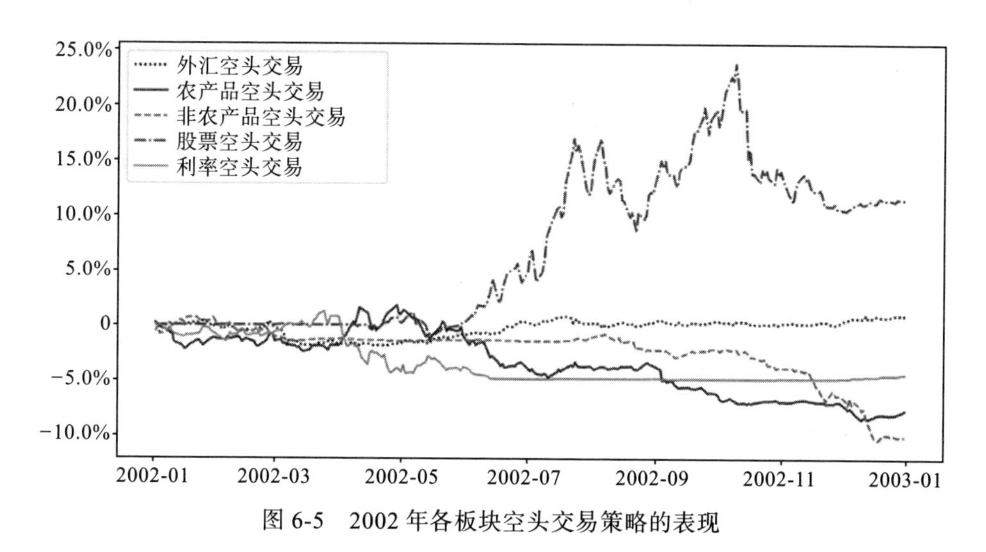

图 6-5　2002 年各板块空头交易策略的表现

正如我们此前在 MSCI 全球指数中所看到的那样，熊市在 2002 年初期稍稍停顿，在下半年继续下跌。一旦熊市真正开启下跌之路，策略的空头方面就开始大展身手，在随后的大幅下跌中获利。

图 6-6 中展示的情况正是我们在趋势跟踪交易中所希望看到的。一个

良好、平稳的多月趋势，随后是对趋势的有序修正及趋势的终结。这正是我们的趋势跟踪模型获利的地方。在本例中，我们的模型在年初首次突破时就开始做多了。虽然一开始有点儿慢，但由于未触及止损点，我们继续做多。到4月份，欧元期货价格开始上涨，从1.02一路强劲上涨到1.16。这也给我们的策略贡献了非常大的利润，在这一时期，我们在其他货币的市场中也看到了非常相似的模式。从图6-6可以清楚地看出这一点，在5～8月，外汇板块为该策略贡献了约10%的利润。弱势美元是2002年交易的主流趋势，美元在一整年里持续走低，无论用美元买哪一种货币几乎都能赚钱。

图6-6 2002年欧元多头策略走势

到第一年年底，我们成功实现了24.7%的资本收益率（见表6-3）。这一年的表现应当说相当强劲。如果你认为近25%的收益率有点儿低，那么你应该远离交易。尽管那些权威人士或自称交易大师的人可能会声称，在现实生活中，这种极端收益率在长期中是不可持续的，实际上几乎没有人能够实现这样的长期收益，但在某个特定年份里，任何事情都有可能发生，偶尔还会出现更高的收益，但更低的收益，甚至负收益的年份也屡见不鲜。

表 6-3 2002 年各板块收益贡献分布[⊖]（%）

	外汇	农产品	非农产品	股票	利率	合计
多头交易	10.3	9.0	−1.1	−5.2	21.1	34.0
空头交易	1.0	−7.6	−10.0	11.5	−4.4	−9.5
合计	10.8	1.4	−10.6	6.7	16.4	24.7

当然，2002 年的故事不是一个 24.7% 的收益率能全部概括的。这一年里还有一些好消息，也有一些坏消息。好消息是我们将剩余资金投资于美国国债，从而从美国政府那里获得了一些利息收入。对于期货交易，我们只需要将一小部分资金作为保证金，剩余资金可以投资于短期国债。这方面的收入很大程度上取决于政府支付的利息。这部分收入在有些年份里的贡献相当可观，在有些年份里则微不足道。2002 年，利息收入为整个投资组合贡献了 1.8% 的收益。

坏消息是需要支付一些费用。我们的投资组合有 1.5% 的管理费和 15% 的业绩分成。令人欣慰的是，这笔钱归交易员所有，由客户买单。

2002 年的管理费总计为 1.8%，这一数字恰好等于利息收入（见表 6-4）。你可能会说：这怎么可能呢，我们刚刚不是确定了 1.5% 的管理费率吗？欢迎来到金融世界，1.5% 的管理费以所管理资本为计费基数，每天计算并累积，按季支付。正如我们所看到的，随着投资组合资产总值的增长，管理费的计费基数也在增长。如果你用全年的实际管理费用除以投资组合的初始价值，最终得到的数字将大于名义上的 1.5%。这就是资产管理的真正魅力。你的管理费是以所管理资产规模的百分比表示的，如果你管理的资产增值，你收取的费用也会自动增加。

作为一名资产管理人，管理费是你的基础工资，如果你愿意的话，这就是你的工资收入。无论表现如何，你都会得到这笔钱，因此你需要确保你只靠管理费就能生存下去，而你的业务也能得以维持。

然而，收益的大头在于业绩分成。只靠管理费你发不了财，但靠业绩分成可以。如果管理费是你的工资，那么业绩分成就是你的奖金。按照

⊖ 本书中的数据均遵照英文原书。——编者注

2002年这种突出的业绩表现，这笔奖金几乎占到了资产总额的4%。

表6-4　2002年业绩表现

	美元	百分比
期初净值	10 000 000	100.00
交易业绩	2 468 651	24.70
利息收入	180 566	1.80
管理费	184 107	1.80
业绩分成	369 767	3.70
净收益	2 095 344	21.00
期末净值	12 095 344	121.00

如果你以1 000万美元的投资组合起步，并且在这一年中没有资金流入或流出，那相关的费用很容易计算。你今年的基础工资收入是18.4万美元，奖金是37万美元，总的薪酬超过55万美元。如果你觉得这笔收入很不错，你不应满足于只管理1 000万美元，而应该尝试管理1亿美元。

2003年

进入第2年，我们的组合已经上了一个台阶。我们新设的管理期货基金有了一个良好的开端，2002年这一开局之年可以说博得了满堂喝彩。但是千万别骄傲，年轻人。任何策略在起步时都有很大的运气成分。在这个特殊情况下，我在“历年回顾”这一章中选择2002年作为开局之年，目的是让回顾期恰好是20年。在趋势跟踪行业里，大多数人在经历了一个好年景之后会感到紧张，因为他们经常会随后赶上一个坏年景。当然，这种说法在统计学上并不成立，但这经常会让人感到坐立不安。

我们的投资组合持仓结构在2003年初有所调整。最显著的变动在于，投资组合中的头寸数量翻了一番（见表6-5）。如前所述，每个头寸的风险水平大致相同，这意味着我们已将风险提高到了去年的两倍。投资组合中仍然有大量大宗商品期货，约占整个组合风险敞口的一半。我们现在同时看多短期利率与长期利率，在股票上持有少量混合头寸（见表6-6、

图 6-7）。熟悉股市发展史的人都知道，2003 年是股市在互联网泡沫破裂后复苏、牛市趋势回归的时候，但在年初，还没有任何迹象表明这一点。

表 6-5 2003 年的初始投资组合

交易品种	交易方向	所属板块
美国 11 号糖	多	农产品
美国 2 号棉花	多	农产品
瘦肉猪	多	农产品
KC 硬红冬小麦	空	农产品
大豆	多	农产品
活牛	多	农产品
玉米	空	农产品
C 类咖啡	多	农产品
饲牛	多	农产品
白糖	多	农产品
木材	空	农产品
大豆油	多	农产品
罗布斯塔咖啡	多	农产品
澳元	多	外汇
美元指数	空	外汇
加元	多	外汇
瑞士法郎	多	外汇
英镑	多	外汇
欧元	多	外汇
德国 DAX 指数	空	股票
日经 225 美元指数	空	股票
纳斯达克 100 迷你指数	多	股票
纽约港超低硫柴油	多	非农产品
布伦特原油	多	非农产品
低硫轻质原油	多	非农产品
黄金	多	非农产品
铂金	多	非农产品
钯金	空	非农产品
燃料油	多	非农产品
白银	多	非农产品
美国 2 年期国债	多	利率
欧元银行同业拆借利率	多	利率

（续）

交易品种	交易方向	所属板块
加拿大 10 年期国债	多	利率
德国 10 年期国债	多	利率
德国 5 年期国债	多	利率
欧洲美元	多	利率
德国 2 年期国债	多	利率
英国金边债券	多	利率
美国 10 年期国债	多	利率
美国 5 年期国债	多	利率

表 6-6　2003 年初始投资组合在各板块的配置情况

	多	空	合计
农产品	10	3	13
利率	10	0	10
非农产品	7	1	8
股票	1	2	3
外汇	5	1	6
合计	33	7	40

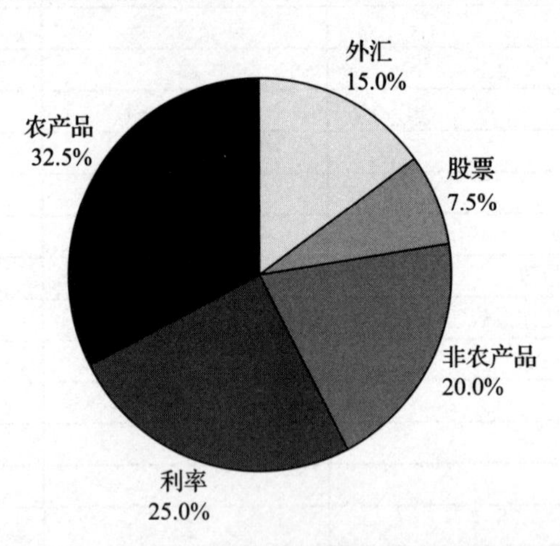

图 6-7　2003 年投资组合在各板块的配置情况

图 6-8 展示了我们的核心策略在 2003 年的业绩表现，也展示了该策略多头交易与空头交易的各自贡献，并比较了该策略与 MSCI 全球总收益指数的同期表现。这里有几点值得关注。你可能首先注意到该策略最终取

得丰厚的回报，也可能你关注的是该策略在年初曾遭受重创，注意到这两点都说明你已经不是一个交易“菜鸟”了。新手交易员可能只关注业绩，但交易老手更关心的是那次下跌的原因。

图 6-8 核心策略在 2003 年的业绩表现

该策略的业绩表现确实相当不错，扣除成本之前的交易收益几乎与 2002 年持平。如果你刚刚涉足管理期货行业，就本例而言，刚刚进入对冲基金行业，那么 2003 年底的收益会给你一个惊喜。去年你是大明星，在股市崩盘时仍取得接近 25% 的收益率。今年，你的业绩基本不变，看起来你有理由获得同样的英雄待遇和掌声，但这不会发生。

今年和去年的区别在于，今年股市上涨了。我们的策略或多或少跟上了市场的步调，但那是在扣除成本之前。在你获得管理费和业绩分成以后，你的业绩实际是退步了。你今年的收益没有跑赢大盘。

这有什么关系呢？你并未采用买入并持有股票的策略，你也从未声称要在牛市期间为客户赚更多的钱。但是，这些在现实中都不重要，你的客户很可能会因为你表现不佳而感到失望。没有人说生活应该是公平的。当然你确实得到了令人满意的报酬。但我相信你一定想知道那次可怕的下跌是怎么回事。我们年初的表现非常好，到 3 月初我们已经获得了 30% 的利润。这一年的开局非常惊艳。在经历了超高收益之后，我们大多数人开始犯这样的错误：开始计算，如果这样的表现能持续下去，这一年将会何等美妙，一个季度就赚了30%，到年底，业绩提成简直不敢想象。我们都有过类似的经历。

但现实很快给了我们重重一击。从3月份30%的年化收益率开始，我们发现组合收益开始迅速下跌，一个月之后已经跌至新低，不但将此前的利润悉数吐出，还亏损了5%（见图6-9和图6-10）。这在图中看起来可能不太明显，但当实际中真正发生时，感觉像是世界末日一样。按照你在3月份的持仓结果计算，你开始憧憬又能赚到50万美元的日子。但这一切在几周之内都消失了。这才是管理资金时让你大费脑筋的事情。

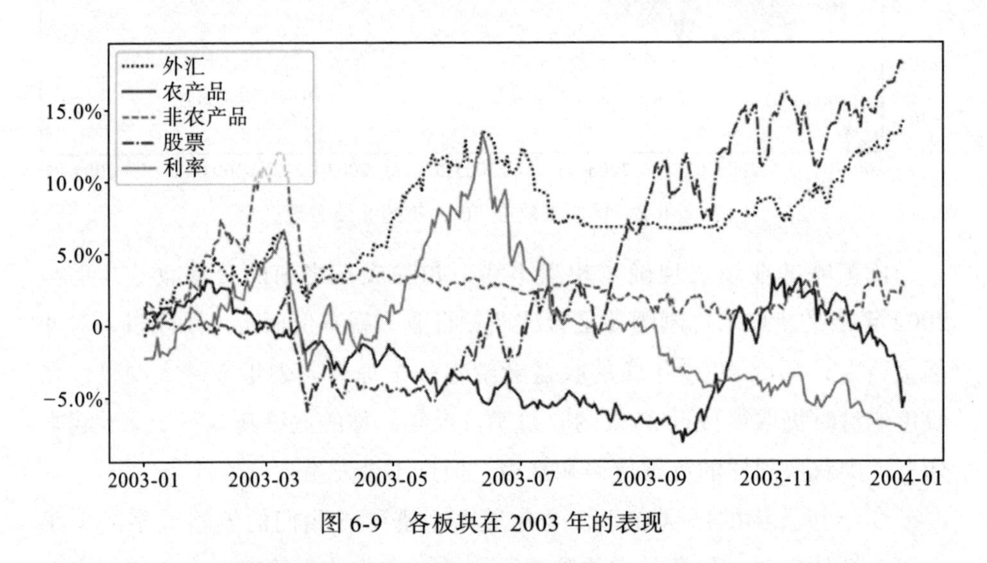

图6-9 各板块在2003年的表现

2003年初的亏损主要来自多头交易，这不应令人惊讶，因为我们从图6-10中可以看到，多头交易的表现在2003年波动剧烈。如图6-11所示，空头交易的表现相对比较平稳，全年大部分时间都在缓慢亏损。

突然发生亏损并非由于某笔头寸突然下跌，而更多是板块轮动所致。这是一种长期趋势的转变，可能是多头转为空头，也可能是空头转为多头。这种情况时有发生，但很少如此之快。损失主要来自非农产品和利率板块。

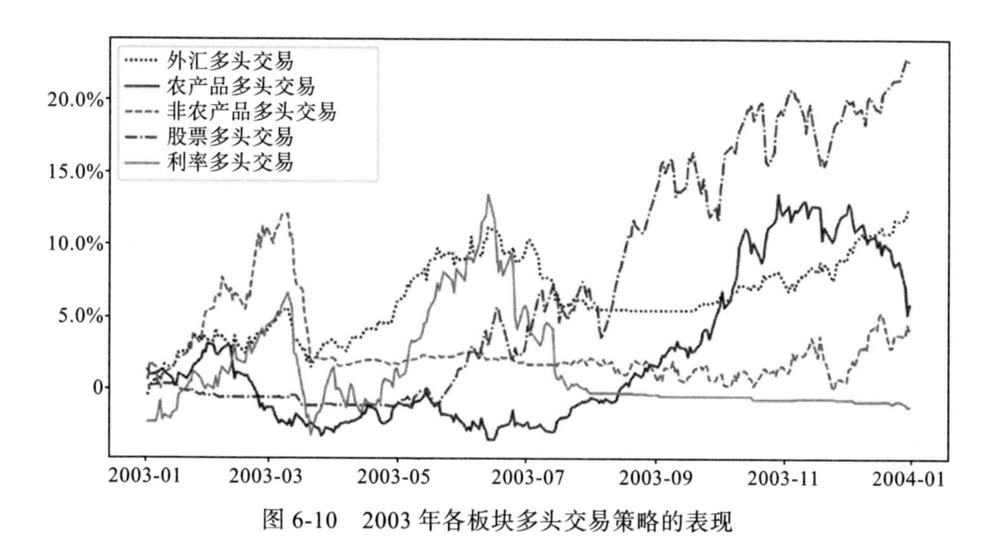

图 6-10　2003 年各板块多头交易策略的表现

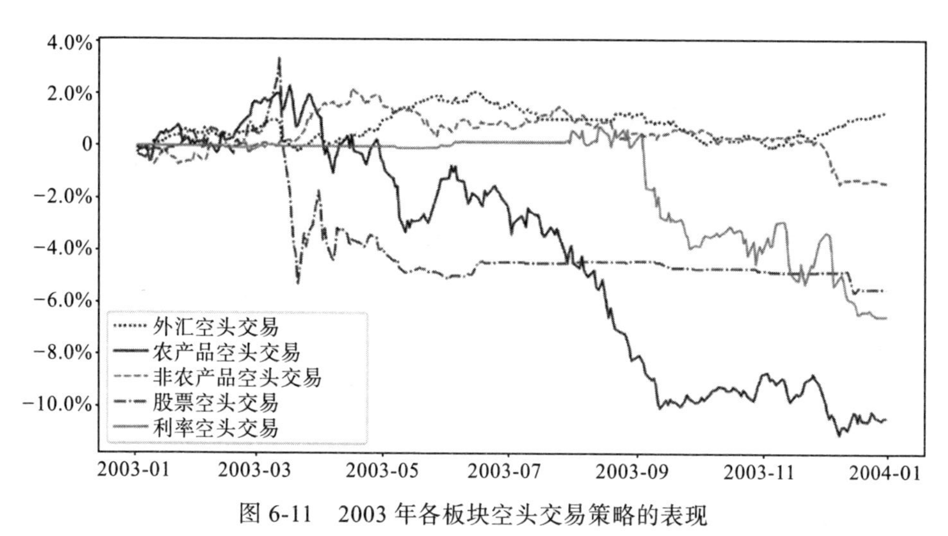

图 6-11　2003 年各板块空头交易策略的表现

在突然暴跌之后，你可能会感到心灰意冷，考虑从事电话营销行业的工作，从而远离交易的压力，这也是可以理解的。但如果你在下跌之后立即退出，你会错过今年剩余时间里上演的好戏。整个过程简直太疯狂了。在接下来的几个月里，我们的投资组合开始缓慢但稳步地回升，收益率涨到 20% 以上，然后我们又将大部分收益悉数吐出，在 8 月份收益率只有个位数。在那一刻，你可能会感到前面所做的一切简直是白费功夫。从那以后，我们的收益率再度飙升至25%。我希望你没有心脏病。这个行业会让人极度紧张。

我们年初在股票上开空仓，原因可以从图6-12中得出。在强烈的熊市趋势下，空头一度赚取了可观的利润。但如果你仔细观察图6-12，你会发现做空股票的收益在3月份激增，然后又大幅下跌。欧洲斯托克50指数的交易可以解释这一点。起初，组合收益缓慢增加，然后当市场加速下跌时，组合的收益开始大幅飙升。但正如市场上经常发生的那样，在一波市场加速下跌后，我们的组合迎来了更为强劲的反弹。随着指数在2月下旬转头向上，股票空头交易策略遭受全线打击，直到触及止损点，我们最终在年底前由空转多。

图6-12　2003年欧洲斯托克50指数空头交易策略走势

在这一年过山车般的经历之后，我们最终成功地把钱赚到了手。在2003年里，所有的盈利均来自多头交易，而空头交易则大败（见表6-7和表6-8）。我们在多头交易上获得了44%的收益，其中一半来自新一轮的股票市场反弹。空头交易总共造成了22.4%的亏损，主要分布在农产品、股票和利率这三个板块上。总的来说，过程可怕，结局完美。

回顾这一年，表6-8中的结果显示2003年又是个丰收年。当然你也得到了丰厚的回报，或许在年底还能得到各种应得的奖励，但这一年的投资之路并不平坦。当然，尽管你在上半年遇到了一些困难和挑战，但你最终还是挺过来了。你又取得了一次胜利，为客户净赚了近 250 万美元，自己也赚了 60 多万美元。从客户第一次委托你管理 1 000 万美元开始，他们现在口袋里又多了将近 500 万美元。

表 6-7　2003 年各板块收益贡献分布

	外汇	农产品	非农产品	股票	利率	合计
多头交易	12.5	5.9	4.1	22.7	−1.2	44.0
空头交易	1.4	−10.4	−1.4	−5.5	−6.5	−22.4
合计	14.2	−5.1	2.6	18.1	−7.3	22.5

表 6-8　2003 年业绩表现

	美元	百分比
期初净值	12 095 344	120.95
交易业绩	2 719 802	22.50
利息收入	144 105	1.20
管理费	218 755	1.80
业绩分成	396 773	3.30
净收益	2 248 379	18.60
期末净值	14 343 723	143.40

为了让你了解资金的实际增长情况，我在本章中假设你的新基金没有资金流入或流出。投资者既没有申购也没有赎回。如前所述，你开始时拥有 1 000 万美元由你管理的资金。两年后，这个资金池中的 100 多万美元已经归你所有，而资金池中的资产在扣除费用之后已经增至 1 500 万美元左右。到目前为止，这个结果相当不错。

2004 年

到目前为止，看起来我们的基金推出时机非常好。虽然前两年的压力较大，但客户和基金管理者都获得了可观的回报。从第 3 年开始，我们增大了股票的风险敞口，这对了解股市历史的人来说并不奇怪。2003 年股市好转后，趋势跟踪者建立了大量的多头敞口。我们现在也大量做多金属和能源，但投资组合中的利率头寸并不多。

股市的复苏反弹仍在持续，对此我们应做好充分准备，抓住进一步上涨的机会。我们持有很多地理区域的股票指数，包括欧洲和亚洲（见表 6-9 和表 6-10、图 6-13）。这轮牛市不仅限于美国，我们的投资范围也分散化了，覆盖全球各大市场。

今年的投资之路仍不平坦。第 5 章展示了我们的趋势跟踪策略几十年的长期走势图，看上去好像一条通往胜利的平稳之路，这就是长期图表的误导性，它让短期与真实经历变得模糊。在这么长的时间跨度里，你几乎看不到 2004 年的那些微小波动。

表 6-9　2004 年的初始投资组合

交易品种	交易方向	所属板块
咖啡	空	农产品
豆粕	多	农产品
豆油	多	农产品
菜籽油	多	农产品
大豆	多	农产品
美国 11 号糖	空	农产品
玉米	多	农产品
KC 硬红冬小麦	多	农产品
瘦肉猪	空	农产品
加元	多	外汇
澳元	多	外汇
欧元	多	外汇
瑞士法郎	多	外汇
英镑	多	外汇
日元	多	外汇
美元指数	空	外汇
法国 CAC40 指数	多	股票
德国 DAX 指数	多	股票
富时 100 指数	多	股票
欧洲斯托克 50 指数	多	股票
恒生中国企业指数	多	股票
纳斯达克 100 迷你指数	多	股票
纳斯达克 2000 迷你指数	多	股票
多伦多证券交易所 60 指数	多	股票

（续）

交易品种	交易方向	所属板块
标准普尔中盘股400迷你指数	多	股票
恒生指数	多	股票
道琼斯迷你指数	多	股票
标准普尔500迷你指数	多	股票
亨利港天然气	多	非农产品
燃料油	多	非农产品
低硫轻质原油	多	非农产品
纽约港超低硫柴油	多	非农产品
黄金	多	非农产品
布伦特原油	多	非农产品
铜	多	非农产品
铂金	多	非农产品
加拿大10年期国债	多	利率
美国长期国债	多	利率

表6-10　2004年初始投资组合在各板块的配置情况

	多	空	合计
农产品	6	3	9
非农产品	8	0	8
外汇	6	1	7
股票	12	0	12
利率	2	0	2
合计	34	4	38

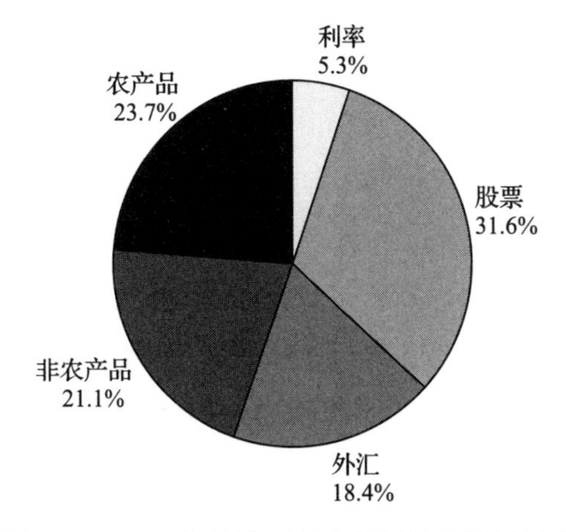

图6-13　2004年投资组合在各板块的配置情况

我们第3年的开局相当不错，到2月中旬，我们突然获得了15%的收益。这时，你会开始做一些不切实际的计算，盘算组合如果全年都维持这一表现，你能赚多少钱，或许，你已经开始挑选宝马和劳力士了。然而，市场往往并不尽如人意，到2月底，你在几天内就将之前的利润亏得干干净净。

经历了这段情绪的起伏之后，你突然再次迅速获利。在将此前的收益悉数吐出后，收益开始像火箭一样飙升，稍稍停顿之后，收益率在4月份达到了近30%的年内高点。4个月实现30%的收益。按这个速度计算，我们今年的收益率将达到120%，并获得数百万美元的业绩分成。看起来这一年又将非常成功！

然而，市场总是在你最得意的时候教训你一下，因为增长不可能一直持续。在从惊人的近30%的利润回落后，亏损接踵而至，一周接着一周，一个月接着一个月。半年后，我们的组合已经亏损了5%（见图6-14）。这时你才明白，在你4月份盈利30%的时候，投资者不会打电话来祝贺你，但当你亏损5%时，要求你解释亏损原因的电话却纷至沓来。最坏的情况是，他们会对你失去信心，并开始撤回资金。

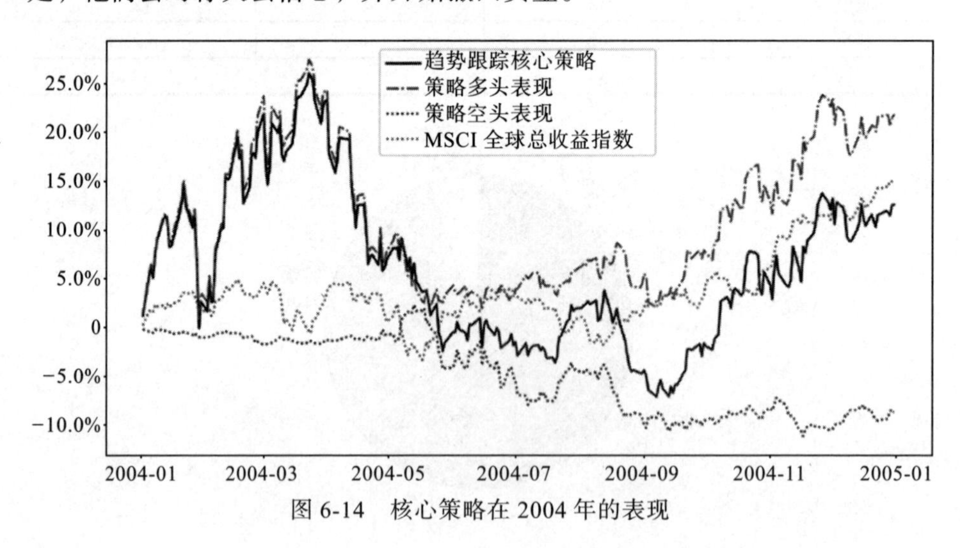

图6-14 核心策略在2004年的表现

幸运的是，到了9月份，命运再次眷顾我们。我们的组合在2004年剩下的时间里缓慢回升，最终实现了16%的正收益。是的，这又是盈利的一年，但我们也付出了巨大的代价——组合出现较大回撤，收益剧烈波动。两位数的收益率确实可观，但谨慎的投资者会质疑：为了这一收益率，冒这么高的风险值得吗？

当组合迅速盈利或亏损时，这通常是由单个板块或两个板块共同推动的。2004年初那波让我们获利15%的上涨行情，是一次跨板块的联动行为。所有板块均小幅上涨，加在一起就非常可观了。更有趣的是，在市场强劲上涨阶段，我们组合的收益率在短时间内飙升至近30%。从3月开始，我们主要看到两个板块几乎同时起飞。一个是农产品板块，其收益快速增长，并在全年保持强劲的增长势头。另一个是利率板块，但其长远表现并不尽如人意。利率板块在4月份之前强劲增长，但在2004年剩余时间里持续亏损，最终陷入严重亏损的境地（见图6-15）。

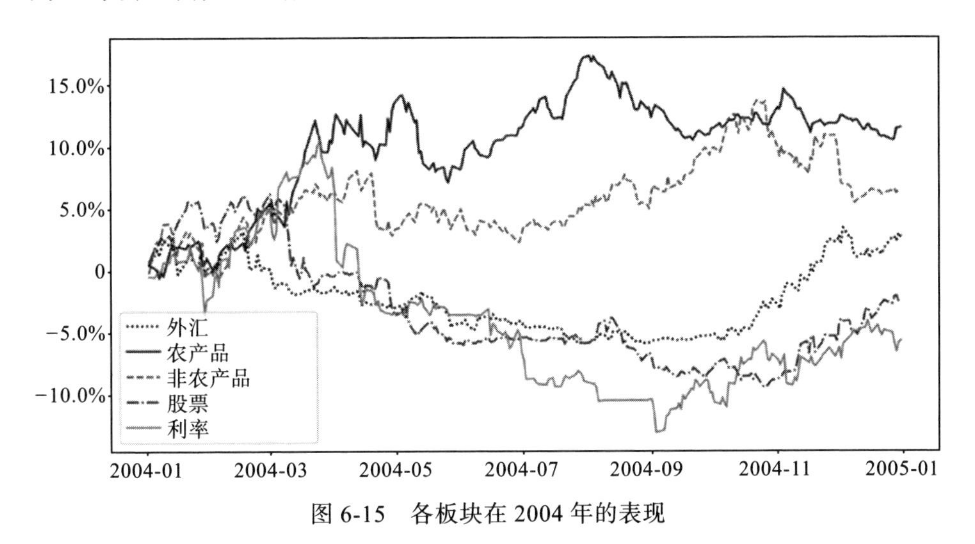

图6-15 各板块在2004年的表现

和往常一样，我们今年的策略主要还是做多（见图6-16）。实际上，直到年中，我们才持有少量的空头头寸。尽管总体而言，我们在空头方面取得了不错的收益，但最终在空头头寸上却亏损了（见图6-17）。这种情况并不罕见，空头头寸可以被视为一种保险策略。尽管大多数时候它会带来成本，但有时也会带来可观的回报。

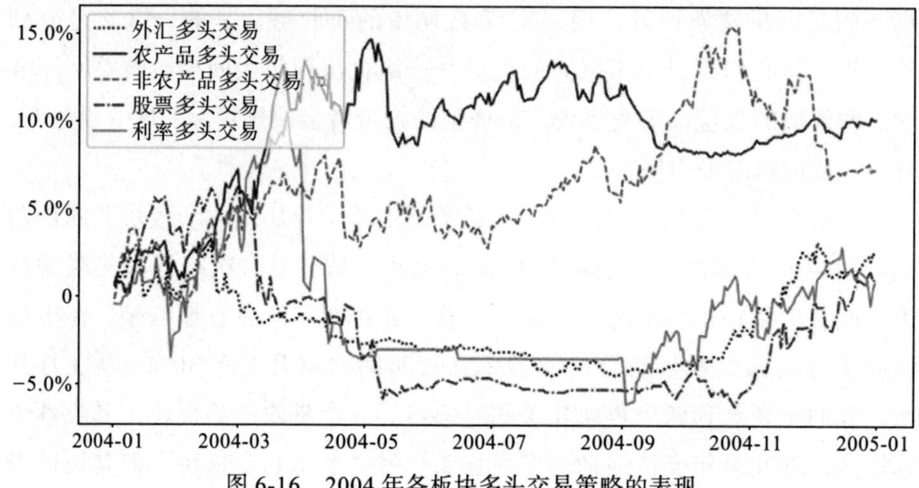

图 6-16　2004 年各板块多头交易策略的表现

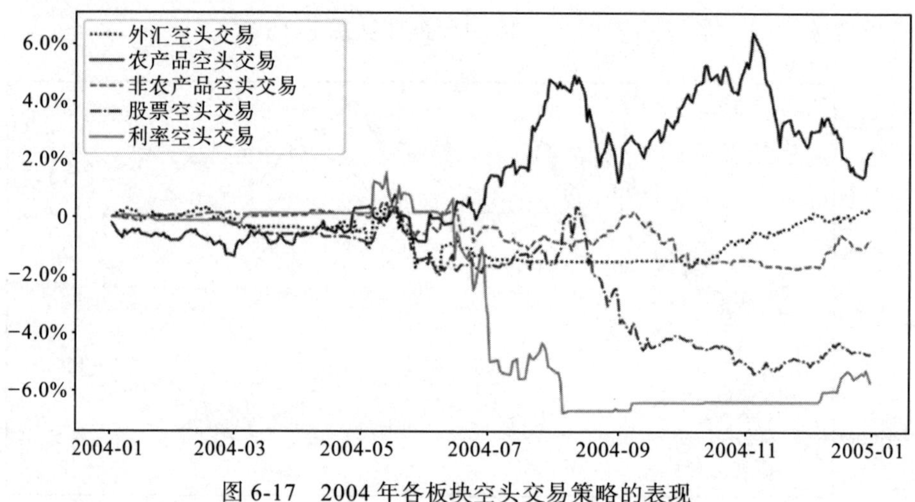

图 6-17　2004 年各板块空头交易策略的表现

图 6-18 是英国金边债券在 2004 年的价格走势图，这张图很好地说明了我们整体策略的弱点，以及我们每进行一笔交易都会面临的风险。在本例中，债券价格在 3 月初暴涨，我们的趋势跟踪模型在 3 月的高点位置新开了多仓。债券价格随后开始下跌，一开始跌幅不大，不足以触发止损。然后突然大幅下跌，我们的组合遭受了巨大的损失。在板块分析图中可以清楚地看到利率板块的这种“假摔”，利率板块在同时期的多头交易损失超过了 10%。

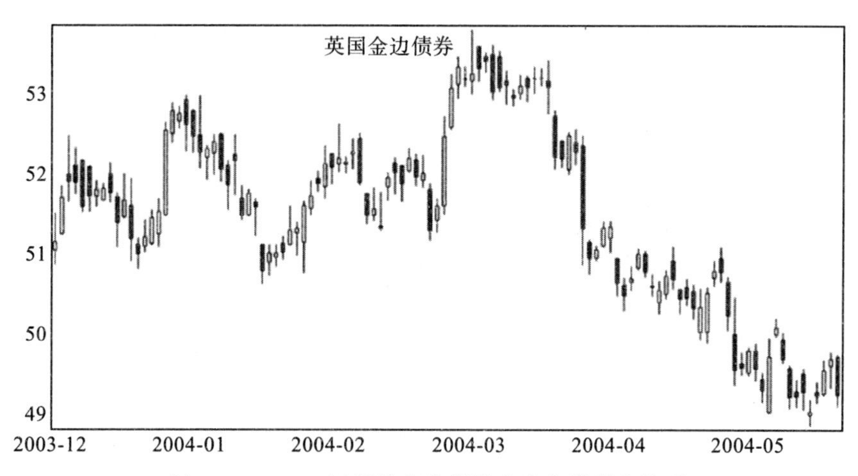

图 6-18 2004 年英国金边债券多头交易损失惨重

在这一年，我们交易的总收益略高于 12%（详见表 6-11 和表 6-12），单看这一数字似乎还不错。对于交易组合而言，这一收益率确实十分可观。然而考虑到我们所经历的惊心动魄和重重风险，这个成绩就有些黯然失色了。你的客户们不会仅仅因为 11% 的收益率（扣除费用之后）而欢欣鼓舞，他们更希望看到的是 4 月份那种收益暴涨 30% 的场景。

表 6-11 2004 年各板块收益贡献分布

	外汇	农产品	非农产品	股票	利率	合计
多头交易	2.4	10.2	7.3	1.1	0.9	21.8
空头交易	0.2	2.3	−0.8	−4.7	−5.7	−8.7
合计	2.7	11.6	6.4	−2.5	−5.6	12.6

表 6-12 2004 年业绩表现

	美元	百分比
期初净值	14 343 723	143.44
交易业绩	1 810 357	12.60
利息收入	232 280	1.60
管理费	238 525	1.70
业绩分成	270 617	1.90
净收益	1 533 495	10.70
期末净值	15 877 218	158.80

至于我们管理的投资组合，结局自然是再赚一笔。大约 24 万美元的管理费和近 30 万美元的业绩分成平安落袋。不仅投资者能感受到复利的魅力，我们也同样受益匪浅。尽管利润较往年有所下滑，但年初的成功为我们奠定了更雄厚的资产基础，各项费用收入也水涨船高。本组合已运行 3 年，投资者的初始资金已从 1 000 万美元增长至近 1 600 万美元，增势喜人。

2005 年

现在到了 2005 年，2000 ～ 2003 年的熊市早已被抛在脑后。快乐的日子又回来了，华尔街正在蓬勃发展，风险也必将重现。我们的交易业务在过去 3 年里赚了不少钱，当然我们也的确为之不懈努力。到目前为止，这一业绩可能与我们理想中的长期业绩表现相差甚远，但至少我们一直在赚钱，既为自己，也为我们的客户。

2005 年 1 月的初始投资组合主要持有股票指数多头头寸，也有农产品大宗商品敞口，以及大量的利率多头敞口（见表 6-13 和表 6-14，以及图 6-19）。

表 6-13　2005 年的初始投资组合

交易品种	交易方向	所属板块
瘦肉猪	多	农产品
芝加哥三级牛奶	多	农产品
大豆	空	农产品
豆油	空	农产品
玉米	空	农产品
菜籽油	空	农产品
美国 2 号棉花	空	农产品
C 类咖啡	多	农产品
饲牛	空	农产品
KC 硬红冬小麦	空	农产品
英镑	多	外汇
美元指数	空	外汇

（续）

交易品种	交易方向	所属板块
加元	多	外汇
澳元	多	外汇
欧元	多	外汇
富时 100 指数	多	股票
欧洲斯托克 50 指数	多	股票
多伦多证券交易所 60 指数	多	股票
纳斯达克 100 迷你指数	多	股票
道琼斯迷你指数	多	股票
标准普尔中盘股 400 迷你指数	多	股票
德国 DAX 指数	多	股票
罗素 2000 迷你指数	多	股票
恒生中国企业指数	多	股票
日经 225 美元指数	多	股票
CBOE 恐慌指数	空	股票
标准普尔 500 迷你指数	多	股票
亨利港天然气	空	非农产品
钯金	空	非农产品
黄金	多	非农产品
铜	多	非农产品
欧元银行同业拆借利率	多	利率
德国 5 年期国债	多	利率
英国金边债券	多	利率
德国 2 年期国债	多	利率
德国 10 年期国债	多	利率
加拿大 10 年期国债	多	利率
美国长期国债	多	利率
欧洲美元	空	利率

表 6-14　2005 年初始投资组合在各板块的配置情况

	多	空	合计
利率	7	1	8
农产品	3	7	10
股票	11	1	12
非农产品	2	2	4
外汇	4	1	5
合计	27	12	39

2004 年底，我们终于从灾难性的一年中恢复过来，我们的组合只有几个月表现尚可。这种舒适的感觉并未持续太久。我们在 2005 年的第一个星期就遭受打击。一周内损失了 6%，也让大家在一周内都没了好心情。这也意味着我们本年的投资之旅必将一路坎坷。在经历了灾难性的一周后，我们的组合在几个月之内一直在 −6% ～ −2% 频繁波动，一直也稳定不下来。然后到了 4 月，正当我们认为自己经历了非常糟糕的一年时，真正的麻烦才刚开始。我们开始加速亏损。你认为投资之旅会顺风顺水吗？欢迎来到金融世界。

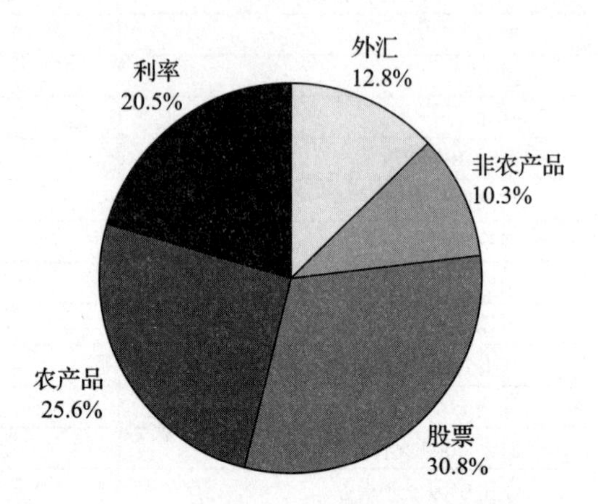

图 6-19　2005 年投资组合在各板块的配置情况

在快速下跌之后，我们的组合在年内的跌幅已达 12%，在短暂停顿后，组合开始自由落体，跌幅直逼 20%（见图 6-20）。资产已经跌去 1/5。恭喜你，你的损失刚刚超过了 300 万美元！感觉如何？我们投资之旅的第 4 年已经过半，这次的亏损让我们第一次有了伤筋动骨的感觉。这些损失可能大多数由别人买单，但当你第一次发现自己要为损失数百万美元负责时，你会受到很大的打击。300 万美元能用来做什么？你刚刚赔掉的钱几乎可以改变地球上任何人的人生，而你把它浪费在了你不负责任的投机上。2005 年夏天，你可能夜夜难寐了。

到了 10 月底，我们的处境并未好转，你可能都害怕听到电话铃声了。在刚刚让投资者损失了一大笔钱之后，你失去了面对他们的勇气，但你还得硬着头皮跟他们交流。也正是从这个秋天最黑暗的时刻，我们终于开始见到曙光了。从亏损近 20% 开始，我们在年底的最后几个月开始小有斩获，甚至逐渐“收复失地”，成功实现个位数的收益率。

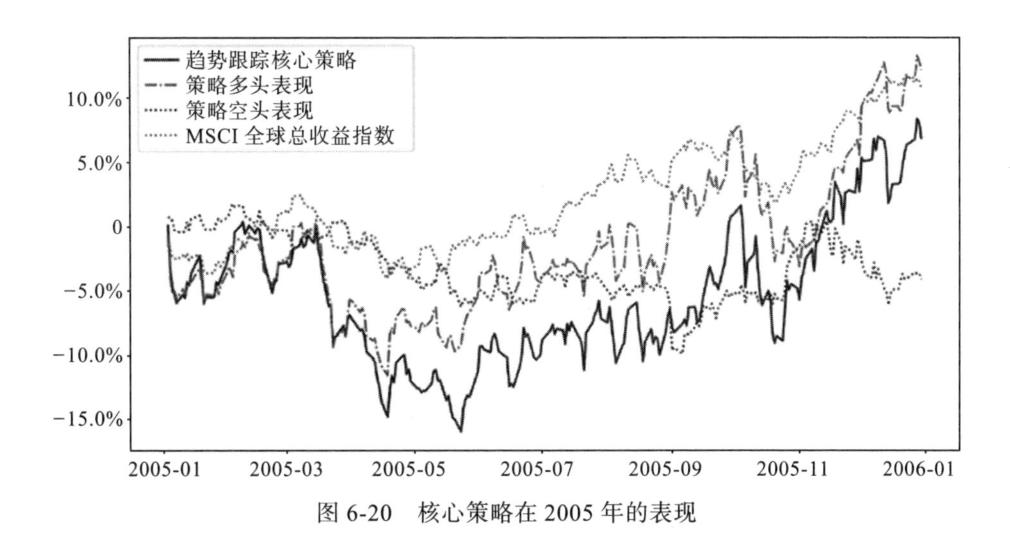

图 6-20　核心策略在 2005 年的表现

在 2005 年，不是所有的板块都表现得那么糟糕，但没有一个板块表现出色。这一年里，农产品板块表现最差，几乎全年都在持续下跌。尽管农产品板块影响最大，但其他板块也在不同程度上推动了这次下跌（见图 6-21 至图 6-23）。金属板块和能源板块在夏天结束之前一直在亏损，随后开始恢复，只有利率板块在全年保持正增长，并最终使我们的组合免遭灭顶之灾。

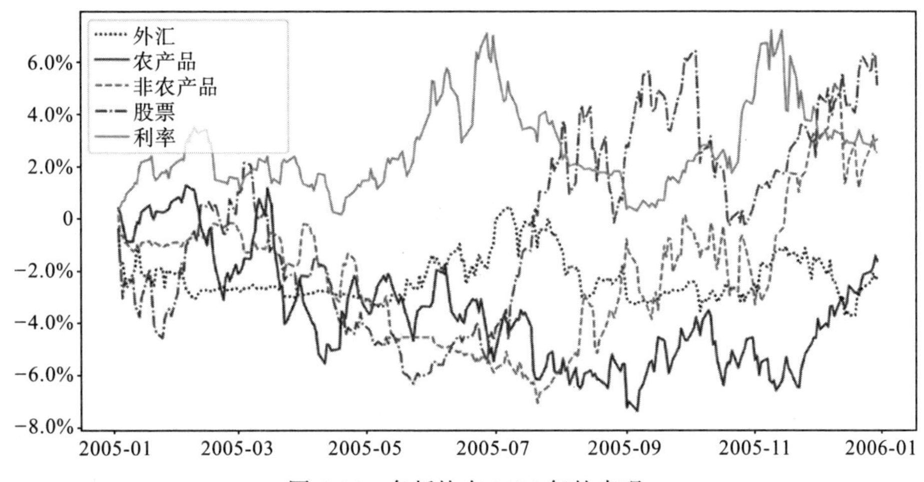

图 6-21　各板块在 2005 年的表现

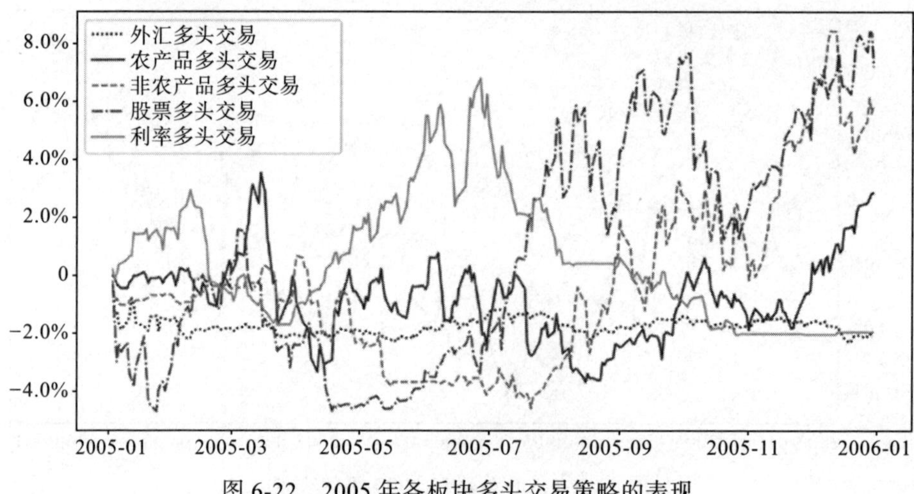

图 6-22　2005 年各板块多头交易策略的表现

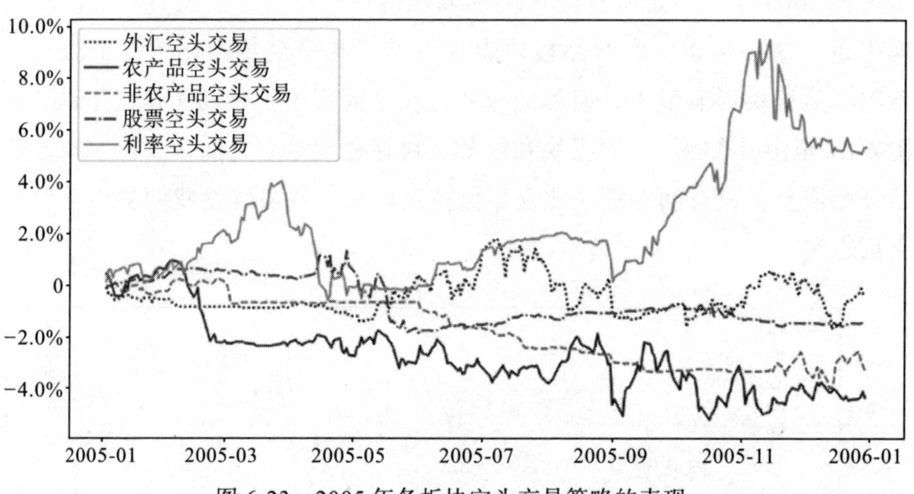

图 6-23　2005 年各板块空头交易策略的表现

大约从 2005 年中期开始，全球股市出现了一轮牛市，从图 6-24 所示的日经 225 美元指数走势图中可以看出。在经历几次反复之后，市场从 5 月的低点开始上涨，趋势跟踪模型随后跟进。这一趋势直到 2006 年初才结束。持续半年的强劲牛市使我们的组合在 2005 年的业绩表现大有改观。

图 6-24 2005 年日经 225 美元指数走牛

在获得又一次惨胜之后，我们以略低于 7% 的交易收益率结束了 2005 年。我们组合的业绩全年都落后于大盘，也经历了深度回撤。这样的表现会动摇投资者的信心，而你这样的小本经营要想额外筹措资金更是难上加难。但我们确实躲过一劫，年底的反弹至少让我们今年的账面收益没那么难看（见表 6-15 和表 6-16）。

表 6-15 2005 年各板块收益贡献分布

	外汇	农产品	非农产品	股票	利率	合计
多头交易	−1.9	2.9	5.9	7.2	−1.9	12.1
空头交易	−0.3	−4.4	−3.4	−1.4	5.4	−4.1
合计	−2.2	−1.6	2.6	5.1	3.0	6.9

表 6-16 2005 年业绩表现

	美元	百分比
期初净值	15 877 218	158.77
交易业绩	1 093 525	6.90
利息收入	377 066	2.40
管理费	250 584	1.60
业绩分成	183 001	1.20
净收益	1 037 006	6.50
期末净值	16 914 224	169.10

在经历了这一年的噩梦之后，可以想见，相当多的投资者会怀疑你的操盘水平，而且会心有怨言。他们很可能会对你仍然能获得 25 万美元的管理费和 18 万美元的业绩分成感到愤愤不平。这一年，多余现金产生的利息堪称雪中送炭，不但能支付几乎所有的管理费和业绩分成，而且帮助我们在年底时为投资者实现了 6.5% 的净收益。

2006 年

到目前为止，如你所见，赚钱的经历可能并不轻松。看起来我们连续 4 年都是盈利的，但实际的感觉却是如人饮水，冷暖自知。我希望这一章对历史的回顾能清楚地说明这一点。我会尽力让你对资金管理的残酷现实做好充分准备，并向你展示即使是一个盈利的交易模型，想通过交易赚钱也是没那么容易的。迄今为止，你已经赚了不少钱，你的客户每年也都没少赚，但不要指望他们对此心满意足，尤其是在经历了 2005 年那种情况之后。你也可以预料到，你对交易工作的信心会有所动摇。此时，你可能开始怀疑自己：我是不是只是一个赌徒？我能赚钱是不是全凭运气？难道我就不能有一年是真正平稳盈利的吗？让我们看看 2006 年情况如何。

进入 2006 年之后，我们大量做多股票，风险敞口高达 29%，同时我们也重仓大宗商品（见表 6-17、图 6-25）。这是一个风险相当高的投资组合，但趋势跟踪策略就是在风险有利时敢于承担风险。尽管趋势跟踪模型有分散投资的可能，但当趋势真正形成时，这类交易模型往往会集中投资一个或几个主题，而目前押注的是持续牛市（见表 6-18）。

表 6-17　2006 年的初始投资组合

交易品种	交易方向	所属板块
美国 11 号糖	多	农产品
瘦肉猪	多	农产品
白糖	多	农产品
玉米	空	农产品

（续）

交易品种	交易方向	所属板块
活牛	多	农产品
木材	多	农产品
饲牛	多	农产品
菜籽油	空	农产品
豆油	空	农产品
瑞士法郎	空	外汇
澳元	多	外汇
美元指数	多	外汇
英镑	空	外汇
欧元	空	外汇
日元	空	外汇
加元	多	外汇
德国 DAX 指数	多	股票
欧洲斯托克 50 指数	多	股票
纳斯达克 100 迷你指数	多	股票
道琼斯迷你指数	多	股票
标准普尔中盘股 400 迷你指数	多	股票
日经 225 美元指数	多	股票
多伦多证券交易所 60 指数	多	股票
富时 100 指数	多	股票
CBOE 恐慌指数	空	股票
标准普尔 500 迷你指数	多	股票
法国 CAC40 指数	多	股票
低硫轻质原油	空	非农产品
铂金	多	非农产品
纽约港超低硫柴油	空	非农产品
燃料油	空	非农产品
白银	多	非农产品
铜	多	非农产品
黄金	多	非农产品
钯金	多	非农产品
布伦特原油	空	非农产品
欧元银行同业拆借利率	空	利率
欧洲美元	空	利率

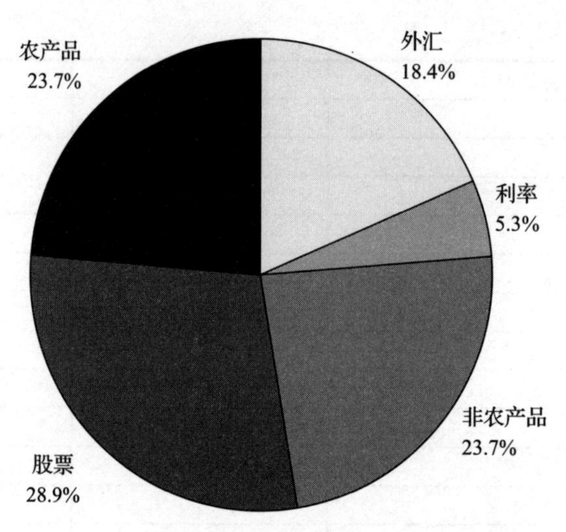

图 6-25 2006 年投资组合在各板块的配置情况

表 6-18 2006 年初始投资组合在各板块的配置情况

	多	空	合计
农产品	6	3	9
股票	10	1	11
非农产品	5	4	9
利率	0	2	2
外汇	2	5	7
合计	23	15	38

我们在 1 月初就迅速摆脱了可怕的零收益，并在年内剩余的时间里再也没有回来。这是个好消息。更让人高兴的是，我们的收益率在 2 月份超过了 10%，并在 4 月份达到了 20%。如果你在几个月前还在质疑自己的交易能力，那么在看到收益率从 30% 飙升到 40%、50%，最终达到惊人的 60% 后，这些疑虑肯定早已烟消云散。60% 的收益率！这可是在年初价值 1 700 万美元的投资组合上实现的。试想一下，你在不到半年的时间里就创造了 1 000 万美元的收益。这可是 1 后面跟着七个 0！

然而，我相信到现在你已经意识到，交易之神跟你开了一个残酷的玩笑，没有什么会永远持续下去。如果你在 5 月底就落袋为安，然后在 2006 年剩下的时间里坐享其成，那不是很好吗？当然，你无法知道峰顶或谷底何时出现。组合收益在5月见顶后迅速滑落，在7月份之前已经亏掉大部分利润，之后才进入平稳运行阶段（见图6-26）。这都是游戏的一部分，如今你已经进入市场5年，对此应该已司空见惯。准确来说，哪怕你最终获得了成功，趋势跟踪交易这一行也会使你变得悲观，变得愤世嫉俗。

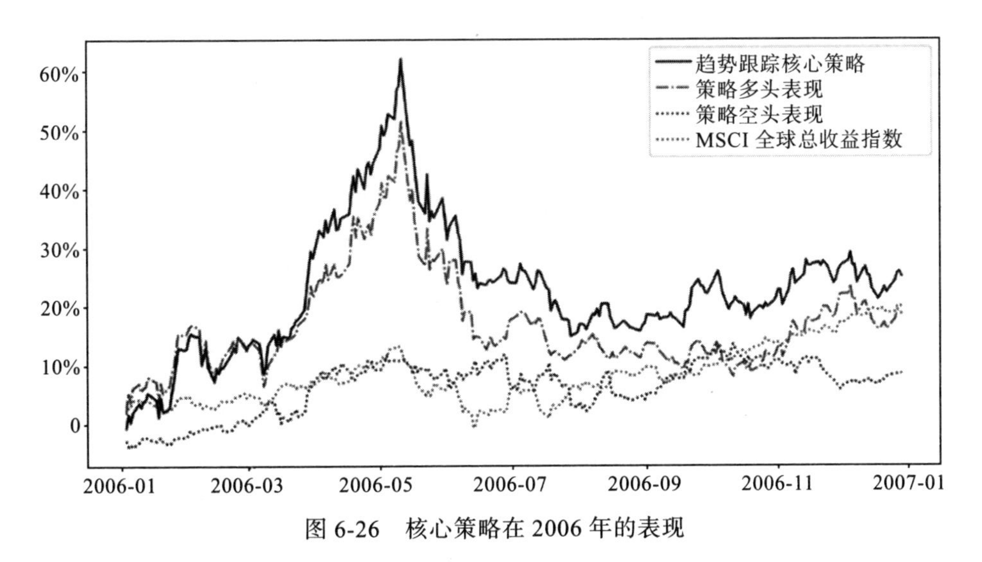

图 6-26 核心策略在2006年的表现

你还能想起赚1 000万美元时的那种美妙感觉吗？现在想象一下损失600万美元会有怎样的感受。有些人或许会认为这不是损失，只是放弃了一些超额利润。但是，这不是金融的思维方式。你不能随意选择盈亏计算参考点。在某一时刻，投资组合获得了1 000万美元的收益，资产总值为2 700万美元，这就是组合当时的市场价值（见图6-27）。该市值也是计算你盈亏的基础。永远不要说“用银行的钱玩”这类话，这不过是一些文字游戏罢了。这种损失亏的可是真金白银。

组合收益飙升至60%的主要动力来自非农产品板块的多头交易，这部分交易为整个涨幅贡献了一半左右的力量（见图6-28）。押注股市持续牛市的策略也获得了回报，直到股市在6月短暂回调（见图6-29）。只要趋势能一直延续下去，这种集中押注的策略就会带来巨额回报，但也可能迅速累积亏损，就像这里发生的那样。

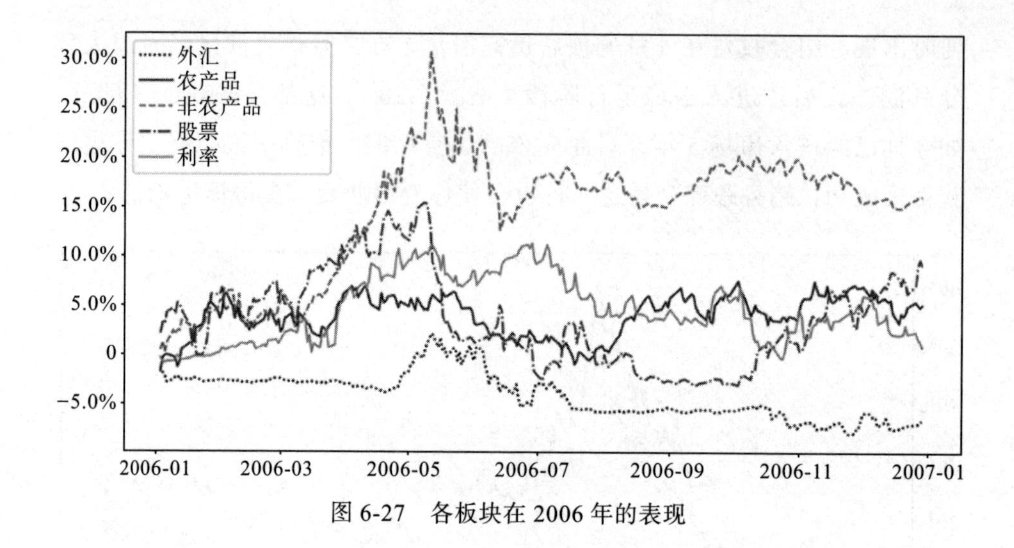

图 6-27　各板块在 2006 年的表现

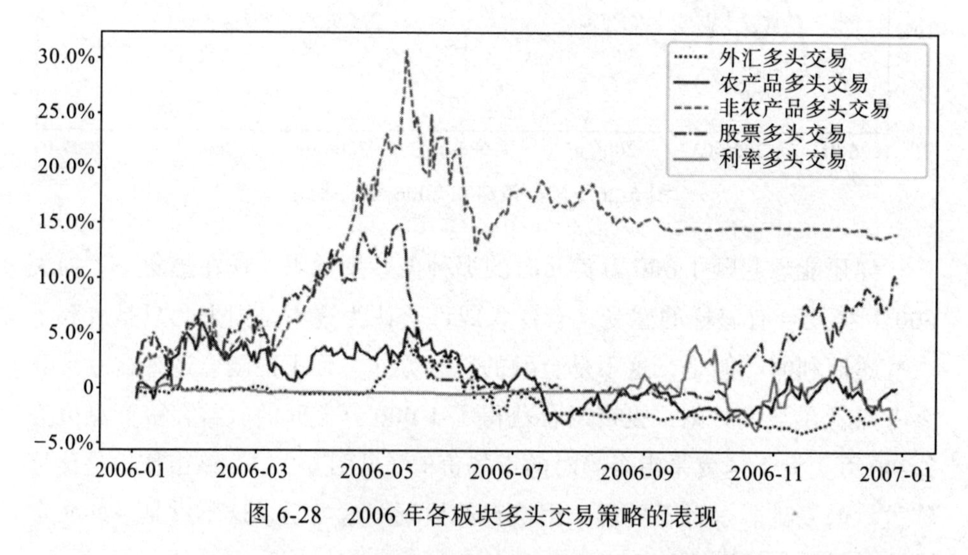

图 6-28　2006 年各板块多头交易策略的表现

图 6-30 显示了今年市场的两个不同阶段，在本例中，我们试图在这两个阶段中均有所斩获。初期市场运行相当平稳，但随着价格在 5 月份开始走低，趋势跟踪模型选择了空头一方。当市场在 7 月出现 V 形反转并一路向上时，此前的利润大多回吐，但在我们将这些头寸平仓后，部分利润得以保存。随着市场强势上攻，我们很快建立了新的多仓，这些头寸在年底时仍处于持仓状态。在其他市场的空头头寸最终亏了钱，今年我们在股

票空头交易方面总体是亏损的。

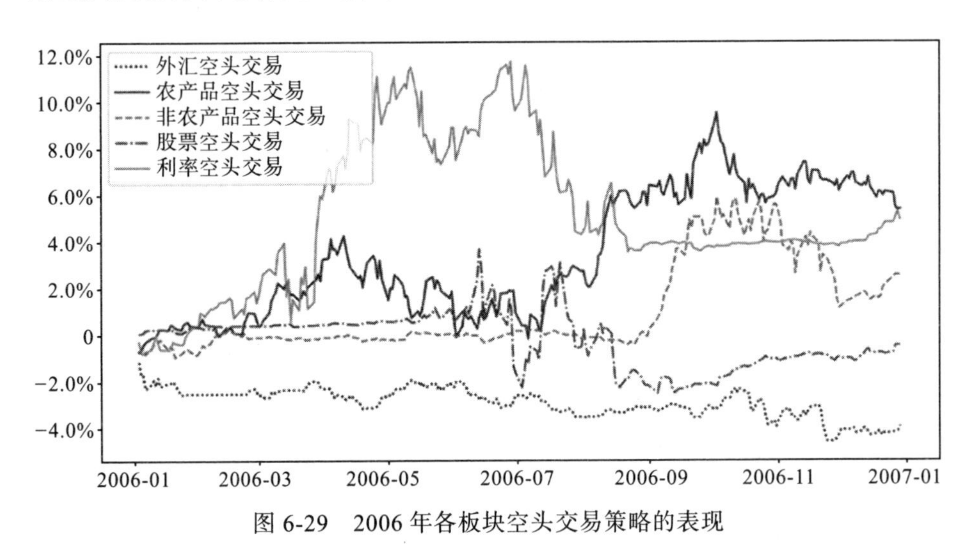

图 6-29 2006 年各板块空头交易策略的表现

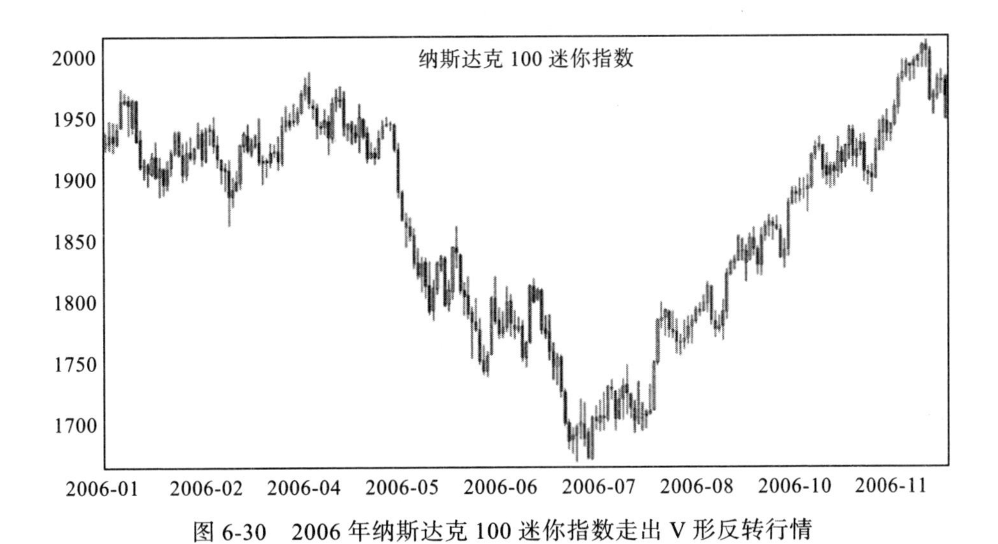

图 6-30 2006 年纳斯达克 100 迷你指数走出 V 形反转行情

在担任专业期货经理的第 5 年末时，你交出了一份收益率略低于 25% 的成绩单（见表 6-19 和表 6-20）。25% 的收益率对任何人来说都不算低。这是一份亮眼的成绩单，远远高于你预期的长期平均收益。不过，你可能还是会有一丝遗憾：要是我在 5 月份赚到 60% 就收手不干了，那就更好了。来得容易去得快。不管怎样，盈利总归是一件令人高兴的事情。今年的收益也相当不错，加起来将近 100 万美元呢，其中 30 多万美元管理费，另外 68 万美元是业绩分成。不要再纠结 60% 的收益率会对应多少收入，那样会让你夜不能寐的。

表 6-19 2006 年各板块收益贡献分布

	外汇	农产品	非农产品	股票	利率	合计
多头交易	−2.4	0.1	14.1	9.7	−3.2	18.4
空头交易	−4.0	5.4	2.6	−0.5	4.9	8.4
合计	−6.5	5.2	16.2	9.1	1.0	24.9

表 6-20 2006 年业绩表现

	美元	百分比
期初净值	16 914 224	169.14
交易业绩	4 214 597	24.90
利息收入	649 648	3.80
管理费	310 742	1.80
业绩分成	683 026	4.00
净收益	3 870 478	22.90
期末净值	20 784 702	207.80

2007 年

五年过去了，你或许已经初步确立了自己的交易模式。有过艰难岁月，也有过大起大落，但你最终还是获得了不错的业绩以及丰厚的报酬。你可能开始感到一丝疲惫，但还是能从困境中走出来，并且遵从预定的长期计划。相信计划，保持信念，继续前行。现在让我们看看你在今年之后能否信念依旧。一开始投入的 1 000 万美元现在已经翻倍，我们现在可用于交易的资金是 2 100 万美元。这些钱是投资者的，你这些年获得的丰厚报酬，也是从这里出的。那你在前五年获得多少收入呢？总的来说，大约有 350 万美元进了你自己的口袋。

如果你仍然想知道为什么不用自己的钱，而要用别人的钱交易，答案就在于此：你可以用自己的钱交易，承担所有的风险并拿到所有的收益，但是，用别人的钱交易，你既不需要承担太多风险，又有机会赚到几百万美元，同时也为你的投资者带来了巨大的回报。每个人都很满意。

表6-21和表6-22显示了组合在2007年的初始配置，如你所见，今年策略的主题是做多股票。除了在非农产品板块做空之外，我们在其他大多数板块的配置都相当平衡。

表6-21　2007年的初始投资组合

交易品种	交易方向	所属板块
美国11号糖	空	农产品
瘦肉猪	空	农产品
豆油	多	农产品
大豆	多	农产品
菜籽油	多	农产品
可可	多	农产品
活牛	空	农产品
芝加哥三级牛奶	多	农产品
玉米	多	农产品
木材	空	农产品
饲牛	空	农产品
C类咖啡	多	农产品
澳元	多	外汇
日元	空	外汇
加元	空	外汇
美元指数	空	外汇
新西兰元	多	外汇
恒生指数	多	股票
恒生中国企业指数	多	股票
CBOE恐慌指数	空	股票
法国CAC40指数	多	股票
日经225美元指数	多	股票
德国DAX指数	多	股票
多伦多证券交易所60指数	多	股票
道琼斯迷你指数	多	股票
纳斯达克100迷你指数	多	股票
标准普尔500迷你指数	多	股票

（续）

交易品种	交易方向	所属板块
欧洲斯托克 50 指数	多	股票
标准普尔中盘股 400 迷你指数	多	股票
罗素 2000 迷你指数	多	股票
燃料油	空	非农产品
白银	多	非农产品
亨利港天然气	空	非农产品
纽约港超低硫柴油	空	非农产品
低硫轻质原油	空	非农产品
布伦特原油	空	非农产品
铜	空	非农产品
英国金边债券	空	利率
德国 2 年期国债	空	利率
欧元银行同业拆借利率	空	利率
美元长期国债	多	利率
美国 5 年期国债	多	利率
美国 10 年期国债	多	利率
加拿大 10 年期国债	多	利率
欧洲美元	多	利率
德国 5 年期国债	空	利率

表 6-22　2007 年初始投资组合在各板块的配置情况

	多	空	合计
农产品	7	5	12
利率	5	4	9
非农产品	1	6	7
股票	12	1	13
外汇	2	3	5
合计	27	19	46

或许你已经对这一年的波动有了心理准备，但正如我们之前所看到的那样，迄今为止，2007 年是我们交易过程中最惊心动魄的一年。2 月份的涨幅约为 6%，开局良好，但开局即巅峰，随后几天内我们的组合收益一路暴跌至亏损 12%（见图 6-31 和图 6-32）。这种暴跌让人极其难受，也会极大地动摇投资者的信心。你可能得做好他们的安抚工作了。

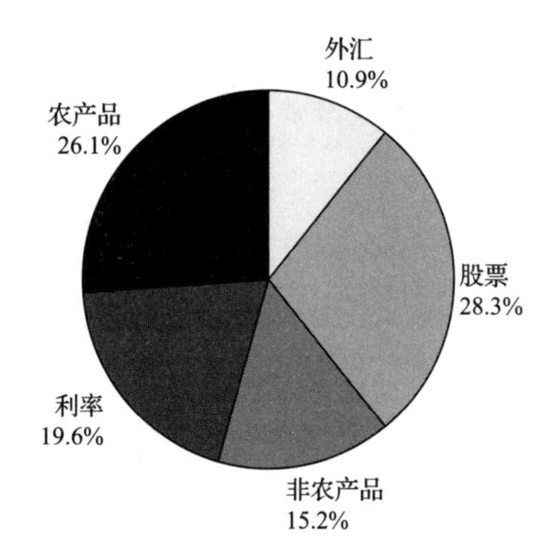

图 6-31 2007 年投资组合在各板块的初始配置情况

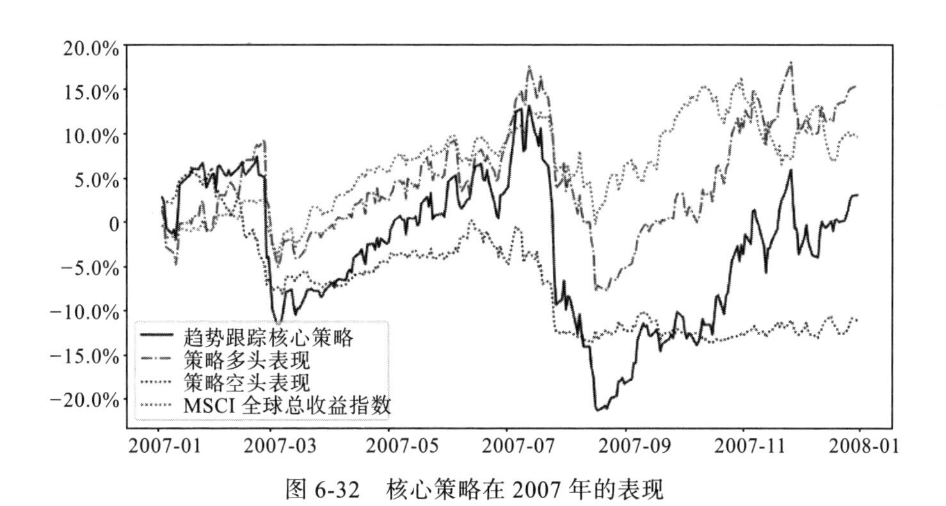

图 6-32 核心策略在 2007 年的表现

这一重大损失并不是你今年遇到的最糟糕的事情。从 3 月份的市场低谷开始，组合收益缓慢而稳定地增长，不仅扭亏为盈，而且涨幅一度超过 10%，创年内新高。但就在此时，风云突变。从我们的交易收益超过 200 万美元开始，我们接二连三踩雷，不但把赚来的 200 万美元全部赔光，还搭上了 400 万美元！没错，短短的一个月之内，你就损失了 600 万美元！这太让人沮丧了。接下来的过程似曾相识，我们的策略在第三季度再度盈利，你几乎竭尽全力也未能全部“收复失地”，最终以微涨 3% 结束了这一年的投资之旅。再一次以盈利报收，但我们付出了怎样的代价呢？我们的策略承受了非常大的风险，最大回撤一度高达 30%，但最终只录得 3% 的收益（见图 6-33 至图 6-35）。

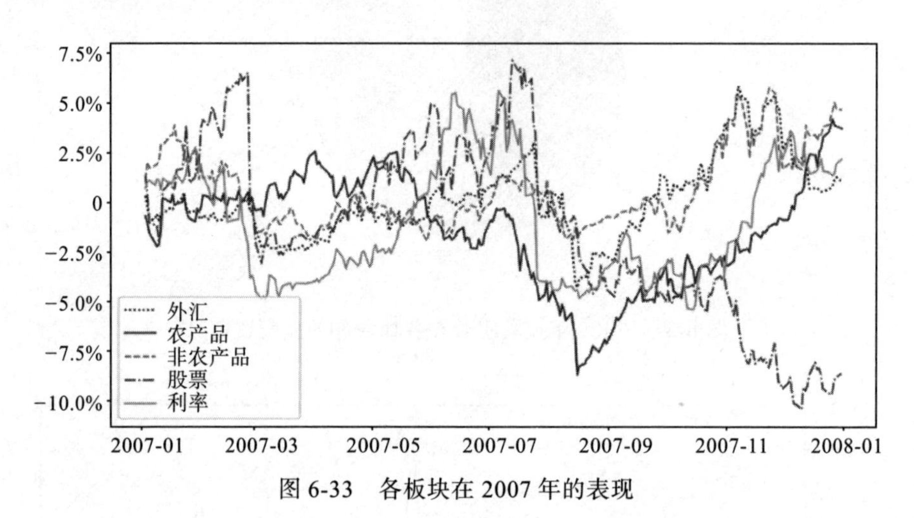

图 6-33　各板块在 2007 年的表现

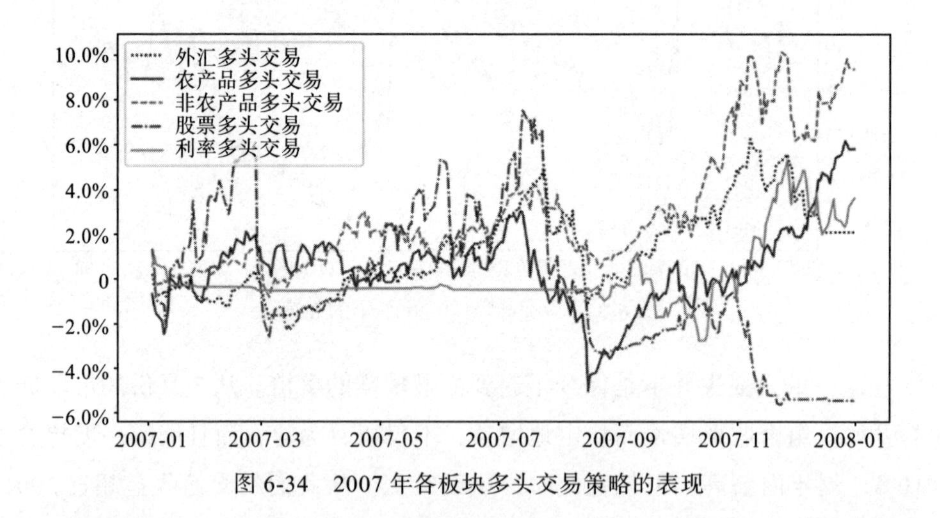

图 6-34　2007 年各板块多头交易策略的表现

当我们发现自己在 8 月份陷入亏损 20% 这一可怕境地时，真正帮我们摆脱困境的是农产品板块。图 6-36 展示了我们在大豆市场上的某个持仓头寸，这些大豆多仓为我们摆脱困境提供了巨大的帮助。从 10 月开始，

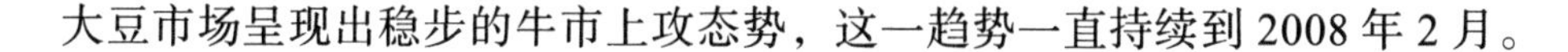
大豆市场呈现出稳步的牛市上攻态势，这一趋势一直持续到 2008 年 2 月。

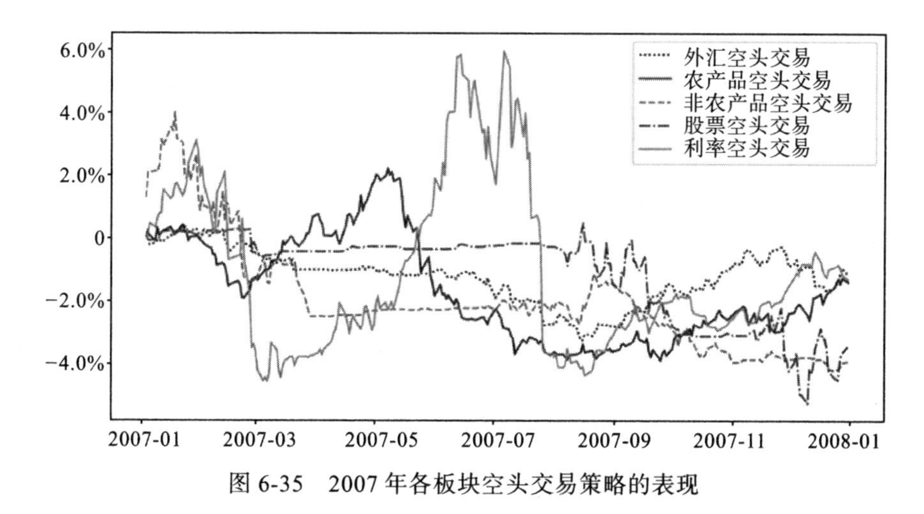

图 6-35　2007 年各板块空头交易策略的表现

图 6-36　2007 年大豆期货走牛

我们发现，投资组合的收益又一次来自多头交易，而空头交易全部亏损（见表 6-23）。既然如此，那我们为什么还要在空头交易上耗费精力呢？为什么不对模型稍做调整，剔除所有的空头交易呢？不但你有这些疑虑，你的投资者也会开始质疑。虽然我见过只做多头交易也获得成功的趋势跟踪交易者，但他们也错过了这种方法中的某些真正的巨大价值。所以，相信我就好。

表 6-23　2007 年各板块收益贡献分布

	外汇	农产品	非农产品	股票	利率	合计
多头交易	2.1	5.8	9.4	−5.4	3.6	15.5
空头交易	−1.1	−1.4	−3.9	−3.4	−1.3	−11.2
合计	1.1	3.7	4.7	−8.6	2.2	3.1

在 2007 年，你仍然能白赚一些国债利息收益，这笔收益把我们今年的微薄业绩几乎提升了一倍（见表 6-24）。你的管理费和业绩分成又一次靠这笔免费收益提供，也让你在这艰难的一年里勉强“活”下来。

表 6-24　2007 年业绩表现

	美元	百分比
期初净值	20 784 702	207.85
交易业绩	646 307	3.10
利息收入	570 098	2.70
管理费	315 187	1.50
业绩分成	135 183	0.70
净收益	766 036	3.70
期末净值	21 550 738	215.50

我们的交易收益率约为 3%，从剩余资金中又获取了近 3% 的利息收入，在扣除管理费和业绩分成之后，你仍然为投资者带来了近 4% 的回报。而你自己获得的管理费和业绩分成合计为 45 万美元。既然是交易行业，你可能已经有了自己的交易团队，需要有办公室并雇用员工，这就要考虑围绕自身构建成本结构，所以这 45 万美元也不能揣在你一个人的口袋里。尽管如此，你给客户和自己都赚到了钱，这才是最重要的。

2008 年

你在过去几年里的表现没有跑赢大盘，现在你的投资者很可能会质疑，既然他们可以选择简单地购买一只低成本的被动型交易所交易基金（ETF）来追踪股市，为什么还要付给你数百万美元来让你用他们的钱赌博？就连你自己也可能会产生同样的疑问。如果你在市场中摸爬滚打的时间足够长，你应该知道，在强劲的牛市中，股票是当之无愧的王者。但你也应该明白，这种情况不会一直持续下去。

可以说，2008年是趋势跟踪策略得到真正证明的一年，而趋势跟踪策略也从一个边缘策略膨胀为规模为5000亿美元的庞然大物。如果你对这一年没有什么特殊印象，那么你很可能还很年轻，或者只是个金融“菜鸟”。我们大多数人只要听到2008年这几个字，就会感觉精神濒临崩溃了。

对于那些对外界毫不了解，或者没有看过《大空头》的人来说，我需要解释一下2008年为何如此特殊。在1929年股市崩盘及其引发的大萧条之后，美国开始实施一项至关重要的法律，该法律从根本上规定银行不得滥用储户的资金进行大规模投机，而这一行为正是造成市场严重崩盘的主要原因。[⊖]然而，到了1999年，经过大量的游说活动，《格拉斯－斯蒂格尔法案》被悄然废除，银行再次被允许像大型赌场一样运营。在接下来的近10年里，这种做法似乎并未造成全球性威胁，但赌场的思维方式此时已经催生了一个价值5万亿美元的无价值抵押贷款再打包业务，这不仅对银行的资金构成威胁，也危及了几乎所有人的资金。正如人们所预料的那样，危机愈演愈烈并最终造成了严重的后果，除了幕后操作的银行家之外，实际上所有人都遭受了巨大的损失。而这些银行家却跟没事人一样，依旧获得了丰厚的奖金。

我可能有些跑题了。2008年的第一记警钟是在3月敲响的，大名鼎鼎的投资银行贝尔斯登突然倒闭。这在当时是一件大事，但直到半年后，真正的恐慌才刚刚开始。建于1850年，拥有26 000名员工的华尔街老牌公司雷曼兄弟在9月倒闭，随后引发的大规模连锁反应几乎拖垮了整个金融市场。2008年秋天的那几周，看上去任何一家银行都可能随时倒闭。就像看着热锅里的爆米花，我们不知道哪一颗会先爆。

⊖ 这项法律是著名的《格拉斯－斯蒂格尔法案》，该法案将投资银行业务和商业银行业务严格地划分开，保证商业银行避免证券业的风险，令美国金融业形成了银行、证券分业经营、分业监管的模式。——译者注

我还记得，我在那时每天花费好几个小时分析哪些银行在未来24小时内最不可能破产，并在一夜之间将现金转移到最安全的地方。这一时期堪称空前绝后。迄今为止，2008年也是趋势跟踪最赚钱的一年，尽管如此，我希望永远不要再经历那样的一年。

进入2008年，你可以看到2007年的市场走势已经开始将投资组合配置推向熊市模式（见表6-25、表6-26和图6-37）。我们已经开始对股票进行一定程度的做空，并持有一些利率多仓。尽管目前的敞口还不大，但我们已经看到趋势正在向熊市方向倾斜。

表6-25　2008年的初始投资组合

交易品种	交易方向	所属板块
饲牛	空	农产品
豆粕	多	农产品
豆油	多	农产品
芝加哥三级牛奶	多	农产品
大豆	多	农产品
罗布斯塔咖啡	多	农产品
美国11号糖	多	农产品
菜籽油	多	农产品
KC硬红冬小麦	多	农产品
瘦肉猪	空	农产品
可可	多	农产品
玉米	多	农产品
木材	空	农产品
活牛	空	农产品
C类咖啡	多	农产品
美元指数	空	外汇
日经225美元指数	空	股票
道琼斯迷你指数	空	股票
标准普尔中盘股400迷你指数	空	股票
标准普尔500迷你指数	空	股票
罗素2000迷你指数	空	股票
无铅汽油	多	非农产品
纽约港超低硫柴油	多	非农产品
铜	空	非农产品
燃料油	多	非农产品

（续）

交易品种	交易方向	所属板块
低硫轻质原油	多	非农产品
布伦特原油	多	非农产品
铂金	多	非农产品
美国 10 年期国债	多	利率
英国金边债券	多	利率
加拿大 10 年期国债	多	利率
欧元银行同业拆借利率	空	利率
美国 5 年期国债	多	利率
欧洲美元	空	利率
美国 2 年期国债	多	利率

表 6-26 2008 年初始投资组合在各板块的配置情况

	多	空	合计
农产品	11	4	15
利率	5	2	7
非农产品	6	1	7
外汇	0	1	1
股票	0	5	5
合计	22	13	35

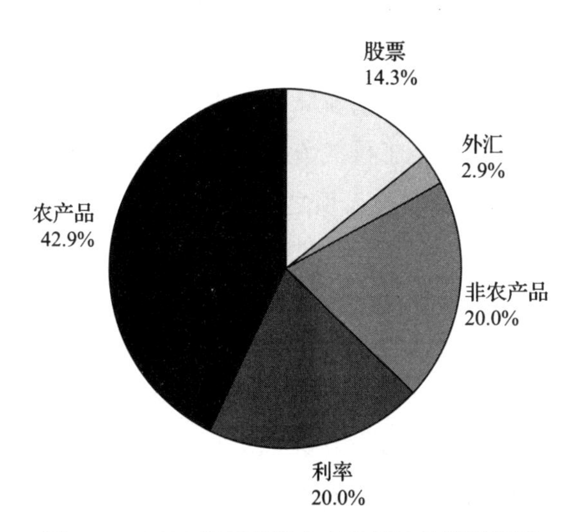

图 6-37 2008 年投资组合在各板块的配置情况

看一下图 6-38，我们此前从未见过如此的增长幅度。2008 年初依旧是个开门红，与2006年的情况相差不大。到4月份，我们的收益率已经达到60%。鉴于之前的经验，你或许想直接获利了结，降低风险，然后在今年余下的时间里按兵不动，让这60%对应的业绩分成落袋为安。但别忘了，好戏才刚刚开始。

图6-38　核心策略在2008年的表现

从4月份的市场高点开始，我们虽然有所回撤，但在这一年的大部分时间里，收益率仍然保持在20%～40%。尽管有贝尔斯登这一预警信号的存在，但市场在夏季结束之前实际上一直出奇的平静。然而，进入9月份之后，全球金融市场遭受了核战争级别的摧毁。大多数市场参与者都承认，我们差几个小时就将陷入灭顶之灾。在这段时间里，股市急剧下跌，波动率飙升，油价暴跌，而资金则大量流入了债券市场。

对于趋势跟踪者，所有这些因素都是有利的。在这个市场完全陷入癫狂状态的秋天，我们做空股票、农产品、能源，做多利率（见图6-39）。我们在所有领域均大获全胜，而且用时甚短。你可能会认为这几个月对趋势跟踪者来说是很轻松的，但这忽略了其中的一些细节。我们很容易只看长期图表而不关注细节问题。我们确实在这几个月获得了巨额收益，世界上的其他人却一直在亏钱。但我们的收益波动极大，如果你没有调整策略，你可能会看到投资组合的日波动率达到20%以上。就在一天之内！

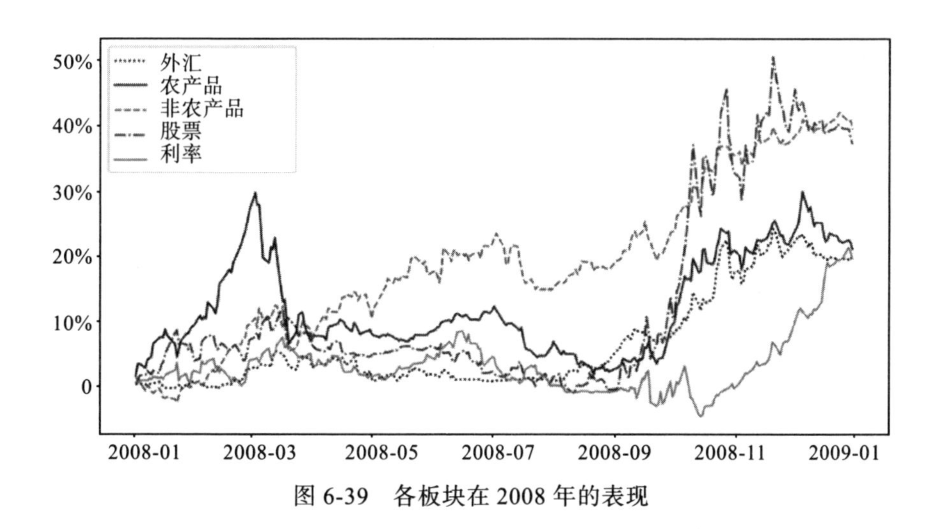

图 6-39 各板块在 2008 年的表现

对于如何处理这种情况，人们众说纷纭。显然，只要坚守交易规则，忽略噪声，你就能赚到最多的钱。但大多数趋势跟踪者并没有这样做，他们推翻了自己的模型，这么做的理由也很充分。这种情况以及这样的市场是一个全新的事物。你就是制订再多的计划，进行更多的回溯测试，也没法做到准备充分，因为你的模型根本就不是为这种市场状态准备的。允许日波动率超过 20% 是不负责任的，即使你运气不错，成为赢家，但作为一名资产管理者，你对投资者负有受托责任。他们从未预料到会经历这种疯狂的过山车般的波动。

在本书及本章中，我假设你遵循了预定的交易规则。但就我个人而言，我主张如果类似的事情再次发生，应该推翻模型并大大降低风险。如果事先为那些意想不到的事件制定了预案，那就更好了。

还记得我们的空头交易这么长时间以来一直亏损吧？几乎每一年，我们看到的都是所有的多头交易均为盈利，而所有的空头交易均为亏损。我们今年就要向你说明为什么多头交易和空头交易都是不可或缺的。我们在多头交易方面确实获得了 40% 左右的可观收益（见图 6-40），但真正改变局面的是空头交易方面近 100% 的收益率。我们在年初做多了一些非农产品（主要是黄金），并赚了一些钱。在那之后，非农产品板块再也没有出现看涨趋势，而年末唯一在多头交易方面赚钱的是利率板块。

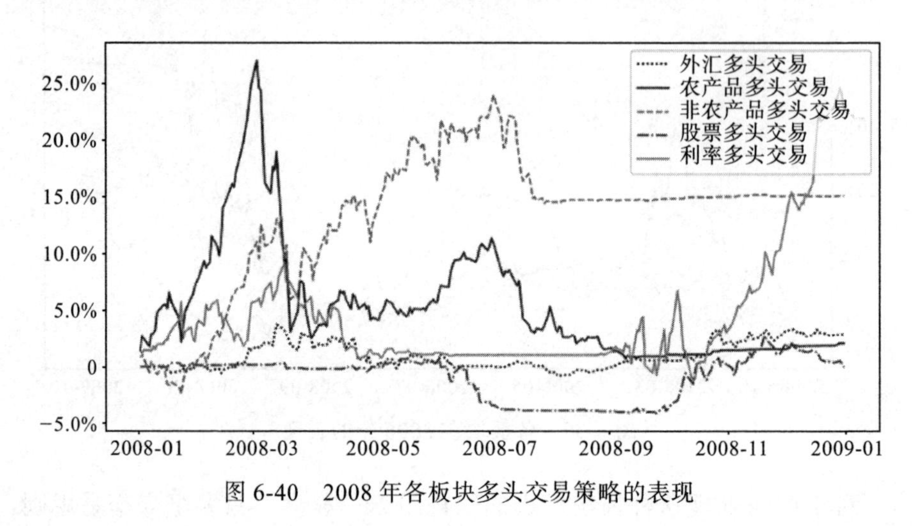

图 6-40　2008 年各板块多头交易策略的表现

空头交易是主要的盈利来源，从 9 月份开始，我们的空头交易开始大量获利（见图 6-41）。很明显，只有利率板块未有斩获，其他所有板块的空头交易都带来了丰厚的回报。

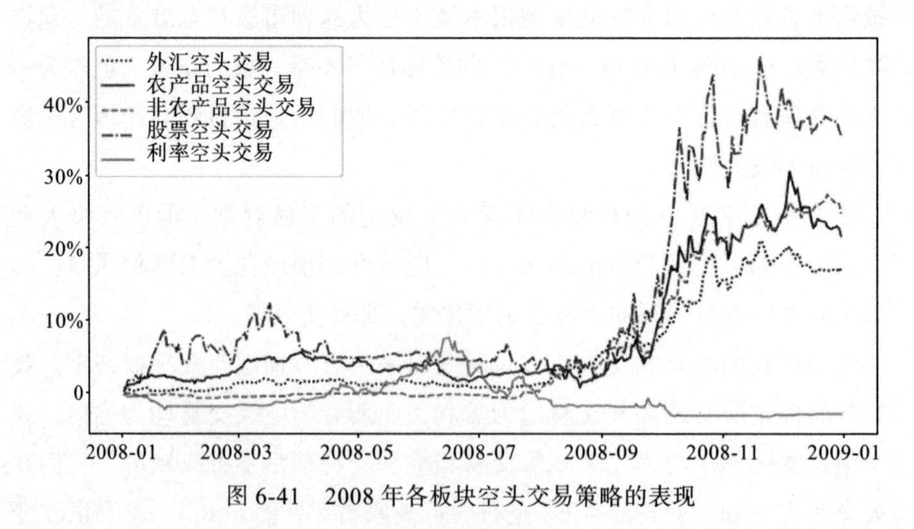

图 6-41　2008 年各板块空头交易策略的表现

今年债券市场飙升，德国国债也不例外（见图 6-42）。这只是利率板块众多高盈利多头交易中的一笔，趋势跟踪模型在年中就开始做多了，并且一直坚持做多。大部分收益都是在 9 月到次年 2 月的梦幻时期获得的，价格在此期间持续上涨。

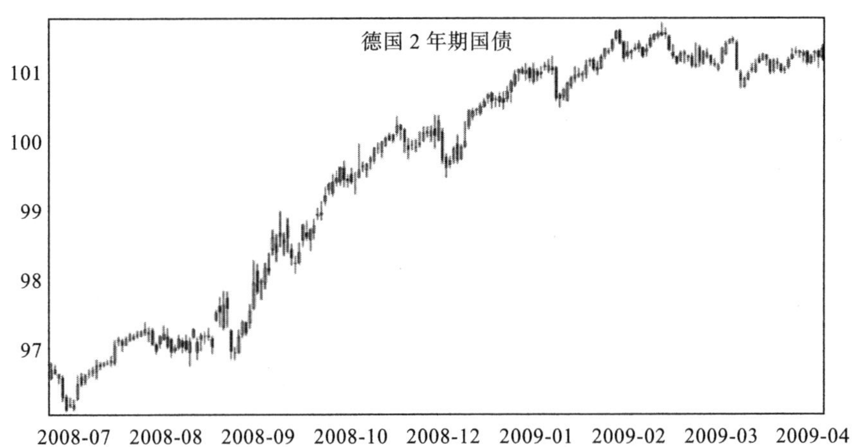

图 6-42　2008 年德国 2 年期国债走出单边上扬行情

乍一看，图 6-43 中的欧洲斯托克 50 指数似乎很容易做空。我们确实能从做空中获利，但这并没那么容易，而且利润也没有预想的那么大。如果你仔细看看波动幅度，你会发现这是一个疯狂波动的时期，你可能会在这个巨大的波动中遭受损失。利润主要来自 8 ～ 10 月的最初下跌，过了这一阶段，趋势跟踪模型要想再赚钱，难度将非常大。

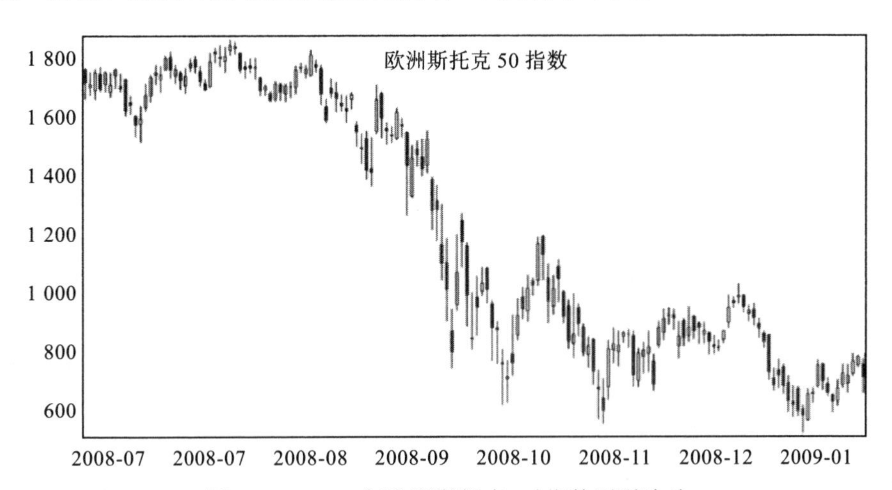

图 6-43　2008 年欧洲斯托克 50 指数剧烈波动

今年，你的交易事业从小本经营到颇具规模（见表6-27和表6-28）。从1月份管理不到2 200万美元开始，到年底你为客户管理的资金接近5 000万美元。最棒的是，在你经历了有史以来表现最强劲的一年之时，世界上大多数人却遭遇了史上最糟糕的一年。你的策略如今遥遥领先于基准指数。正如著名大反派莱克斯·卢瑟在其激动人心的讲话中所说的那样："只有我赢是不够的，其他人必须输。"

表6-27　2008年各板块收益贡献分布

	外汇	农产品	非农产品	股票	利率	合计
多头交易	2.8	2.1	15.1	0.0	23.0	43.0
空头交易	16.9	21.6	24.7	35.6	−2.9	95.9
合计	19.5	21.1	39.4	37.2	19.7	136.8

表6-28　2008年业绩表现

	美元	百分比
期初净值	21 550 738	215.51
交易业绩	29 484 929	136.80
利息收入	403 937	1.90
管理费	756 564	3.50
业绩分成	4 369 845	20.30
净收益	24 762 456	114.90
期末净值	46 313 195	463.10

这一年，全世界几乎崩溃了，几百万普通人倾家荡产，几十万人流离失所，而你却从中赚了500万美元，并在整个危机中获得了丰厚的回报。

2009年

如果你的投资者在2007年12月开始担心你的表现，并考虑撤回他们的资金，那么在2008年之后，他们将对你无比信任，甚至连周末照看孩子的任务都敢放心地托付给你了。我之前提到过，无论你喜欢与否，你的业绩表现都会被拿来同股票市场比较。在牛市中，你不愿意这样做，主要是因为你可能跑不赢大盘。这很正常。在牛市中能跑赢大盘的资产并不多。但在熊市中，你将会很愿意跟股票指数比较。

在经历了2008年的大熊市之后，我们当然仍然大量做空股票（见表6-29和表6-30，以及图6-44）。扭转局面需要时间。我们也大量做多利率，这也是熊市中的惯常操作。熊市持续到2009年上半年，我们也完成了针对性的建仓操作。到3月份，股市下跌超过20%，而我们却获得了10%的收益。即使市场从那时开始复苏，我们也处理得相当好，只损失了股市下跌期间获得的收益。

表6-29 2009年的初始投资组合

交易品种	交易方向	所属板块
美国11号糖	空	农产品
菜籽油	空	农产品
罗布斯塔咖啡	空	农产品
芝加哥三级牛奶	空	农产品
瘦肉猪	空	农产品
活牛	空	农产品
玉米	空	农产品
豆油	空	农产品
饲牛	空	农产品
木材	空	农产品
C类咖啡	空	农产品
白糖	空	农产品
豆粕	空	农产品
美国2号棉花	空	农产品
英镑	空	外汇
日元	多	外汇
加元	空	外汇
道琼斯迷你指数	空	股票
纳斯达克100迷你指数	空	股票
标准普尔中盘股400迷你指数	空	股票
日经225美元指数	空	股票
CBOE恐慌指数	多	股票
多伦多证券交易所60指数	空	股票
欧洲斯托克50指数	空	股票
罗素2000迷你指数	空	股票
标准普尔500迷你指数	空	股票

（续）

交易品种	交易方向	所属板块
低硫轻质原油	空	非农产品
纽约港超低硫柴油	空	非农产品
布伦特原油	空	非农产品
无铅汽油	空	非农产品
燃料油	空	非农产品
铜	空	非农产品
钯金	空	非农产品
欧元银行同业拆借利率	多	利率
欧洲美元	多	利率
德国 10 年期国债	多	利率
德国 2 年期国债	多	利率
德国 5 年期国债	多	利率
美国 2 年期国债	多	利率
美国长期国债	多	利率
美国 5 年期国债	多	利率
美国 10 年期国债	多	利率
加拿大 10 年期国债	多	利率
英国金边债券	多	利率

表 6-30　2009 年初始投资组合在各板块的配置情况

	多	空	合计
农产品	0	13	13
利率	11	0	11
非农产品	0	7	7
股票	1	8	9
外汇	1	2	3
合计	13	30	43

在 2009 年的大部分时间里，我们组合的波动范围都在正负 5%～10% 这一区间之内，而且一直到下半年都没有什么大的变化。如果你仔细观察图 6-45，你可以清楚地看到我们的敞口是怎样从主要做空股票转变为主要做多股票的。你不需要进行任何数学计算就能注意到相关性是如何由负转正的，以及当交易模式切换至牛市模式时，我们是如何紧密跟踪指数的。从大约 7 月份开始，我们的策略走势的峰值和谷值与市场同步，这表明我

们现在持有一个看涨的投资组合。

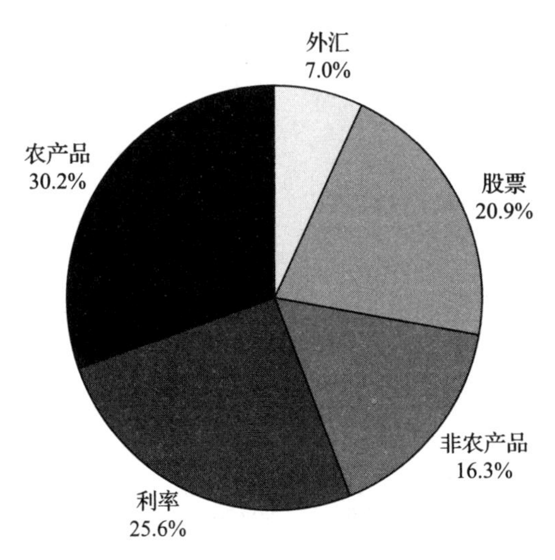

图 6-44　2009 年投资组合在各板块的配置情况

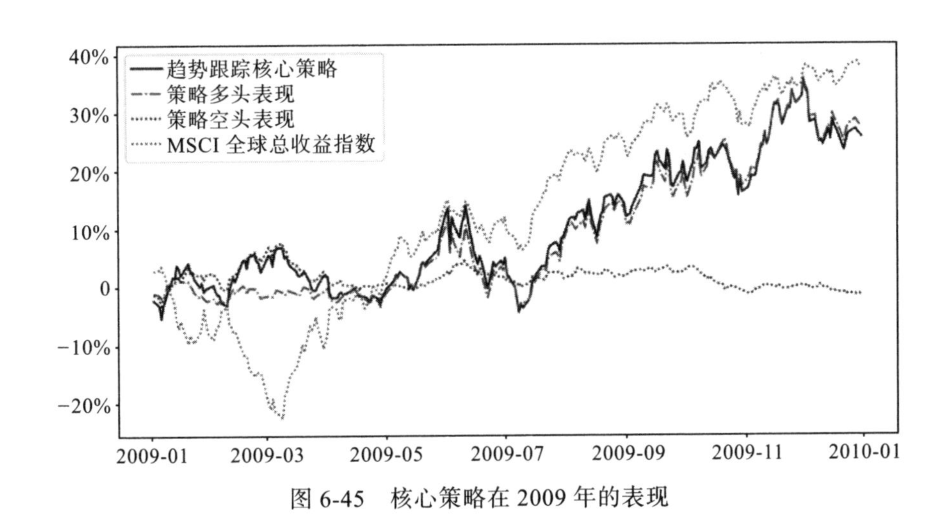

图 6-45　核心策略在 2009 年的表现

这一策略的效果相当不错，因为市场在 2009 年再次转为看涨（见图 6-46 至图 6-48）。市场的表现有时难以琢磨。在 2008 年初之前，市场一直处于大牛市。但人们后来发现，这个大牛市在很大程度上建立在近乎欺诈的银行行为的基础之上，我们所熟知的金融世界几乎走到了尽头。随后是一轮短暂而又急速的熊市，但仅仅过了一年，那个曾经的牛市又回来了！

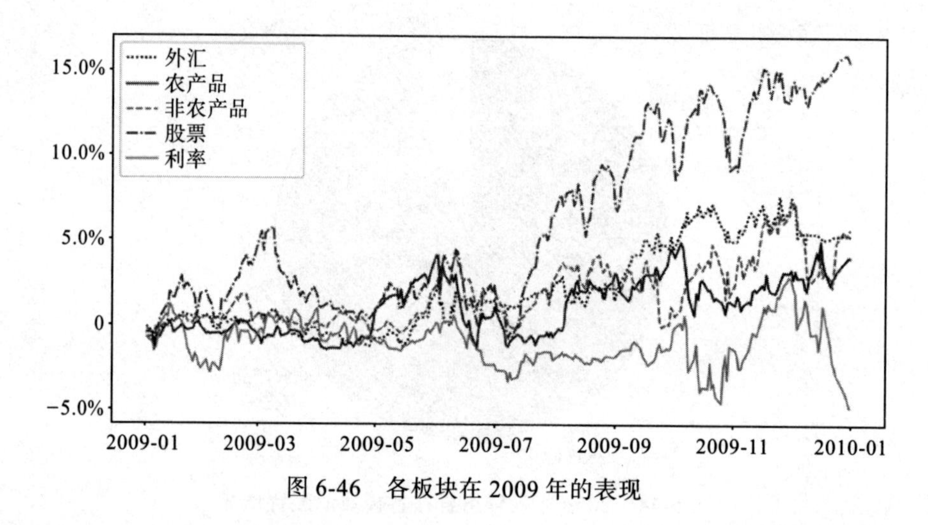

图 6-46　各板块在 2009 年的表现

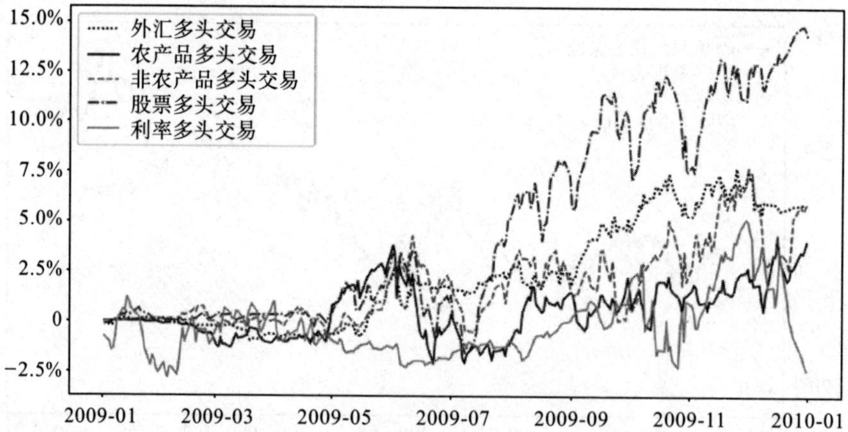

图 6-47　2009 年各板块多头交易策略的表现

在 2009 年的大部分时间里，市场的走势毫无趋势可言，活牛期货市场即为其中的代表之一（见图 6-49）。无论是多头还是空头，趋势跟踪模型不断尝试建仓，但屡战屡败。在这种情况下，坚持交易、不断接受新的交易信号是非常困难的。接踵而至的亏损会让人无比沮丧，人们很容易为了减少损失而放弃其中一两笔交易。当然，这将是一个很大的错误，你必须进行每一笔交易。趋势跟踪交易的基础是，一些极端的收益会弥补许多小的损失。如果你放弃的交易恰好是最终提供回报的交易，你这一整年可能会前功尽弃。

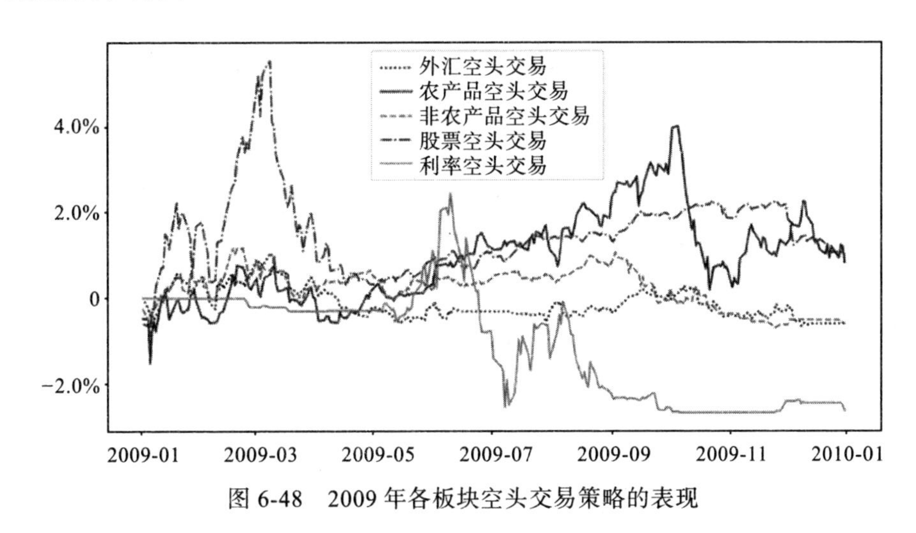

图 6-48 2009 年各板块空头交易策略的表现

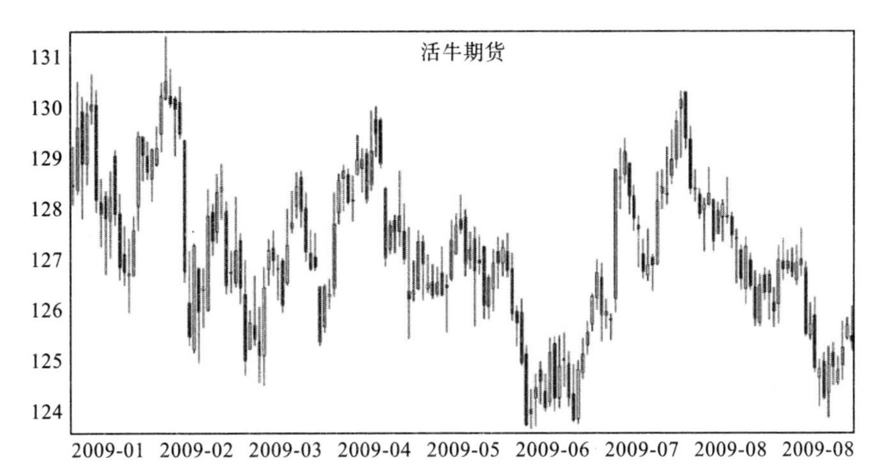

图 6-49 2009 年活牛期货走势缺乏趋势可循

2009 年的结果令人满意。没有什么大起大落，我们和客户最终都获得了丰厚的回报。主要的贡献来自股票的多头交易，但除了利率板块之外，所有品种都为今年的成功做出了贡献（见表 6-31 和表 6-32）。

表 6-31　2009 年各板块收益贡献分布

	外汇	农产品	非农产品	股票	利率	合计
多头交易	5.9	4.1	6.0	14.4	−2.4	27.9
空头交易	−0.6	0.8	−0.6	1.0	−2.7	−2.0
合计	5.3	4.1	5.7	15.4	−4.8	25.7

表 6-32　2009 年业绩表现

	美元	百分比
期初净值	46 313 195	463.13
交易业绩	11 915 454	25.70
利息收入	313 684	0.70
管理费	859 782	1.90
业绩分成	1 705 403	3.70
净收益	9 663 952	20.90
期末净值	55 977 147	559.80

在 2009 年底，我们以接近 26% 的交易收益率完美收官。成绩相当不错。因为利率跌得厉害，利息收入大幅下降。但我们从交易中获得了不错的收益，在扣除费用后，我们为投资者的资金增加了 1 000 万美元，而且更为重要的是，我们今年获得的报酬超过 250 万美元。随着投资组合资产规模的扩大，各项费用也开始水涨船高。

2010 年

我们构建了一个牛市投资组合，大量做多股票综合指数。做多股票的赌注相当大，在做多大多数指数的同时做空恐慌指数（VIX），以增强看涨态势。实际上，我们今年在各个方面都持有大量的多头投资组合，涉及利率、农产品、能源和金属等（见表 6-33 和表 6-34，以及图 6-50）。这一投资组合风险非常高，但风险是游戏的一部分。在经历了前几年的发展之后，我们的组合一路高歌猛进，可能有点儿过度自信了。

表 6-33　2010 年的初始投资组合

交易品种	交易方向	所属板块
豆油	多	农产品
豆粕	多	农产品
罗布斯塔咖啡	空	农产品
活牛	空	农产品
C 类咖啡	多	农产品
瘦肉猪	多	农产品
美国 2 号棉花	多	农产品
大豆	多	农产品
饲牛	空	农产品
可可	多	农产品
白糖	多	农产品
美国 11 号糖	多	农产品
木材	多	农产品
加元	多	外汇
标准普尔中盘股 400 迷你指数	多	股票
多伦多证券交易所 60 指数	多	股票
罗素 2000 迷你指数	多	股票
道琼斯迷你指数	多	股票
标准普尔 500 迷你指数	多	股票
富时 100 指数	多	股票
纳斯达克 100 迷你指数	多	股票
CBOE 恐慌指数	空	股票
德国 DAX 指数	多	股票
欧洲斯托克 50 指数	多	股票
法国 CAC40 指数	多	股票
铂金	多	非农产品
白银	多	非农产品
铜	多	非农产品
黄金	多	非农产品
布伦特原油	多	非农产品
纽约港超低硫柴油	多	非农产品
钯金	多	非农产品
无铅汽油	多	非农产品
燃料油	多	非农产品
欧洲美元	多	利率
德国 5 年期国债	多	利率
欧元意大利长期国债	多	利率

（续）

交易品种	交易方向	所属板块
德国 2 年期国债	多	利率
美国 5 年期国债	多	利率
美国 2 年期国债	多	利率
欧元银行同业拆借利率	多	利率
德国 10 年期国债	多	利率
英国金边债券	空	利率

表 6-34　2010 年初始投资组合在各板块的配置情况

	多	空	合计
利率	8	1	9
农产品	10	3	13
非农产品	9	0	9
股票	10	1	11
外汇	1	0	1
合计	38	5	43

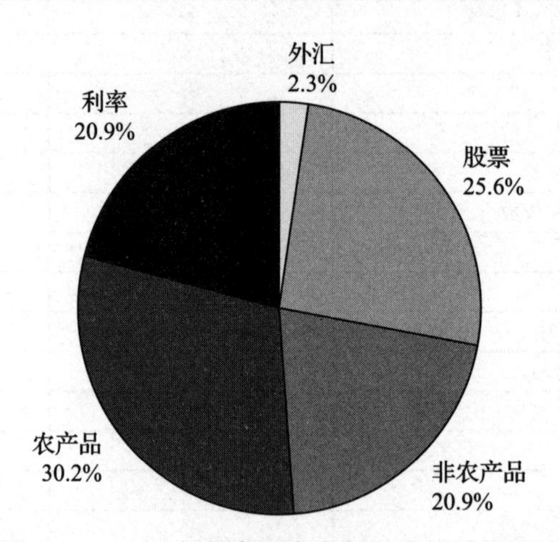

图 6-50　2010 年投资组合在各板块的配置情况

做了近十年的期货趋势跟踪策略交易之后，你可能也开始感到有点儿厌倦了。或许，作为期货经理，每天经历的起起落落已经不会给你带来太多困扰。毕竟，交易模型一直运行得不错，无论出现多大的亏损也总能挽回。因此，当今年从最初上涨 8% 到 2 月份下跌 5% 时，你不会太过在意。即使利润回升至 10% 以上，然后在 8 月份又亏损了 15%，你可能也是心如止水。

我们再一次在下半年实现了逆转，由亏损10%回升至11月的盈利35%。中间经历了一次急跌、一次部分恢复，我们的收益率在2010年超过了30%（见图6-51至图6-53）。与往年相比，今年的情况没有太大的变化。多事之秋，其间险情不断，行情在缓慢变动与急涨急跌之间不停切换，但好在结果令人满意。九年来一直顺风顺水！我敢打赌你对此已经习以为常了。

图6-51 核心策略在2010年的表现

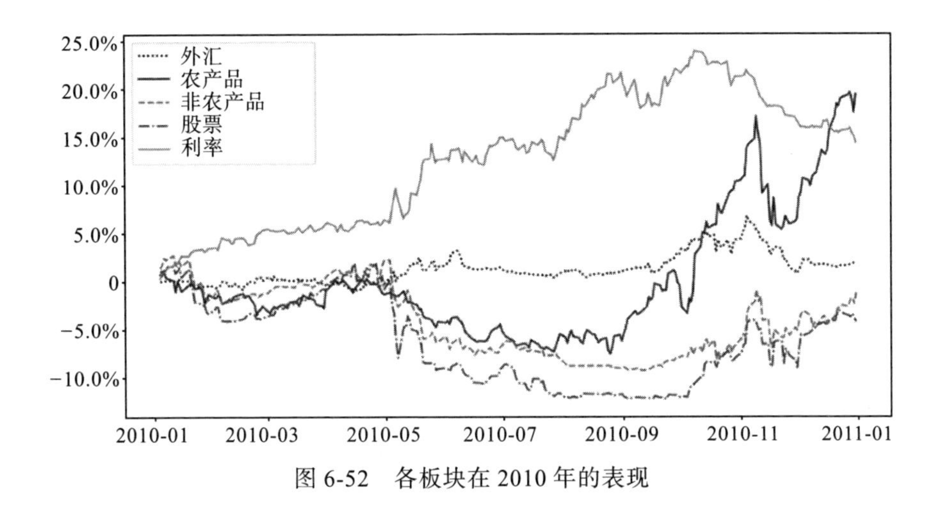

图6-52 各板块在2010年的表现

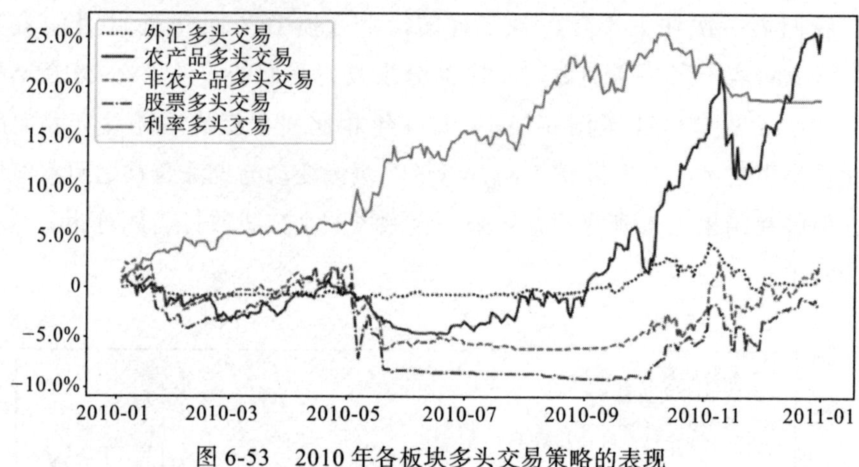

图 6-53　2010 年各板块多头交易策略的表现

在这一整年中，利率板块是唯一一个表现良好的领域。这些品种在一开始就一飞冲天，一路上扬不回头。股票市场比较棘手，我们在这里一次又一次地亏损，一无所获。非农产品板块给我们留下的只有亏损。至于盈利板块，农产品板块给我们带来了一些惊喜，在年底之前我们在这个板块一直亏损，但这一板块在年底的翻盘救我们于水火之中。这一年的急跌和随后的恢复，都是因为农产品板块（见图 6-54）。

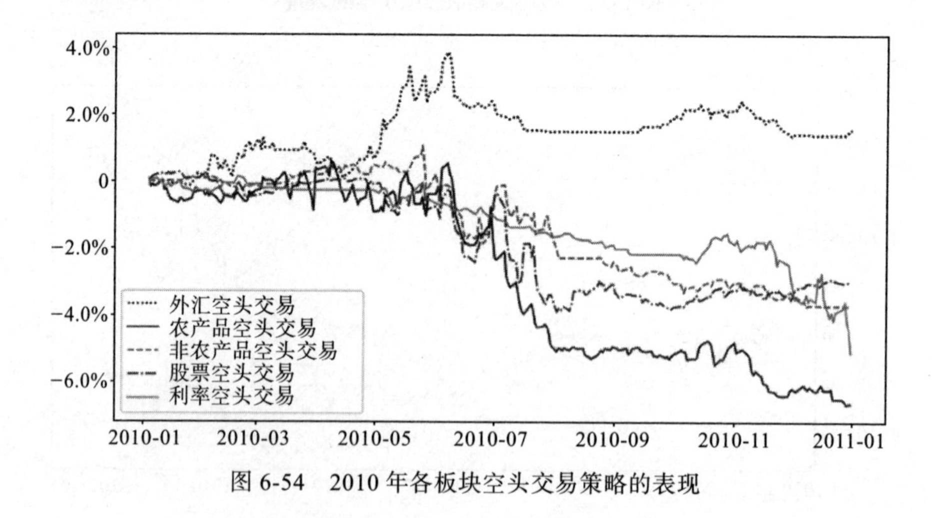

图 6-54　2010 年各板块空头交易策略的表现

通常情况下，当我们发现自己陷入可怕的亏损时，转机就在眼前。这一次是在年中后不久，农产品板块发动了一次令人印象深刻的反弹。我们在7月份捕捉到了糖期货发出的上涨趋势信号（见图6-55），这一轮上涨行情一直持续到10月份，在10月份戛然而止，为我们带来了丰厚的回报。即使在急跌之后，我们仍然获得了大量利润，糖期货交易以及该板块对年终结果做出了实质性的贡献。

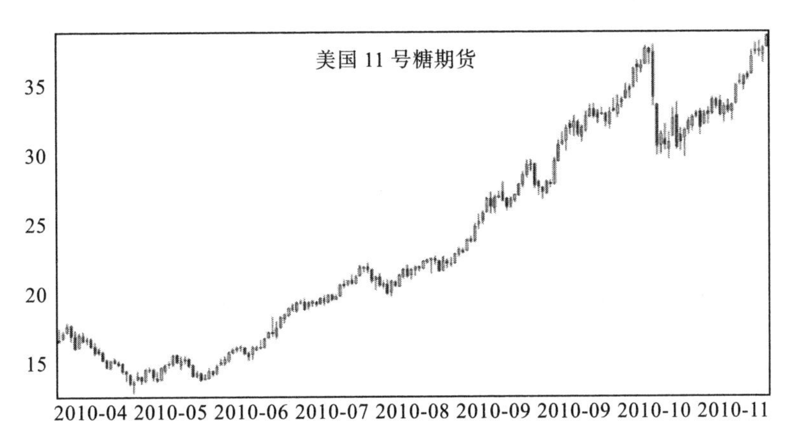

图6-55 2010年美国11号糖期货飙升

我们的投资组合在2010年的初始价值为5 600万美元，30%即为1 700万美元（见表6-35和表6-36）。凭空创造出1 700万美元的感觉很不错，不是吗？利率开始持续走低，因此我们不会从这方面得到太多帮助，但这或许并不重要，因为我们可以从交易中获取大量收益。在经历了顺风顺水的一年之后，我们最终从基金收取了350万美元的费用，扣除这笔费用之后，投资者的资本利得仍然接近1 400万美元。他们在2001年底最初托付给你的1 000万美元，现在价值已经逼近7 000万美元。

表6-35 2010年各板块收益贡献分布

	外汇	农产品	非农产品	股票	利率	合计
多头交易	1.0	25.5	2.6	−2.0	18.9	46.0
空头交易	1.6	−6.6	−3.7	−3.0	−5.1	−16.8
合计	2.1	19.4	−1.2	−4.2	14.4	30.5

表 6-36　2010 年业绩表现

	美元	百分比
期初净值	55 977 147	559.77
交易业绩	17 077 542	30.50
利息收入	258 194	0.50
管理费	1 078 698	1.90
业绩分成	2 438 556	4.40
净收益	13 818 482	24.70
期末净值	69 795 629	698.00

2011 年

尽管 2010 年在股票市场上苦苦挣扎，但我们在 2011 年初仍然全面看多。这又是一个高风险的投资组合，我们主要押注于做多股票、做多农产品，以及做空利率，这和去年恰好相反（见表 6-37 和表 6-38，以及图 6-56）。在 2011 年初全面做多股票可能会出什么问题呢？我们这些当时的市场参与者，或居住在亚洲的人可能会对这种配置有些担忧。作为一个当时大量做多日本股票的人，这一年有些不堪回首。

表 6-37　2011 年的初始投资组合

交易品种	交易方向	所属板块
美国 11 号糖	多	农产品
木材	多	农产品
白糖	多	农产品
美国 2 号棉花	多	农产品
C 类咖啡	多	农产品
饲牛	多	农产品
玉米	多	农产品
活牛	多	农产品
KC 硬红冬小麦	多	农产品
豆粕	多	农产品
豆油	多	农产品
大豆	多	农产品
菜籽油	多	农产品

（续）

交易品种	交易方向	所属板块
罗布斯塔咖啡	多	农产品
澳元	多	外汇
加元	多	外汇
瑞士法郎	多	外汇
标准普尔 500 迷你指数	多	股票
日经 225 美元指数	多	股票
富时 100 指数	多	股票
德国 DAX 指数	多	股票
多伦多证券交易所 60 指数	多	股票
CBOE 恐慌指数	空	股票
标准普尔中盘股 400 迷你指数	多	股票
罗素 2000 迷你指数	多	股票
道琼斯迷你指数	多	股票
纳斯达克 100 迷你指数	多	股票
法国 CAC40 指数	多	股票
纽约港超低硫柴油	多	非农产品
黄金	多	非农产品
燃料油	多	非农产品
白银	多	非农产品
钯金	多	非农产品
无铅汽油	多	非农产品
铜	多	非农产品
低硫轻质原油	多	非农产品
布伦特原油	多	非农产品
铂金	多	非农产品
美国 2 年期国债	空	利率
欧元意大利长期国债	空	利率
美国 5 年期国债	空	利率
德国 5 年期国债	空	利率
美国长期国债	空	利率
美国 10 年期国债	空	利率
德国 2 年期国债	空	利率
德国 10 年期国债	空	利率
英国金边债券	空	利率

表 6-38　2011 年初始投资组合在各板块的配置情况

	多	空	合计
农产品	14	0	14
非农产品	10	0	10
利率	0	9	9
股票	10	1	11
外汇	3	0	3
合计	37	10	47

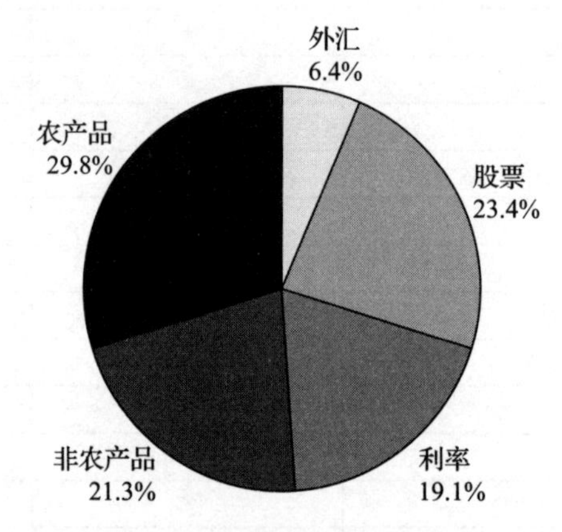

图 6-56　2011 年投资组合在各板块的配置情况

2011 年初我们没犯什么错误，到 3 月初，我们已经获得了 17% 的交易收益（见图 6-57）。到目前为止，这看起来又是非常强劲的一年。但就在这时，一场地震引发了海啸，进而引发了核泄漏事故，最终导致了市场崩盘。这个小小的意外冲击了整个市场，除了外汇之外，大多数板块的走势都与我们的策略背道而驰。从那之后，市场开始剧烈震荡，市场参与者更加注重风险的规避。

在经受了日本核灾难的初步打击之后，我们几乎收复了所有“失地”，但随后又再次出现亏损。2011 年注定又将是令人夜不能寐、宛如过山车一般的一年，从最初的盈利 17%，到 7 月份的亏损 10%（见图 6-58）。正如我们过去所看到的那样，波动会引发更大的震荡，我们的收益也在迅速波动。就在我们几度触及低点后不久，交易风向再次转变，我们的收益一路迅速攀升，直至摸到前一年的高点，涨幅在 15% ～ 18%。但盈利来得快去得也快，我们在 10 月份又迅速亏去全部利润，真是怎么来的，又怎么回去了。随着股市在夏季末急剧下滑，我们的投资组合从看多转向了看空。这在下跌期间是有效的，因为我们的调整速度非常快。但随着市场在 10 月份开始反弹，我们再次将利润悉数吐回。

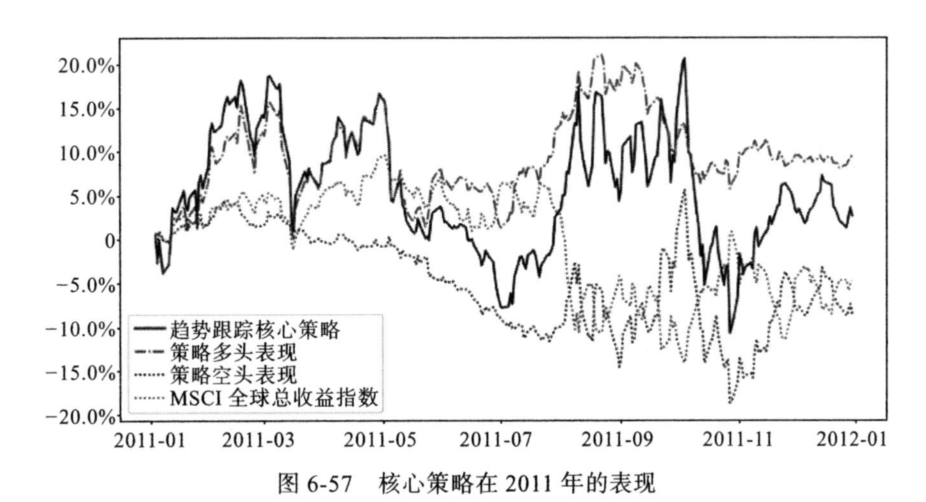

图 6-57　核心策略在 2011 年的表现

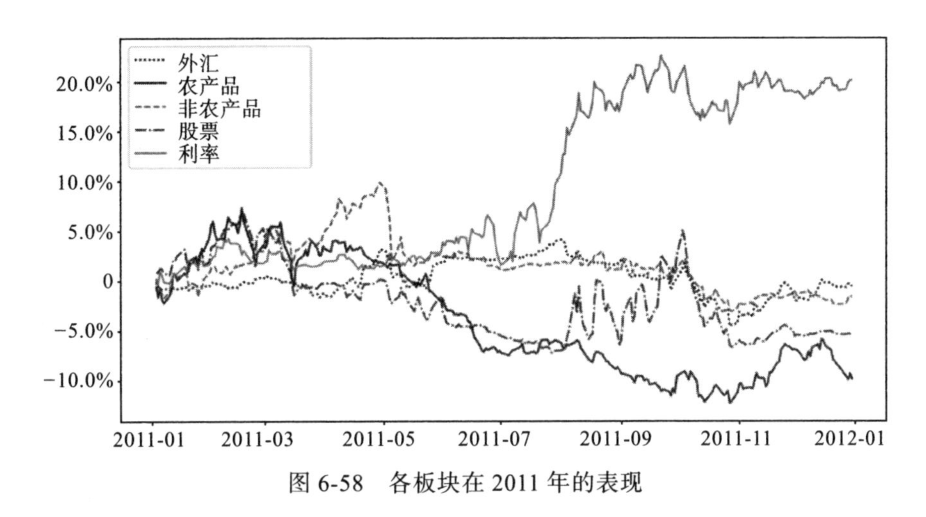

图 6-58　各板块在 2011 年的表现

今年的大幅波动主要集中在几个主题上。年初的盈利和福岛核泄漏事件后的亏损，都是多个板块共同作用的结果，更多地表现为市场整体事件。然而，在今年晚些时候，我们开始看到各板块的走势开始分散。5月份的急跌主要是由于金属和能源板块的多头交易（见图6-59），而下半年过山车一般的走势主要是由于股票指数空头交易（见图6-60）。利率多头交易是今年唯一的救星，我们最终借此获得了可观的利润。仅利率板块就为投资组合提供了20%以上的收益，如果没有利率板块，我们这一年的结局将十分悲惨。

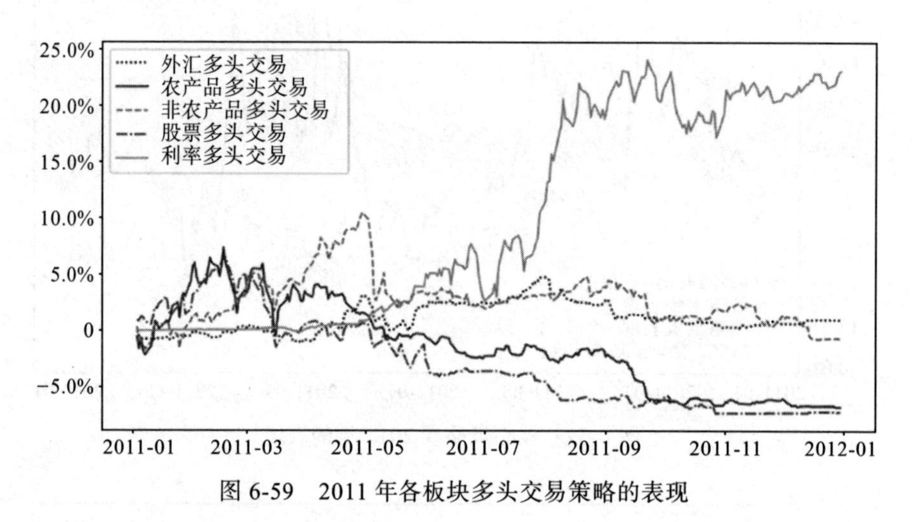

图6-59　2011年各板块多头交易策略的表现

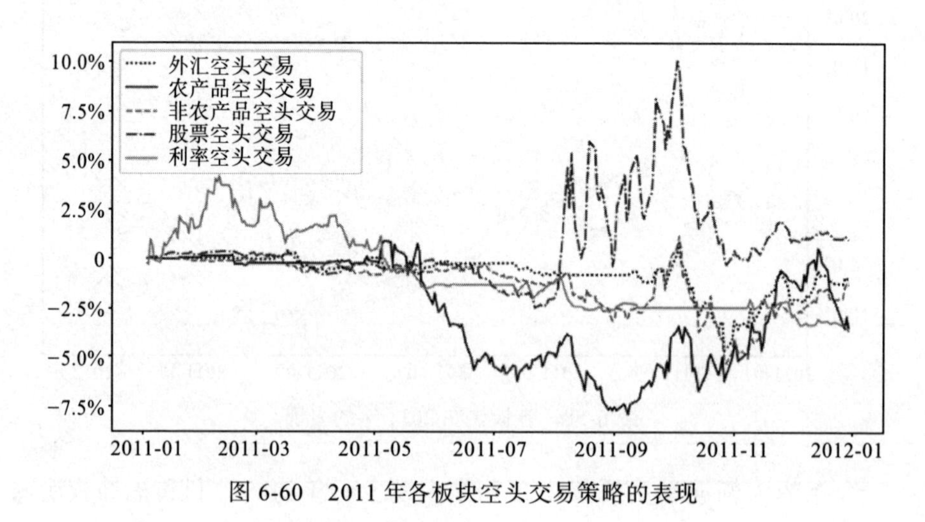

图6-60　2011年各板块空头交易策略的表现

如图6-61的燃料油走势所示，我们的交易模型存在一种风险。在2010年下半年，市场走势在数月内持续攀升。当我们尝试退出时，却遇到了极大的困难，值得庆幸的是，我们的入场时机比较有利。在一次急剧下跌中，价格迅速击穿了我们设定的理论止损点，导致我们的亏损超出了预期。对于基于日常数据运行的趋势跟踪模型来说，这总是一种风险，但从长远来看，这种风险往往是值得的。

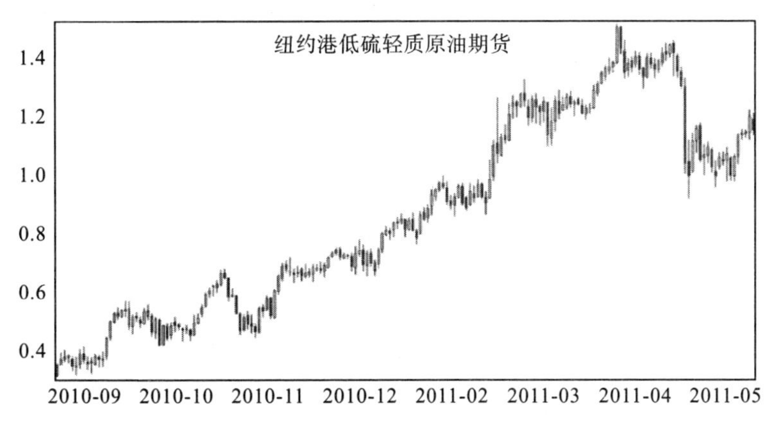

图6-61 2011年燃料油期货缺口向下

在经历了一连串的波折后，我们依靠利率板块逃过一劫，并在年底实现了微薄的盈利，收益率还不到3%（见表6-39和表6-40）。这一年市场波动剧烈，暴涨、暴跌频繁出现，而我们最终几乎一无所获。不过，我们今年的表现也有几处亮点，尽管我们的表现不尽如人意，但投资者们并没有过多抱怨，其原因可能就在于此。股票市场乏善可陈，而我们最终挺过了这场考验。

表6-39 2011年各板块收益贡献分布

	外汇	农产品	非农产品	股票	利率	合计
多头交易	1.0	−6.7	−0.7	−7.2	23.1	9.5
空头交易	−1.2	−3.4	−1.3	1.0	−3.6	−8.5
合计	−0.6	−9.8	−1.6	−5.5	20.1	2.7

表 6-40 2011 年业绩表现

	美元	百分比
期初净值	69 795 629	697.96
交易业绩	1 870 674	2.70
利息收入	212 375	0.30
管理费	1 058 198	1.50
业绩分成	153 728	0.20
净收益	871 123	1.20
期末净值	70 666 752	706.70

由于我们的资产规模已扩大至 7 000 万美元，所以我们还能收取 100 万美元的基本管理费，在艰难的一年中，这也算是一点儿小小的慰藉。你可能已经注意到，交易利润只有 2.7%，而我们仅通过管理费就获得了 1.5% 的收入。这就是这个行业的运作方式。即使没有盈利，甚至出现亏损，这笔管理费我们也会照收不误。既然我们今年确实取得了一点儿微薄的利润，那么我们也会获得一小笔业绩分成，大约 15 万美元。这一年虽然不算好，但至少当市场亏损时，我们还是有所收获的。

2012 年

恭喜你，你已经完成了第一个十年的交易业务，而且业绩相当不错。2011 年的表现可能不是那么亮眼，但平均而言，这十年的表现已经非常惊艳了。我希望你已经准备好迎接下一个十年！当我们进入第 11 个年头时，我们已经平掉了大部分熊市敞口，目前仅持有一个指数的空头头寸。同时，我们在做空大宗商品期货方面也建立了较大的敞口。这实际上是我们在 2012 年初下的最大的赌注。我们的大宗商品空单包括 13 种不同的农产品和 5 种非农产品，从咖啡和大豆到黄金和石油，所有品种全部做空（见表 6-41 和表 6-42，以及图 6-62）。

表 6-41 2012 年的初始投资组合

交易品种	交易方向	所属板块
木材	空	农产品
玉米	空	农产品

（续）

交易品种	交易方向	所属板块
菜籽油	空	农产品
罗布斯塔咖啡	空	农产品
豆粕	空	农产品
豆油	空	农产品
大豆	空	农产品
白糖	空	农产品
美国 11 号糖	空	农产品
C 类咖啡	空	农产品
美国 2 号棉花	空	农产品
可可	空	农产品
KC 硬红冬小麦	空	农产品
欧元	空	外汇
英镑	空	外汇
加元	空	外汇
多伦多证券交易所 60 指数	空	股票
道琼斯迷你指数	多	股票
亨利港天然气	空	非农产品
无铅汽油	空	非农产品
白银	空	非农产品
黄金	空	非农产品
铂金	空	非农产品
美国 10 年期国债	多	利率
欧元银行同业拆借利率	空	利率
欧洲美元	空	利率
加拿大 10 年期国债	多	利率
德国 2 年期国债	多	利率
美国 5 年期国债	多	利率
德国 5 年期国债	多	利率
英国金边债券	多	利率
美国短期国债	多	利率

表 6-42　2012 年初始投资组合在各板块的配置情况

	多	空	合计
农产品	0	13	13
利率	7	2	9
股票	1	1	2
非农产品	0	5	5
外汇	0	3	3
合计	8	24	32

这十年来，我们经历了风风雨雨，今年看似也没有什么不同，至少在头几个月里是如此。我们赚了一点儿，又亏了一点儿，但基本上到4月份都保持在不赔不赚的状态。然后我们发现了某些在此前十年中从未见过的东西。我们开始不断亏损，一个月接着一个月地亏损。每个月过后，你或许都会预期股价立刻反弹至高点，就像我们之前多次看到的那样。但终于有一天，你不再相信奇迹，开始变得非常悲观。我们只在年初很短的一段时间里赚钱，然后就开始一路下跌，从亏10%到亏20%，再到亏25%，最后在一次小幅反弹后，我们最终以亏损20%的成绩结束了可怕的一年。这是我们第一次遭遇严重的亏损（见图6-63）。

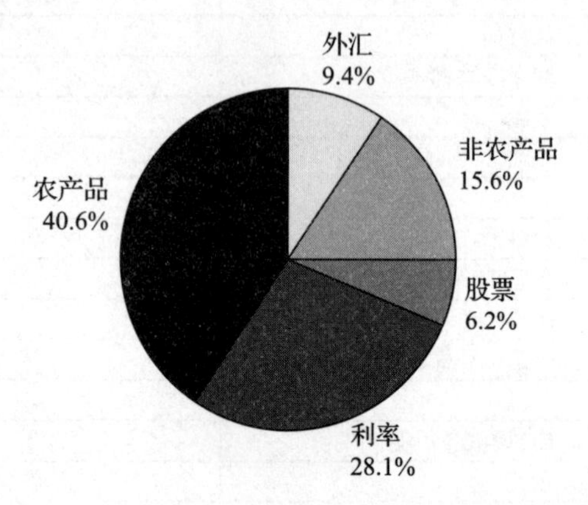

图6-62　2012年投资组合在各板块的配置情况

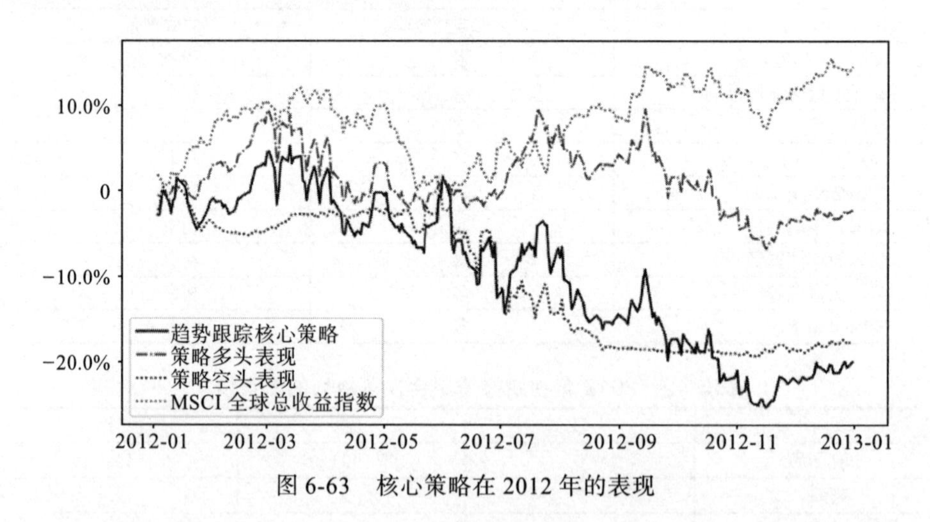

图6-63　核心策略在2012年的表现

我非常笃定，以我的经验来看，这种规模的亏损令人非常痛苦。在本书以及这一章中，你的交易生涯始于2002年1月，唯一的原因是我希望涵盖 20 年的业绩表现。但想象一下，如果你拿到这最初的 1 000 万美元资金并开始投资的时间是 2012 年，你交易的第一年就亏损 20%。这足以毁掉你的职业生涯。即使你的交易策略绝对可靠，很有可能在长期内获取丰厚的回报，但入场时机和由此带来的运气可能是影响你职业生涯与生意的决定性因素。

在阅读本章的过程中，你或许会产生这样的疑问：我们为什么不通过调高风险因子来获取巨额回报呢？答案现在应该非常清楚了。如果你很幸运，一开始就赶上十年的好行情，在这种情况下，承担两倍的风险会让你赚到十倍的利润。但如果你一开始就遇到糟糕的年景呢？或是遇到三个糟糕的年景呢？

这一年诸事不顺。没有什么特大灾难，也没有哪个板块或哪笔交易让我们吃尽苦头。但我们的投资组合在慢慢"失血"，各个领域都是如此（见图 6-64 和图 6-65）。股市曾一度缓解了冲击，但随后也一同沦陷了。我们在多头交易和空头交易两方面都遭受了损失，而空头交易造成的损失更大一些（见图 6-66）。大宗商品板块的损失尤其惨重，最后可以说是全军覆没。

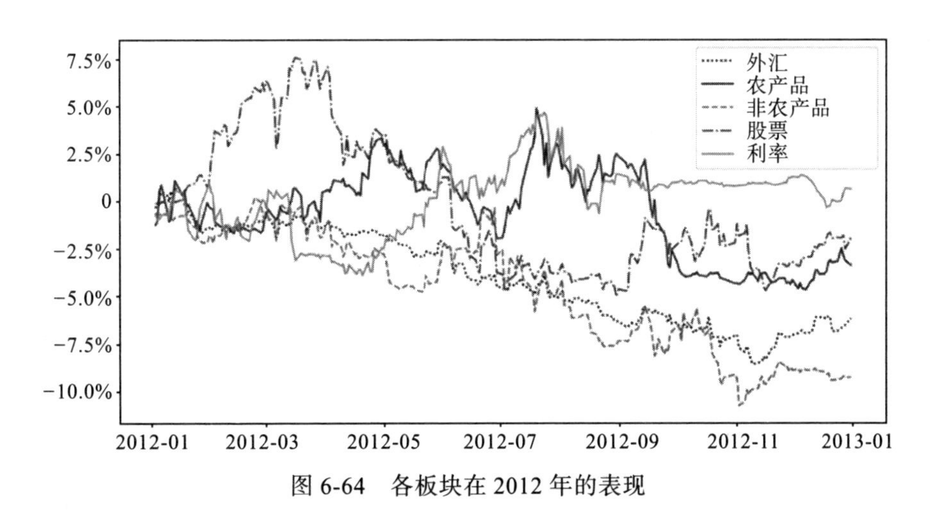

图 6-64 各板块在 2012 年的表现

像这样的一年不仅可以轻易毁掉你的生意，还会毁掉你对交易模型和自身的信心。在看到所有的交易最终都以失败而告终时，你确实很难按计划执行每笔交易。风险在于，你早晚会决定跳过一笔或几笔交易。也许这些被放弃的交易本来可以救你于水火之中，但你事先并不知道哪些交易会盈利，哪些不会。

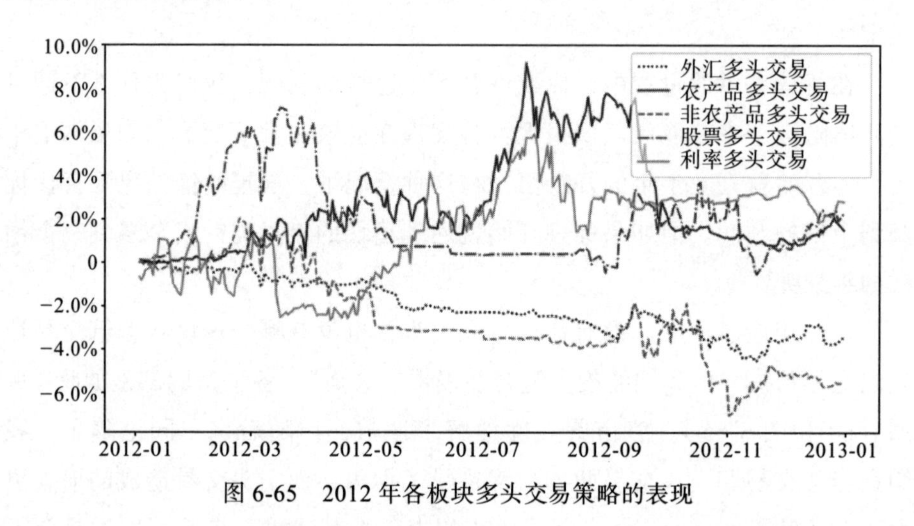

图 6-65　2012 年各板块多头交易策略的表现

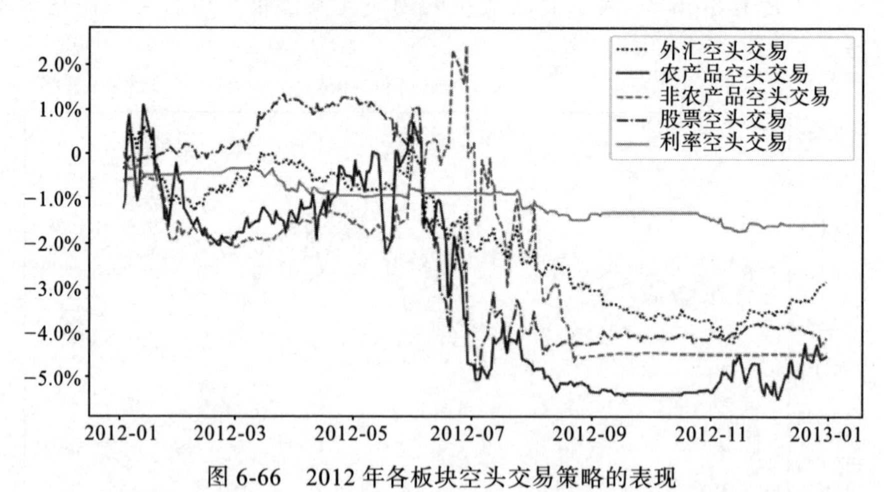

图 6-66　2012 年各板块空头交易策略的表现

尽管我们经历了一个糟糕的年份，但利率板块确实为我们的组合贡献了一定的收益，这在 4 ～ 8 月期间尤其明显。如果没有利率板块，这一年的情况会更糟，我们可以从图 6-67 中看到这一点。起初，市场出现了一个看跌的假突破，我们因此上当受骗，采取了短暂的空头策略。紧接着，我们迅速加入多头阵营，并在随后的几个月里持续盈利。

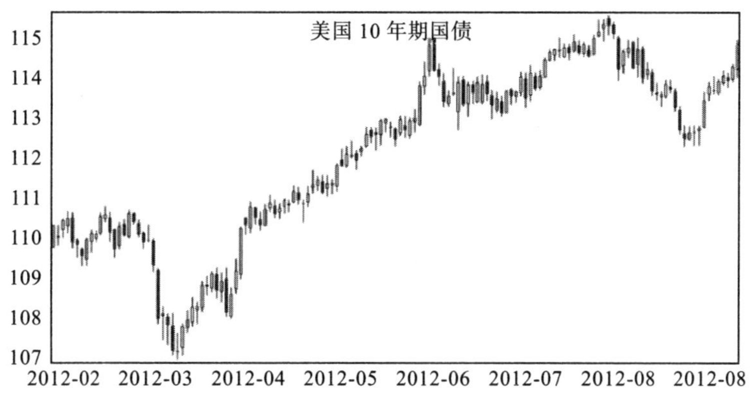

图 6-67 美国 10 年期国债在 2012 年的行情走势

今年可不会有任何庆功会了。你的损失超过了 20%，相当于 1 500 万美元（见表 6-43 和表 6-44）。这可是一个 1、一个 5，后面跟着六个 0！更糟糕的是，你在股市上涨近 15% 的情况下还造成了这样的损失。从普通投资者的角度来看，你不是损失了 20%，你损失的是 35%。他们本可以在股市上白赚 15%。可以肯定的是，你现在的处境很糟糕。

表 6-43 2012 年各板块收益贡献分布

	外汇	农产品	非农产品	股票	利率	合计
多头交易	−3.4	1.5	−5.5	2.3	2.8	−2.3
空头交易	−2.9	−4.6	−4.5	−4.1	−1.6	−17.6
合计	−6.2	−3.4	−9.3	−2.0	0.6	−20.1

表 6-44 2012 年业绩表现

	美元	百分比
期初净值	70 666 752	706.67
交易业绩	−14 226 173	−20.10
利息收入	112 764	0.20
管理费	826 766	1.20
业绩分成	−14 940 175	0.00
净收益	—	−21.10
期末净值	55 726 577	557.30

经历这样的资金回撤还有一个有趣的后果，这或许是你意想不到的。你不但收不到业绩分成，而且在回升过程中也不会有任何收入。只有在投资组合价值创新高之后，你才能收到业绩分成。由于你的投资组合现在已经下跌了21%，你需要上涨27%才能获得可观的收入。为什么是27%而不是21%？如果你问这个问题，那你需要温习一下基本的算术知识了。如果我们从100开始，下跌21%后就只剩下79了。为了涨回到原来的100，你需要用79乘以1.27。

所以我们没有业绩分成，只有82万美元的管理费。这听起来可能是一笔巨款，但你需要具体问题具体分析。我们现在管理着7 000万美元，可能需要租办公室、雇用员工，还要支付一些日常开支。这是一门生意，80万美元并不足以让我们维持运营。

2013年

现在是2013年1月，我们需要上涨27%才能再次拿到业绩分成。这个大坑实在难填，无疑让人感到非常沮丧。正如你所看到的那样，收入的大头来自业绩分成，现在有一点可以肯定，至少在未来的一年里，我们几乎等于白干。这就是某些对冲基金一旦陷入困境就选择关闭的原因。但我们不能一有困难就打退堂鼓吧？

目前我们持有的投资组合是在押注一个新的牛市。我们全面做多股票和利率（见表6-45和表6-46，以及图6-68）。我们最大的敞口是农产品板块，同时持有多头头寸与空头头寸。这一板块通常令人感到比较安全，因为它往往与金融市场中占主导地位的二元风险（承担风险/规避风险）存在较低的相关性。不同寻常的是，我们在非农产品只做多一种产品，即只做多钯金。

表 6-45 2013 年的初始投资组合

交易品种	交易方向	所属板块
美国 11 号糖	空	农产品
芝加哥三级牛奶	空	农产品
饲牛	多	农产品
罗布斯塔咖啡	空	农产品
KC 硬红冬小麦	空	农产品
玉米	空	农产品
活牛	多	农产品
可可	空	农产品
大豆	空	农产品
豆油	空	农产品
瘦肉猪	多	农产品
C 类咖啡	空	农产品
白糖	空	农产品
木材	多	农产品
菜籽油	空	农产品
日元	空	外汇
英镑	多	外汇
瑞士法郎	多	外汇
欧元	多	外汇
澳元	多	外汇
新西兰元	多	外汇
恒生指数	多	股票
恒生中国企业指数	多	股票
欧洲斯托克 50 指数	多	股票
法国 DAX 指数	多	股票
法国 CAC 40 指数	多	股票
多伦多证券交易所 60 指数	多	股票
标准普尔中盘股 400 迷你指数	多	股票
日经 225 美元指数	多	股票
钯金	多	非农产品
美国 10 年期国债	多	利率
德国 10 年期国债	多	利率
欧元意大利长期国债	多	利率
美国 5 年期国债	多	利率
德国 5 年期国债	多	利率
德国 2 年期国债	多	利率

表 6-46　2013 年初始投资组合在各板块的配置情况

	多	空	合计
农产品	4	11	15
利率	6	0	6
非农产品	1	0	1
股票	8	0	8
外汇	5	1	6
合计	24	12	36

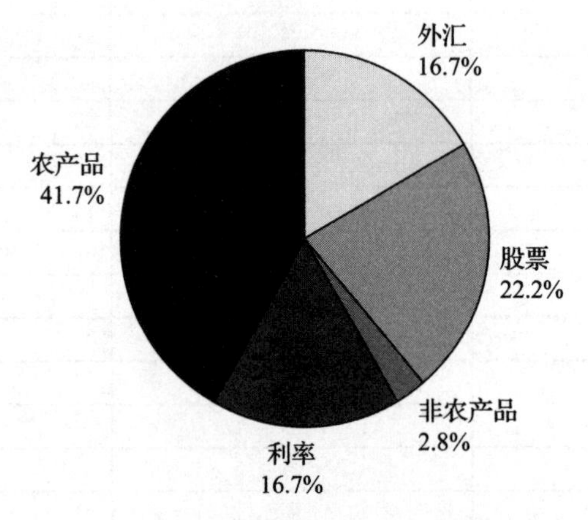

图 6-68　2013 年投资组合在各板块的配置情况

今年，股票市场的全年表现都相当不错。考虑到我们在年初时大量做多股票，我们赚钱的希望应该还是很大的。尽管我们确实在股票板块上赚取了丰厚的回报，但今年在其他所有板块上的投资都赔了。我们在股票上赚的钱，在其他板块都赔没了（见图 6-69）。结果就是跌宕起伏的一年，市场波动不定，涨跌互现，组合收益大多处于 −5% ～ 5% 这一区间。虽然股票市场全年都在不断攀升，但我们的收益却停滞不前。在经历了去年的灾难之后，今年依旧步履维艰。

今年你没赚到钱，这还不是最糟糕的，雪上加霜的是，大多数普通投资者在股票市场上获得了 20% 的回报。这对你的整个业务可是个巨大的威胁，有投资者撤资的危险。截至 2013 年底，我们的交易收益率约为 2%，比 MSCI 全球指数低了近 20%。

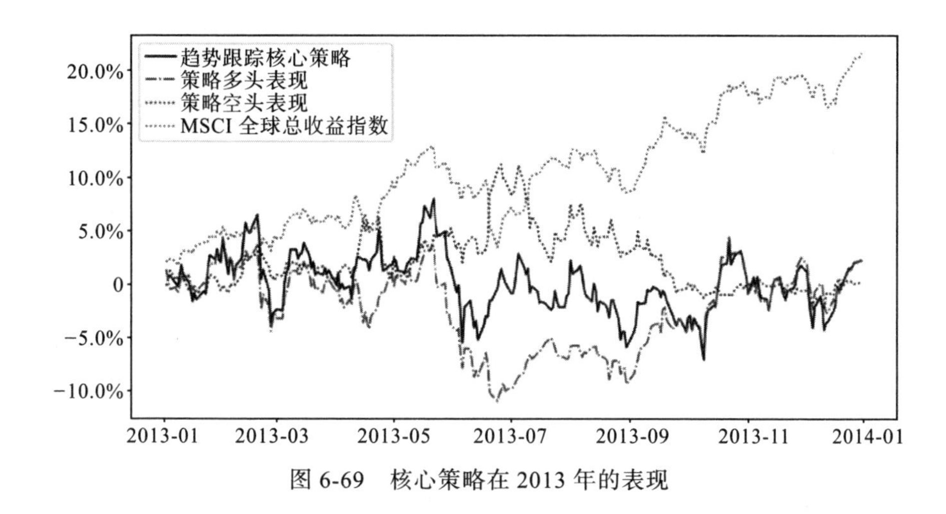

图 6-69　核心策略在 2013 年的表现

图 6-70 是各板块的业绩走势图，如你所见，股指期货全年表现不错。我们最终在该板块获得了 20% 的利润。但我们在利率板块损失了 15%，再加上其他板块的糟糕表现，今年的总体收益真是乏善可陈（见图 6-71 和图 6-72）。

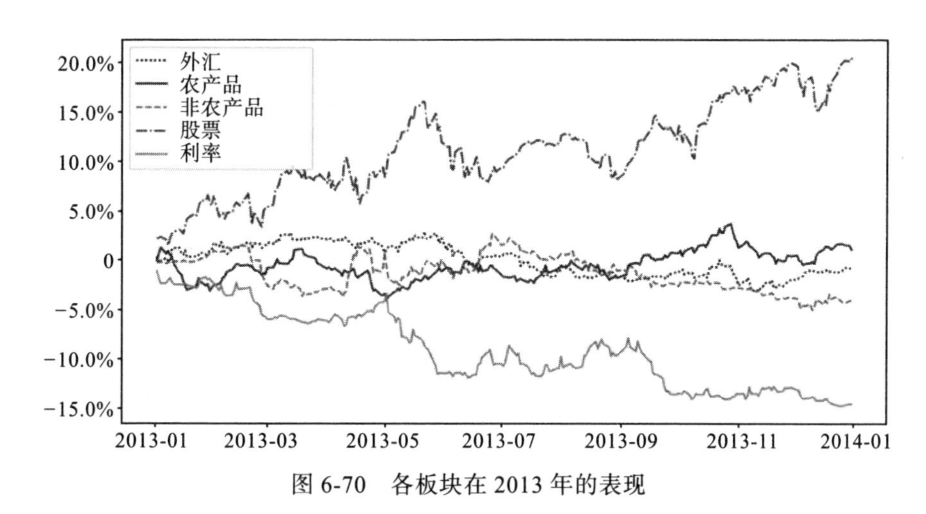

图 6-70　各板块在 2013 年的表现

今年真正表现不错的板块是股票，尤其是多头交易方面。简单浏览一下图 6-73，你就能明白其中的原因。我们全年都持有大多数股票指数的多头头寸，这为我们带来了可观的利润。总的来说，该板块给组合贡献了近

20% 的净收益，遗憾的是，其他板块的损失几乎抵消了这些收益。

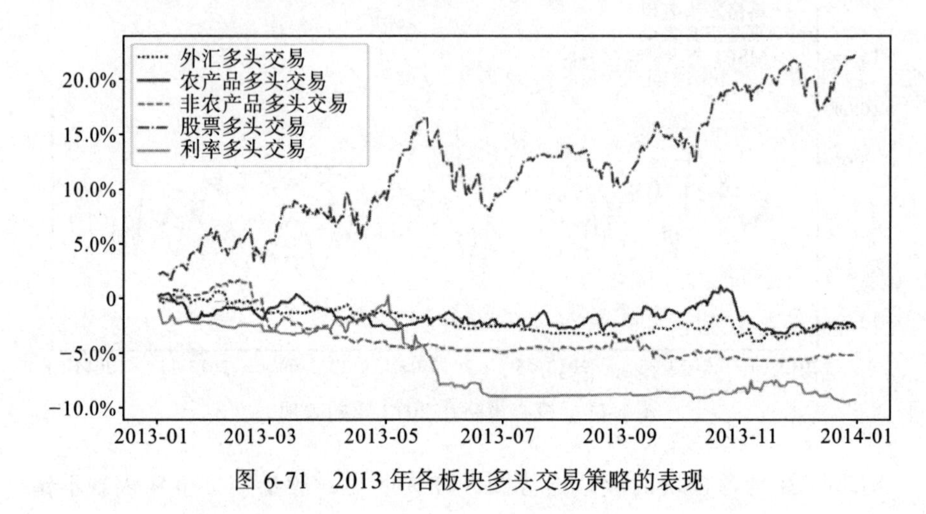

图 6-71　2013 年各板块多头交易策略的表现

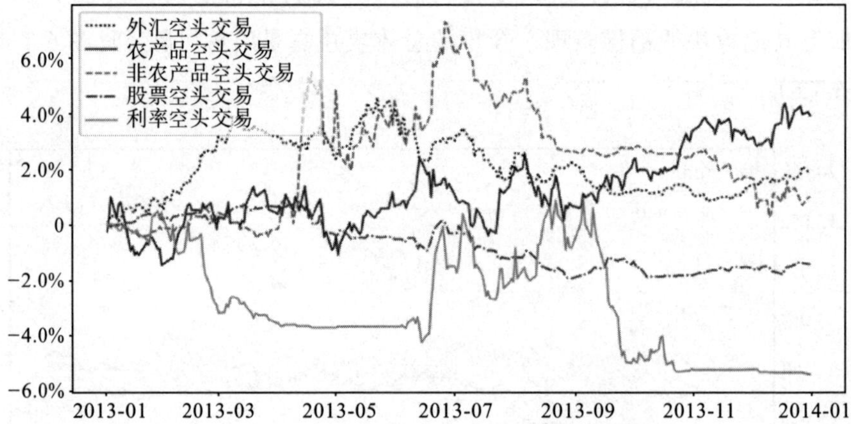

图 6-72　2013 年各板块空头交易策略的表现

年末交易收益率为 2.2%，再加上 0.2% 的利息收入，因此在扣除费用前，投资组合价值增长了 2.4%（见表 6-47）。我们的管理费几乎消耗了所有这些收益，给投资者留下的净收益不足 1%。请注意，我们根本没有获得任何业绩分成，因为我们还没有达到 2011 年的历史最高水平。

今年我们获得的全部收入只有 84 万美元的管理费（见表 6-48）。也许这听起来仍然是一笔巨款，但在管理 5 500 万美元的背景下，这笔收入真是微不足道。想象一下，如果你只管理了550万美元，并获得了8.4万美元的报酬。现在要支付办公室租金、市场数据费用、员工工资、法律费用、合规费用，你的损失可能相当大。

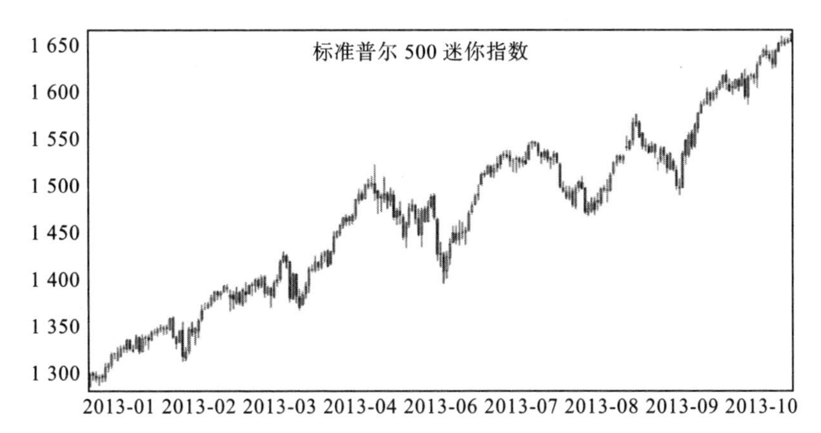

图 6-73 2013年标准普尔500迷你指数一路上扬

表 6-47 2013年各板块收益贡献分布

	外汇	农产品	非农产品	股票	利率	合计
多头交易	−2.6	−2.8	−5.3	22.4	−9.4	2.3
空头交易	1.9	3.9	1.0	−1.4	−5.4	0.1
合计	−0.8	1.1	−4.0	20.6	−14.6	2.2

表 6-48 2013年业绩表现

	美元	百分比
期初净值	55 726 577	557.27
交易业绩	1 238 093	2.20
利息收入	108 578	0.20
管理费	841 119	1.50
业绩分成	—	0.00
净收益	505 553	0.90
期末净值	56 232 130	562.30

2014年

在2012年底之前，经营期货交易业务的这个想法看起来还是非常有吸引力的。我们可以凭空创造财富，大幅跑赢股市，不仅为投资者创造了丰厚的回报，也为自己带来了可观的收入。但如今在经历了两年糟糕的表现后，没有人会记得这些。现在我们成了业绩不佳的失败者，不但落后于基准，经济上也可能出问题。去年，我们管理着 5 500 万美元的投资组合，却只获得了 84 万美元的报酬。在成功经营了十年的期货交易业务后，所产生的间接费用也是水涨船高，这些费用严重地侵蚀了我们的利润。

业内有一句老话，这句话在过去比现在更真实。我们常说，对冲基金不存在连续三年表现不佳的情况。这句话的关键在于，连续两年表现不佳之后，你就完蛋了。投资者会撤资，你的基金也会清盘。现在这句话不一定适用了，因为这在很大程度上取决于营销、投资者关系和预期管理。不过，你在 2014 年初的处境确实很糟糕，或许正在考虑退出“江湖”。

牛市依然存在，我们仍非常看好股市指数。一年前我们在利率板块的重仓配置现在几乎消失殆尽，总的来说，我们正在运营一个分散化但并非特别激进的投资组合（见表 6-49 和表 6-50，以及图 6-74）。这一行就是这样，如果我们今年失败，明年的运营将极其艰难。

表 6-49　2014 年的初始投资组合

交易品种	交易方向	所属板块
饲牛	多	农产品
菜籽油	空	农产品
豆油	空	农产品
KC 硬红冬小麦	空	农产品
豆粕	多	农产品
白糖	空	农产品
美国 11 号糖	空	农产品
玉米	空	农产品
C 类咖啡	空	农产品
可可	多	农产品
活牛	多	农产品
英镑	多	外汇
日元	空	外汇
瑞士法郎	多	外汇
加元	空	外汇

（续）

交易品种	交易方向	所属板块
富时 100 指数	多	股票
法国 DAX 指数	多	股票
欧洲斯托克 50 指数	多	股票
多伦多证券交易所 60 指数	多	股票
标准普尔 500 迷你指数	多	股票
纳斯达克 100 迷你指数	多	股票
道琼斯迷你指数	多	股票
罗素 2000 迷你指数	多	股票
标准普尔中盘股 400 迷你指数	多	股票
日经 225 美元指数	多	股票
CBOE 恐慌指数	空	股票
铜	多	非农产品
白银	空	非农产品
黄金	空	非农产品
铂金	空	非农产品
英国金边债券	空	利率
欧元意大利长期国债	多	利率

表 6-50 2014 年初始投资组合在各板块的配置情况

	多	空	合计
农产品	4	7	11
非农产品	1	3	4
利率	1	1	2
股票	10	1	11
外汇	2	2	4
合计	18	14	32

考虑到其中的利害关系，我们在年初面临的局面确实有些惊心动魄。起初，我们的组合快速上涨了 5%，但随后又将利润悉数吐回，甚至出现了亏损（见图 6-75）。到了 2 月，我们今年的跌幅约为 5%，你可能已经开始更新你的领英个人资料并浏览招聘广告了。但从那以后，情况开始慢慢好转。我们对股票指数的跟踪一向做得不错，到夏末时，组合涨了 10%，这时发生了一些很有趣的事情。我们开始大幅跑赢大盘。当股票市场指数继续横盘整理时，我们组合的收益却快速上涨。10 月份曾出现过短暂的恐

慌，当时我们有几周出现了大幅亏损，但很快就恢复了，然后又出现了一些亏损。今年年底，我们的收益率超过了50%，而这是在股票市场几乎持平的一年中取得的。我们回来了！过去几年令人提心吊胆，但在获得50%的回报后，我们不仅证明了我们能够创造强劲的绝对回报，而且我们与股票市场的相关性可以很低。尽管投资者不喜欢你在牛市中表现不佳，但如果你在熊市中表现出色，他们会更高兴。

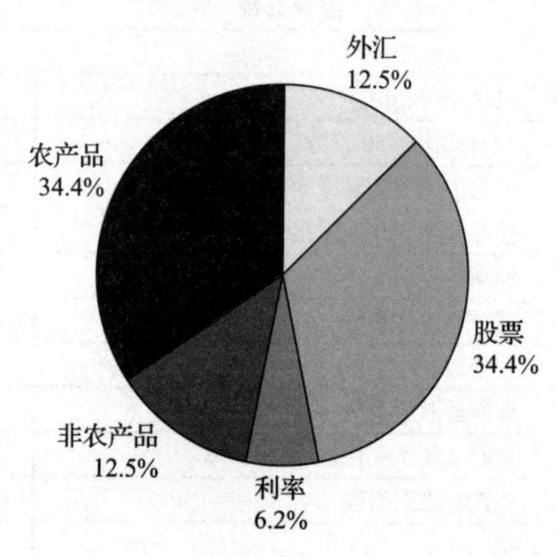

图6-74 2014年投资组合在各板块的配置情况

由于今年股市表现不佳，显然，其他板块为组合收益贡献了自己的力量。事实上，我们的股票交易确实亏损了很多，但其他所有板块的表现都非常好（见图6-76至图6-78）。我们在股票交易上亏损了20%，但在其他方面获得了足够的收益，全年总计达到了53%。农产品板块全年表现良好，但外汇和非农产品板块在下半年异军突起。

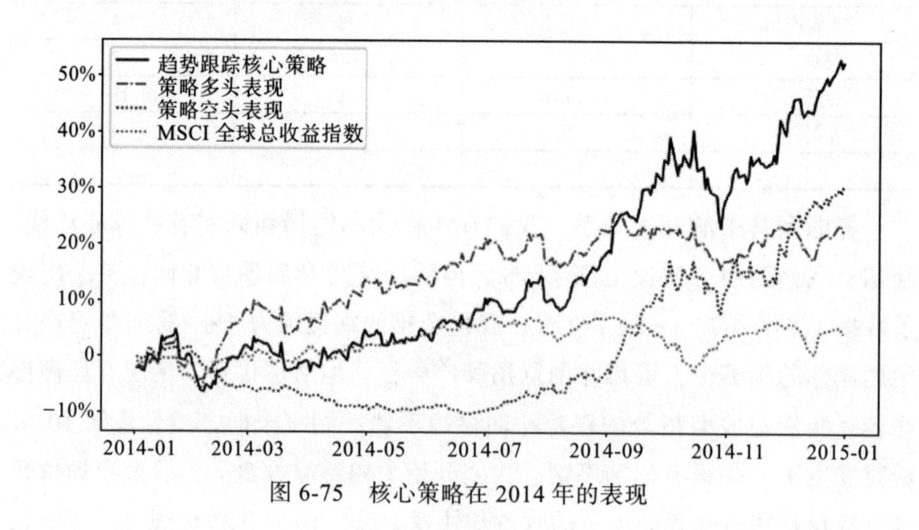

图6-75 核心策略在2014年的表现

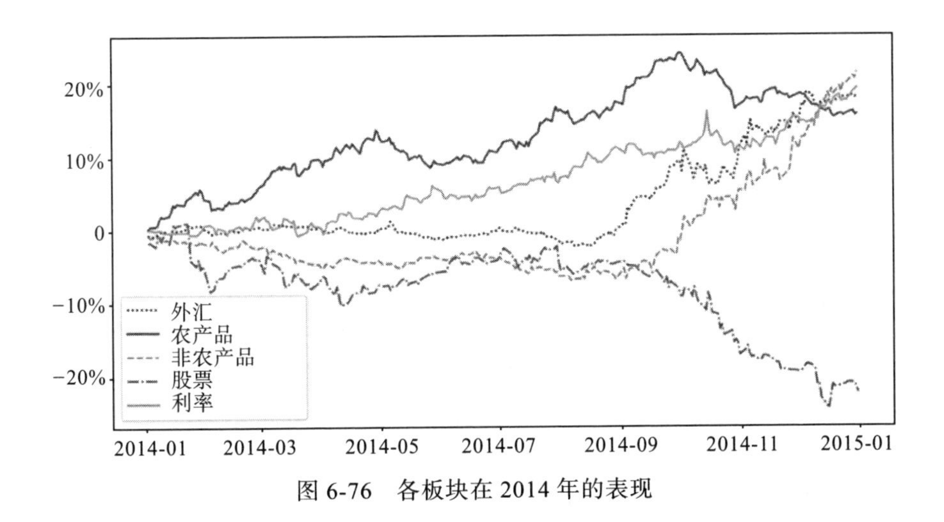

图 6-76 各板块在 2014 年的表现

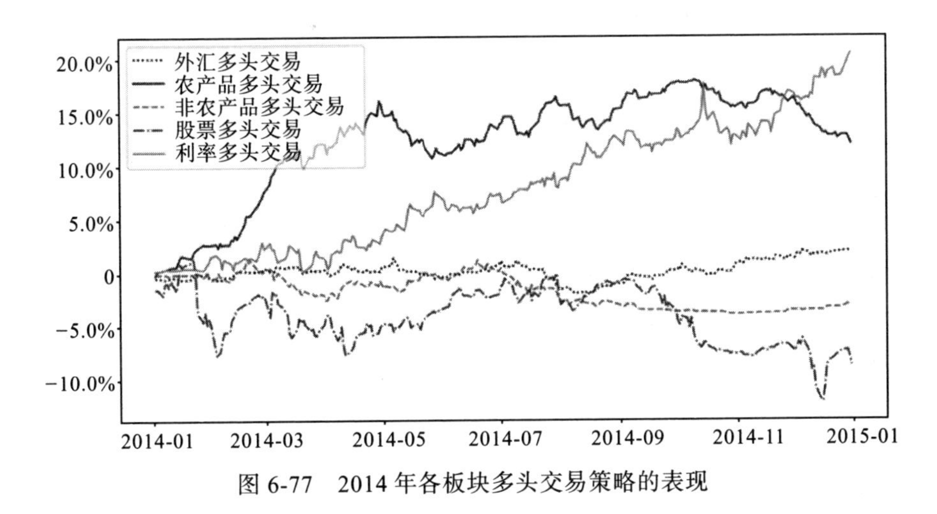

图 6-77 2014 年各板块多头交易策略的表现

2014 年策略成功的一个主要因素是能源市场处于熊市。快速看一下图 6-79 就能明白原因。油价从 6 月开始一路走低，每个月都在下跌，这恰好进入了我们的盈利模式，因为我们已经为此做好了充分准备。

由于今年获取了巨额收益，加之资产基数十分庞大，我们今年的收入应当非常可观。但要记住，只有当我们超过之前的资产价值最高点时，我们才会获得业绩分成，所以大约有一半的业绩并不会给我们带来任何收入。幸运的是，我们的收益比历史最高水平多出 25% 左右，我们今年确实会获得一大笔业绩分成。

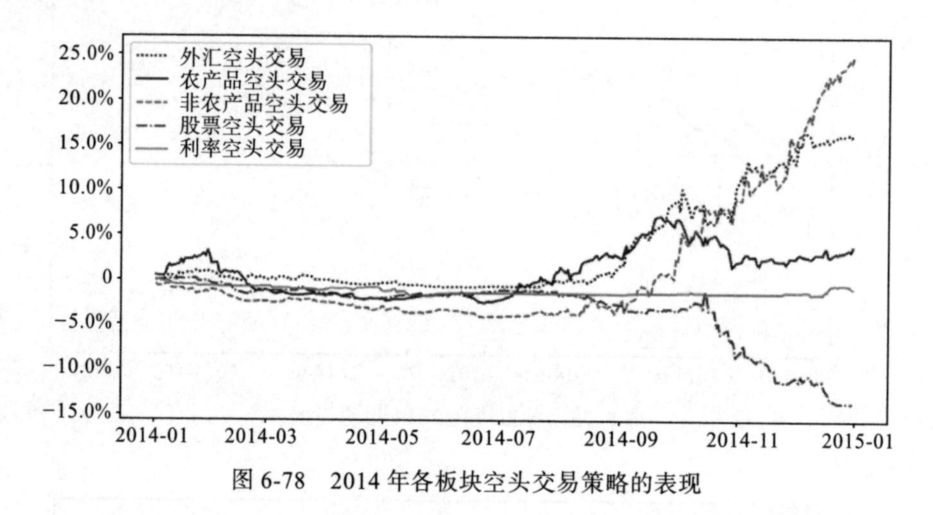

图 6-78　2014 年各板块空头交易策略的表现

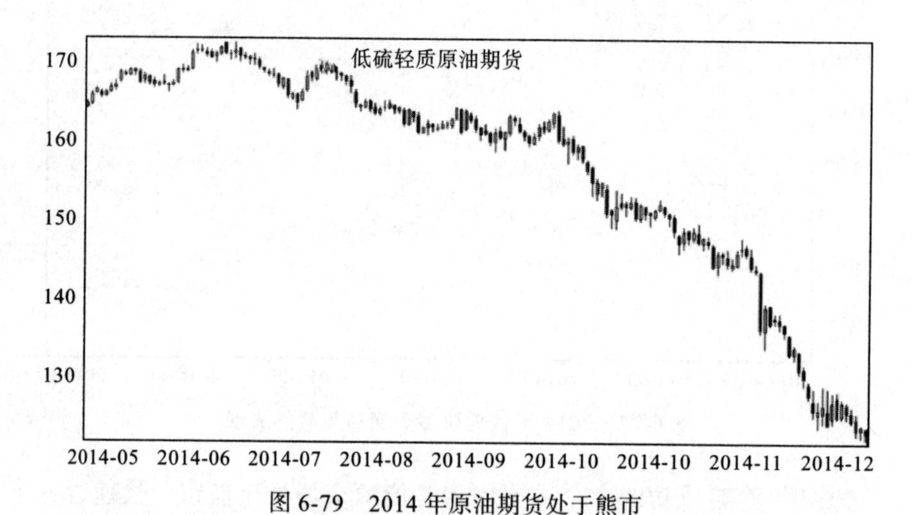

图 6-79　2014 年原油期货处于熊市

利息收入的贡献仍然非常低，百分比几乎接近于零（见表 6-51 和表 6-52）。但是，由于组合的收益率达到近 53%，即使在扣除我们的管理费用之后，投资者仍能获得 47% 的回报，他们或许会对我们提供强劲的长期回报的能力重拾信心。但愿年年有今日，岁岁有今朝。

表 6-51 2014 年各板块收益贡献分布

	外汇	农产品	非农产品	股票	利率	合计
多头交易	2.0	12.0	−3.2	−8.7	20.4	22.5
空头交易	16.3	3.9	25.2	−13.6	−0.8	30.9
合计	18.3	15.8	21.5	−22.3	19.3	52.6

表 6-52 2014 年业绩表现

	美元	百分比
期初净值	56 232 130	562.32
交易业绩	29 585 729	52.60
利息收入	192 835	0.30
管理费	1 267 154	2.30
业绩分成	2 111 518	3.80
净收益	26 399 891	46.90
期末净值	82 632 021	826.30

2015 年

我们在 2015 年开年相当舒适，刚刚度过了辉煌的一年。目前，投资组合的风险水平相当高，总计 43 笔头寸，遍及所有板块，虽然我们仍做多股票，但它已经不是我们资产配置中的重仓品种了（见表 6-53）。我们的投资组合中有很大一部分配置在农产品板块，多头和空头配置合理（见表 6-54）。我们目前做空金属和能源板块（见图 6-80）。

表 6-53 2015 年的初始投资组合

交易品种	交易方向	所属板块
美国 11 号糖	空	农产品
豆油	空	农产品
豆粕	多	农产品
罗布斯塔咖啡	空	农产品
KC 硬红冬小麦	多	农产品
玉米	多	农产品
C 类咖啡	空	农产品
瘦肉猪	空	农产品
菜籽油	多	农产品

（续）

交易品种	交易方向	所属板块
美国 2 号棉花	空	农产品
白糖	空	农产品
可可	空	农产品
木材	空	农产品
欧元	空	外汇
英镑	空	外汇
瑞士法郎	空	外汇
澳元	空	外汇
加元	空	外汇
美元指数	多	外汇
日经 225 美元指数	多	股票
纳斯达克 100 迷你指数	多	股票
标准普尔 500 迷你指数	多	股票
道琼斯迷你指数	多	股票
罗素 2000 迷你指数	多	股票
多伦多证券交易所 60 指数	空	股票
标准普尔中盘股 400 迷你指数	多	股票
亨利港天然气	空	非农产品
纽约港超低硫柴油	空	非农产品
低硫轻质原油	空	非农产品
无铅汽油	空	非农产品
燃料油	空	非农产品
铂金	空	非农产品
布伦特原油	空	非农产品
铜	空	非农产品
加拿大 10 年期国债	多	利率
欧元银行同业拆借利率	多	利率
德国 2 年期国债	多	利率
英国金边债券	多	利率
美国长期国债	多	利率
德国 10 年期国债	多	利率
德国 5 年期国债	多	利率
欧元意大利长期国债	多	利率
欧洲美元	空	利率

表 6-54 2015 年初始投资组合在各板块的配置情况

	多	空	合计
农产品	4	9	13
利率	8	1	9
非农产品	0	8	8
股票	6	1	7
外汇	1	5	6
合计	19	24	43

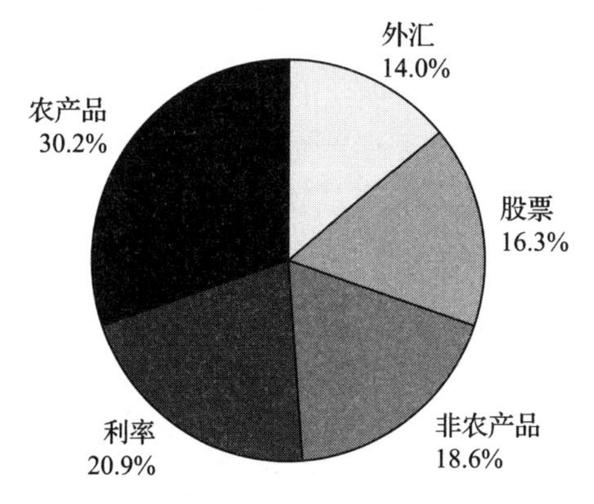

图 6-80 2015 年投资组合在各板块的配置情况

今年前几个月的进展非常顺利。我们在大多数板块都有所斩获，但股票指数多头交易部分的收益最大，到了 5 月份，我们组合的年收益率接近 20%（见图 6-81）。看来这将是继去年成功之后的又一次辉煌。在今年的第一季度，我们仅在金属与能源板块出现亏损，但在 5 月份触及全年高点之后，其他板块也开始出现亏损。不但股票上获得的收益悉数吐出，利率和农产品板块也出现亏损。到 11 月份，我们从接近 20% 的收益变成了亏损 10% 以上。在收复部分“失地”后，我们以 −6% 的收益率结束了这一年（见图 6-82 至图 6-84）。

这一年过得很艰难，但称不上灾难。我一直强调，你的评判标准不但取决于你的绝对表现，还取决于你相对于股市的表现。在 2015 年，股市走势疲软，收益率仅比你的期货趋势跟踪策略高出几个百分点。考虑到去年的优异表现，这点儿小损失无伤大雅。

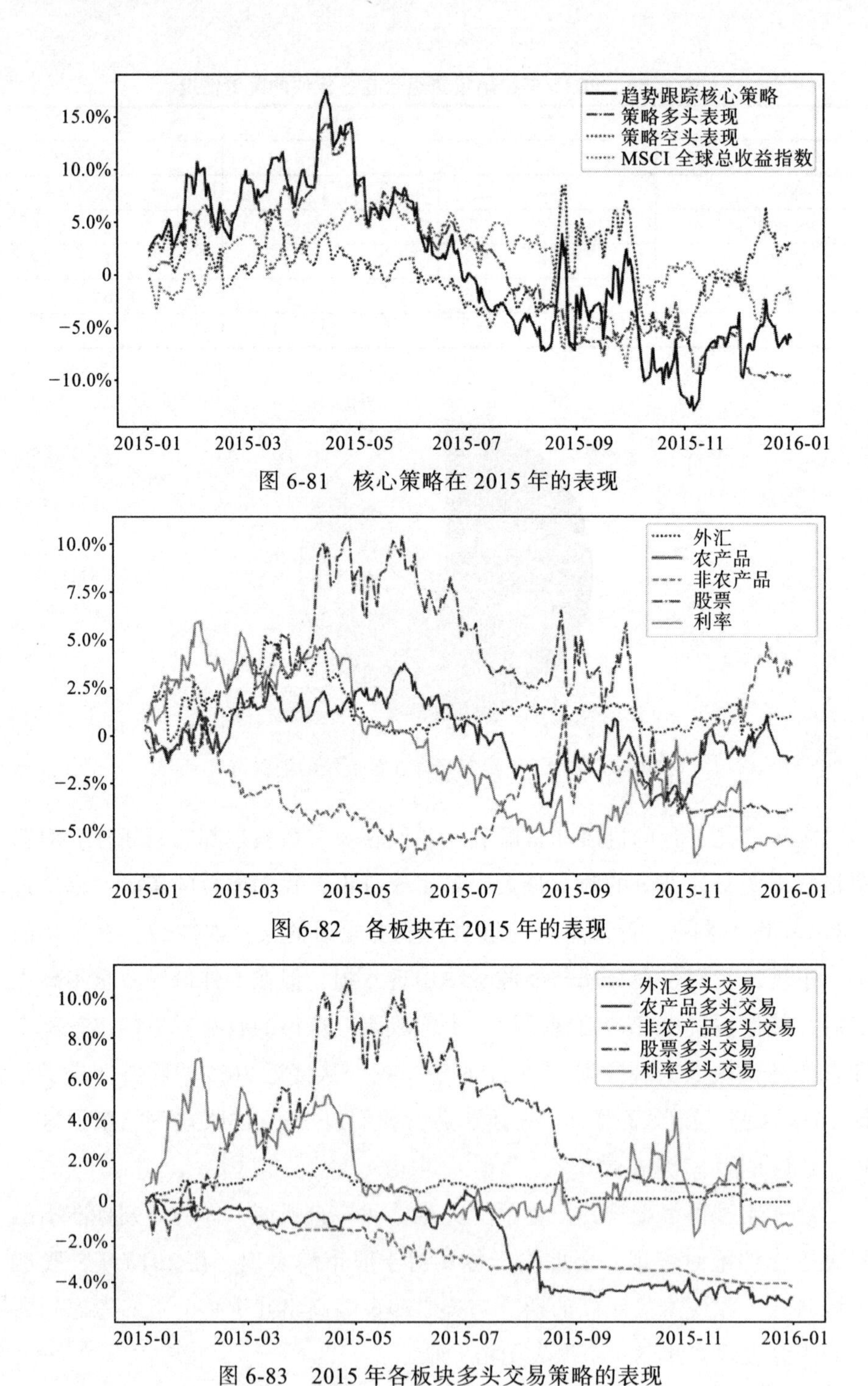

图 6-81　核心策略在 2015 年的表现

图 6-82　各板块在 2015 年的表现

图 6-83　2015 年各板块多头交易策略的表现

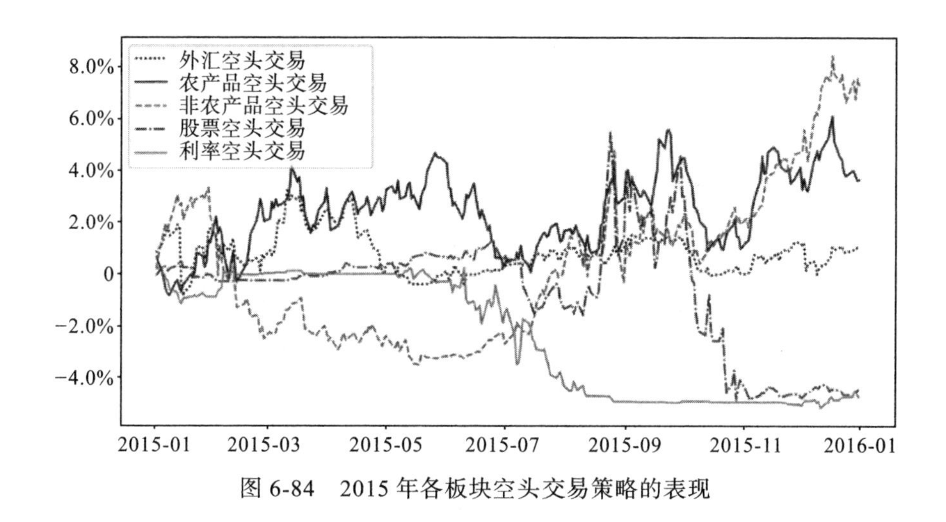

图 6-84　2015 年各板块空头交易策略的表现

仅仅把握住市场的大趋势不保证你一定能赚钱。以 2015 年的咖啡期货市场为例。由图 6-85 可知，我们在一年的大部分时间里都处于熊市趋势，但在此期间也出现了一些相当剧烈的上涨。每次出现这种突然波动时，我们都会亏钱并止损出局。总的来说，在这个特殊的熊市趋势市场中赚钱的难度是非常大的。

图 6-85　2015 年的咖啡期货市场剧烈震荡下行

当然，这意味着你这一年依旧得不到任何业绩分成。你损失了近 6%，或 500 万美元，在扣除各项费用后，净损失约为 7%（见表 6-55 和

表 6-56）。注意，你去年的盈利是 50%，这对你来说有一个好处，尽管你的管理费率不变，但现在你的资产基数要高得多，仅管理费一项你的收入就超过 100 万美元。只要露露脸就能赚 100 万美元。这样的工作真是令人艳羡不已。

表 6-55 2015 年各板块收益贡献分布

	外汇	农产品	非农产品	股票	利率	合计
多头交易	−0.1	−4.8	−4.3	0.7	−1.2	−9.6
空头交易	1.1	3.7	7.3	−4.5	−4.8	2.8
合计	1.0	−1.1	3.7	−3.9	−5.6	−5.9

表 6-56 2015 年业绩表现

	美元	百分比
期初净值	82 632 021	826.32
交易业绩	−4 894 486	−5.90
利息收入	364 724	0.40
管理费	1 147 843	1.40
业绩分成	—	0.00
净收益	−5 677 605	−6.90
期末净值	76 954 416	769.50

2016 年

2016 年初，我们最大的风险敞口再次出现在农产品板块。我们同时持有农产品的多头头寸及空头头寸（见表 6-57 和表 6-58，以及图 6-86）。在经历了最近的震荡后，我们几乎没有股票风险敞口，利率板块也没有明确多空倾向。不过，我们押注金属和能源价格都会下跌，在金属和能源板块全面做空。

表 6-57 2016 年的初始投资组合

交易品种	交易方向	所属板块
美国 11 号糖	多	农产品
木材	多	农产品
瘦肉猪	空	农产品

（续）

交易品种	交易方向	所属板块
罗布斯塔咖啡	空	农产品
可可	多	农产品
大豆	空	农产品
菜籽油	空	农产品
活牛	空	农产品
玉米	空	农产品
KC 硬红冬小麦	空	农产品
美国 2 号棉花	空	农产品
饲牛	空	农产品
C 类咖啡	空	农产品
白糖	多	农产品
豆粕	空	农产品
新西兰元	多	外汇
英镑	空	外汇
加元	空	外汇
纳斯达克 100 迷你指数	多	股票
多伦多证券交易所 60 指数	空	股票
无铅汽油	空	非农产品
纽约港超低硫柴油	空	非农产品
低硫轻质原油	空	非农产品
铂金	空	非农产品
燃料油	空	非农产品
钯金	空	非农产品
铜	空	非农产品
白银	空	非农产品
黄金	空	非农产品
布伦特原油	空	非农产品
美国 5 年期国债	空	利率
德国 2 年期国债	多	利率
欧洲美元	空	利率
美国 2 年期国债	空	利率
美国长期国债	多	利率
欧元银行同业拆借利率	多	利率

表 6-58　2016 年初始投资组合在各板块的配置情况

	多	空	合计
农产品	4	11	15
利率	3	3	6
非农产品	0	10	10
外汇	1	2	3
股票	1	1	2
合计	9	27	36

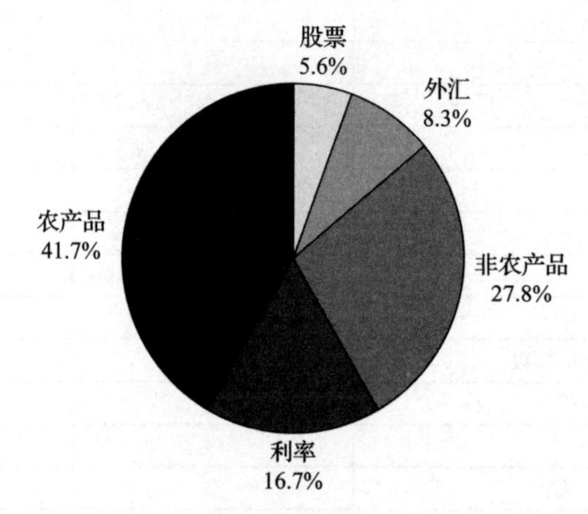

图 6-86　2016 年投资组合在各板块的配置情况

我们的组合在本年初经历了一些起伏。业绩最初暴涨了 10% 以上，随后将利润悉数吐回，然后又以更快的速度回升至接近 20%。尽管波动很大，但我们在年内再次回到不赔不赚的状态，并在大部分时间里都保持在这一水平附近。由于农产品及利率板块的提振，我们在这一年里确实实现了盈利，但数额不算大（见图 6-87）。

迄今为止，与我们此前经历的一些非常动荡的年份相比，2016 年相对平静，在没有出现可怕时刻的情况下，交易收益率达到 11%，这一变化令人欣喜（见图 6-88 至图 6-90）。

在这艰难的一年里，我们所做的交易盈亏互现。其中在阿拉比卡咖啡上做的交易表现最好，我们在一年中的大部分时间里都持有咖啡期货的多头头寸（见图 6-91）。尽管过程一波三折，但这不足以让我们清仓离场，我们一直坚持到 11 月趋势结束才获利了结。

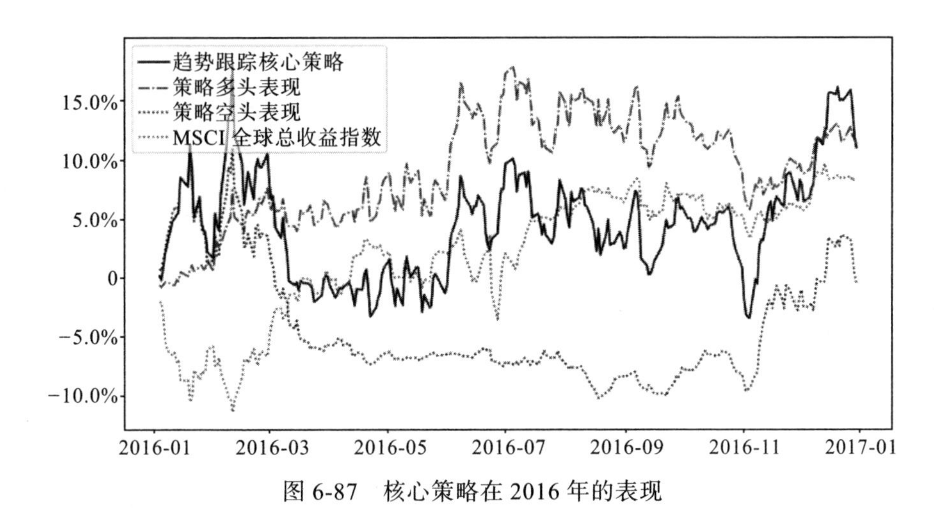

图 6-87 核心策略在 2016 年的表现

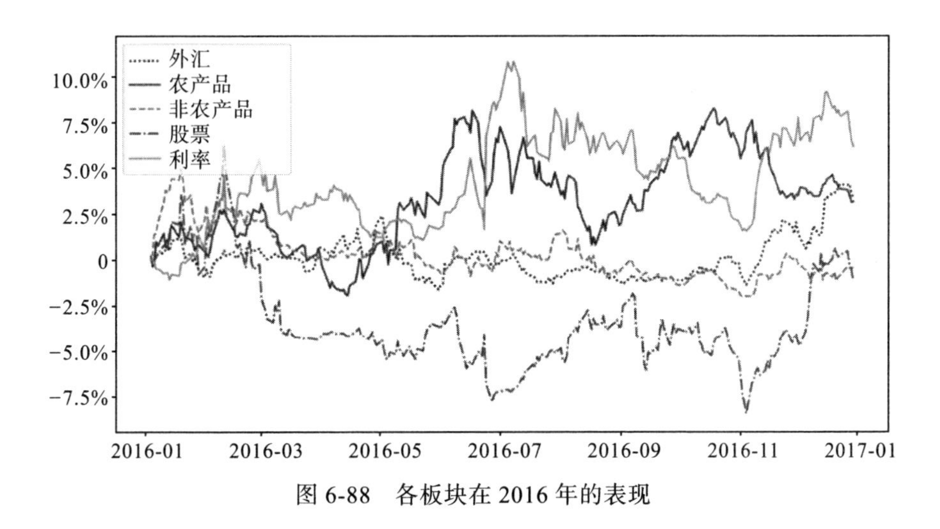

图 6-88 各板块在 2016 年的表现

我们现在已经完成了 15 年的交易，最初的 1 000 万美元投资已经变成了近 8 500 万美元。复利的力量是惊人的。当然，这只是投资者获得的那部分，这些年来你也从中得到了数百万美元的收入。如果你将迄今为止的这一冒险结果与仅仅投入几十万美元的自有资金、风险提高至极高水平，获得的最理想投资结果相比较的话，这两种投资方式孰优孰劣应该是一目了然了吧？

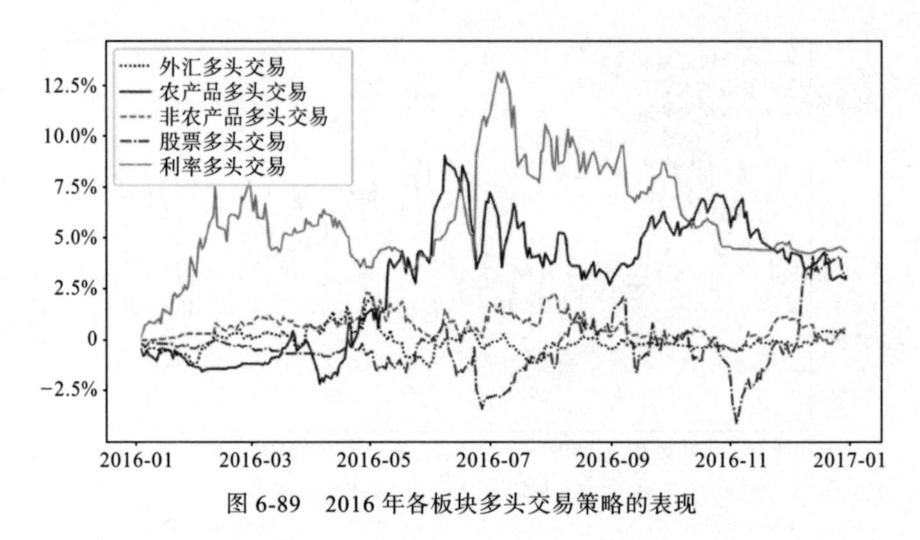

图 6-89 2016 年各板块多头交易策略的表现

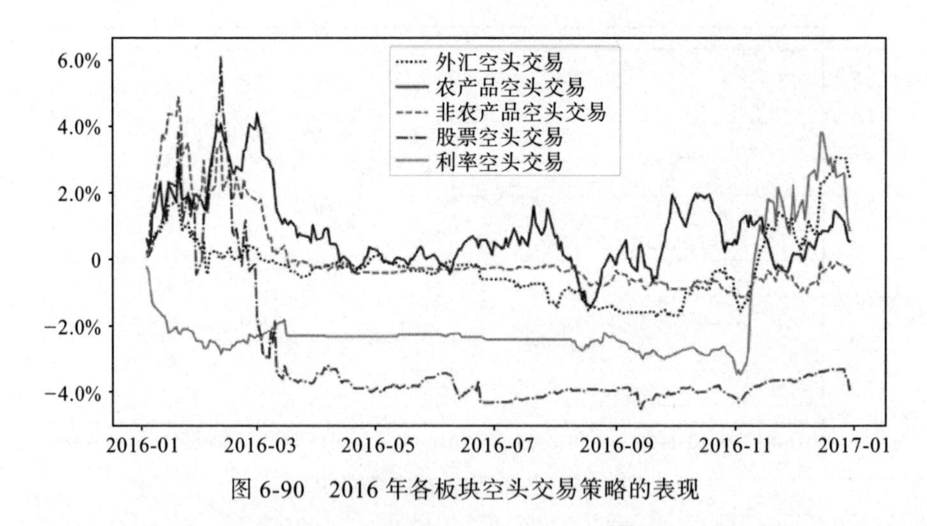

图 6-90 2016 年各板块空头交易策略的表现

今年我们并没有获得太多的业绩分成（见表 6-59 和表 6-60）。请记住，去年我们亏损了 7%，而今年在扣除费用之前，我们只赚了 11%。我们确实再创历史新高，但今年的交易收益大部分都用在了这一过程上，而我们无法从中获得报酬。尽管如此，我们还是获得了 126 万美元的基本管理费，以及另外30万美元[⊖]的业绩分成。既然我们已经达到了历史最高水平，我们接下来就可以再次开始赚钱了。

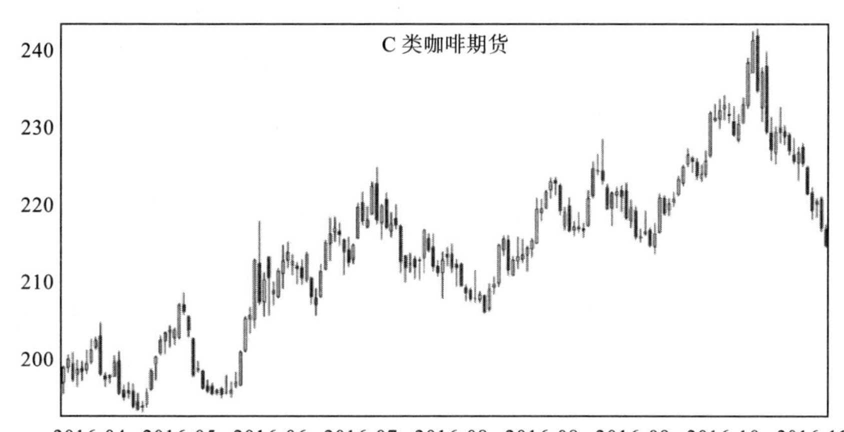

图6-91 2016年C类咖啡期货市场震荡上行

表6-59 2016年各板块收益贡献分布

	外汇	农产品	非农产品	股票	利率	合计
多头交易	0.3	3.1	0.6	3.0	4.4	11.4
空头交易	2.5	0.5	−0.3	−4.0	0.9	−0.4
合计	3.3	3.1	−0.4	−1.2	6.1	11.0

表6-60 2016年业绩表现

	美元	百分比
期初净值	76 954 416	769.54
交易业绩	8 472 094	11.00
利息收入	435 309	0.60
管理费	1 261 376	1.60
业绩分成	295 263	0.40
净收益	7 350 763	9.60
期末净值	84 305 179	843.10

⊖ 原文中的“another three hundred in performance fee”可能存在笔误或遗漏，参考表6-60，业绩分成为295 263美元，接近30万美元，疑为“three hundred thousands”之误，故译者翻译为30万美元。——译者注

2017年

2017年初，可利用的市场趋势比比皆是。我们的投资组合持有54个头寸，这远远超出正常水平。根据当前的交易规则，我们无须在投资组合层面调整风险，而是保持每个头寸的风险静态不变，因此这是一个极高风险的投资组合。鉴于我们所持头寸的数量，这也是一个极度分散化的投资组合。我们持有26个多头头寸和28个空头头寸，在各个板块中的分布也相当均匀（见表6-61和表6-62，以及图6-92）。通常，当市场上存在大量交易趋势时，它们往往属于同一主题，但我们的投资组合中的风险敞口分布非常广泛。股票板块确实是以做多为主，但金属、利率和农产品板块均同时持有多头头寸与空头头寸。

表6-61　2017年的初始投资组合

交易品种	交易方向	所属板块
可可	空	农产品
瘦肉猪	多	农产品
活牛	多	农产品
C类咖啡	空	农产品
罗布斯塔咖啡	多	农产品
白糖	空	农产品
美国11号糖	空	农产品
木材	空	农产品
菜籽油	多	农产品
KC硬红冬小麦	空	农产品
豆粕	空	农产品
豆油	多	农产品
新西兰元	空	外汇
日元	空	外汇
澳元	空	外汇
英镑	空	外汇
美元指数	多	外汇
加元	空	外汇
欧元	空	外汇
法国CAC40指数	多	股票

（续）

交易品种	交易方向	所属板块
恒生中国企业指数	空	股票
CBOE 恐慌指数	空	股票
日经 225 美元指数	多	股票
欧洲斯托克 50 指数	多	股票
德国 DAX 指数	多	股票
富时 100 指数	多	股票
标准普尔 500 迷你指数	多	股票
纳斯达克 100 迷你指数	多	股票
标准普尔中盘股 400 迷你指数	多	股票
恒生指数	空	股票
罗素 2000 迷你指数	多	股票
道琼斯迷你指数	多	股票
多伦多证券交易所 60 指数	多	股票
低硫轻质原油	多	非农产品
纽约港超低硫柴油	多	非农产品
无铅汽油	多	非农产品
布伦特原油	多	非农产品
白银	空	非农产品
燃料油	多	非农产品
铜	多	非农产品
黄金	空	非农产品
钯金	多	非农产品
铂金	空	非农产品
德国 2 年期国债	多	利率
德国 10 年期国债	空	利率
欧元意大利长期国债	空	利率
美国 5 年期国债	空	利率
美国 2 年期国债	空	利率
美国长期国债	空	利率
德国 5 年期国债	多	利率
美国 10 年期国债	空	利率
英国金边债券	空	利率
加拿大 10 年期国债	空	利率
欧洲美元	空	利率

表 6-62　2017 年初始投资组合在各板块的配置情况

	多	空	合计
农产品	5	7	12
利率	2	9	11
非农产品	7	3	10
股票	11	3	14
外汇	1	6	7
合计	26	28	54

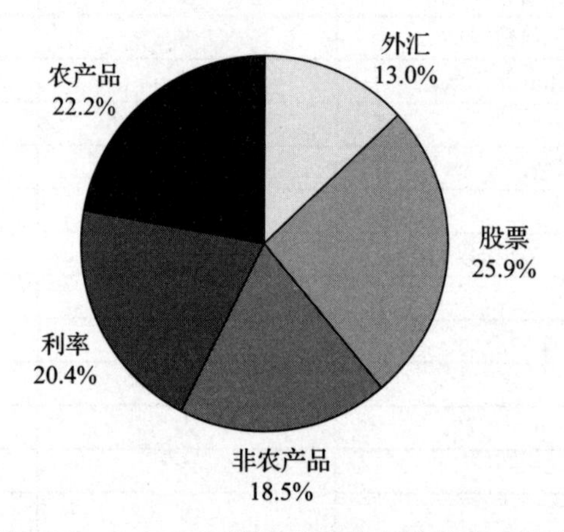

图 6-92　2017 年投资组合在各板块的配置情况

即使快速浏览一下图 6-93，我们也能看出这一年不会让人太满意。MSCI 全球总收益指数全年的涨势近乎完美，涨幅接近 25%，而我们的策略却毫无作为。我们从一开始就遭受打击，然后在近半年的时间里一直在亏损 5% 左右徘徊。我们的策略远远落后于基准，到年中时稍微上涨了一点，但很快就又跌了回去，到年底时我们的交易收益率只有微不足道的 3.7%，比 MSCI 全球总收益指数少 20 个百分点。这一年的表现极其糟糕。

你现在必须给投资者解释清楚，你们为何没有在这样一个大牛市的行情中赚到钱。你告诉投资者，你们的策略是靠捕捉市场趋势来盈利的，而他们也都发现市场的确处于强劲的牛市之中。然而，仔细观察图 6-94 所展示的板块表现，不难发现，虽然你们在股票板块的回报相当可观，但问题出在其他板块上（见图 6-95 和图 6-96）。事实上，今年除了股票板块以外，你们在其他所有板块的投资都以亏损告终。尽管单独看这些亏损并不算大，加起来却相当可观，其总额几乎能与股票市场的盈利相抵销。

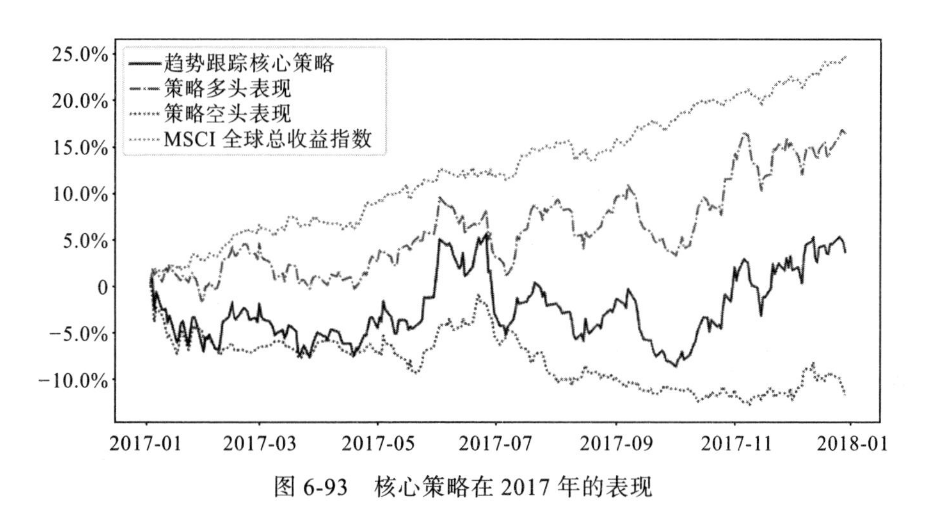

图 6-93 核心策略在 2017 年的表现

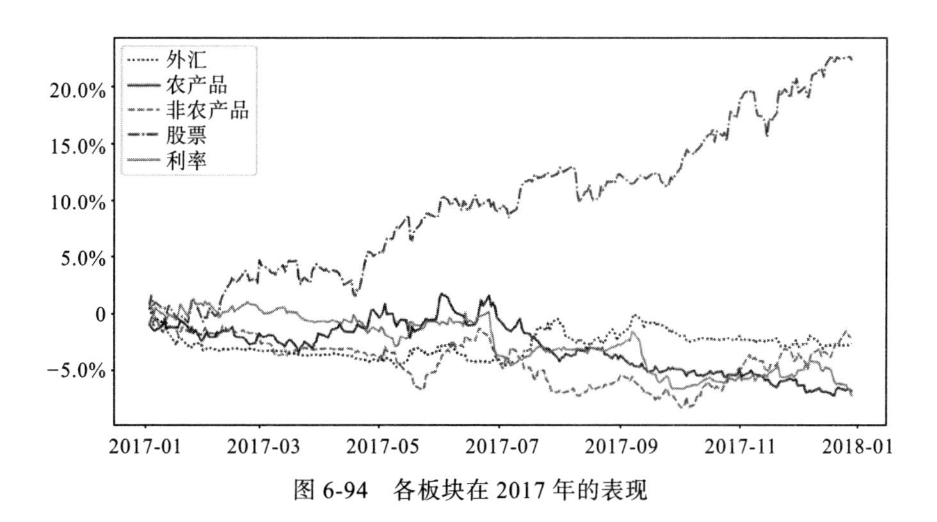

图 6-94 各板块在 2017 年的表现

2017 年的牛市并不仅限于美国，如图 6-97 所示，亚洲市场的表现也相当出色。股票板块全年都是晴空万里，股市全年几乎是一路飘红，几乎没有回调。

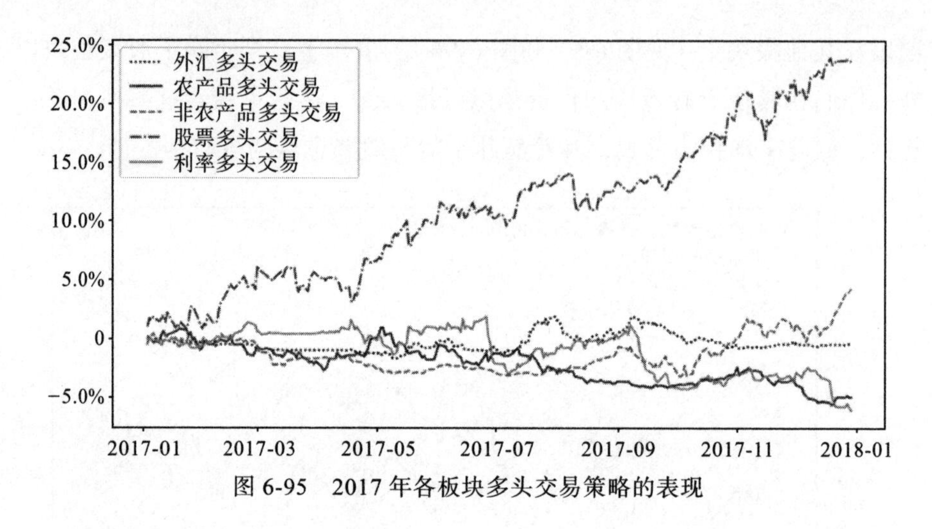

图 6-95　2017 年各板块多头交易策略的表现

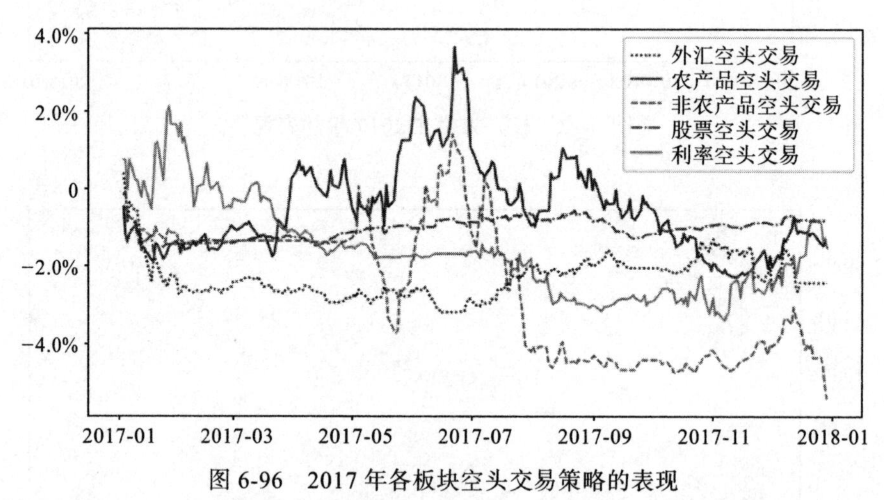

图 6-96　2017 年各板块空头交易策略的表现

我们在年初时拥有近 8 500 万美元的资金，因此这 300 万美元的交易收益实际上相当微薄。在获得近 1% 的利息收入后，我们在扣除费用前的收益略低于 5%。在支付了管理费和少许业绩分成后，我们为投资者实现了 2.6% 的净收益（见表 6-63 和表 6-64）。这一收益率只有被动指数基金可能获得回报的 1/10。经历了这样的一年，我们面临着巨大的压力。即使在本章中我们有 15 年以上的良好业绩作为支撑，但仍面临着失去投资者信任的风险。我们确实要通过一场大胜来重新证明自己。

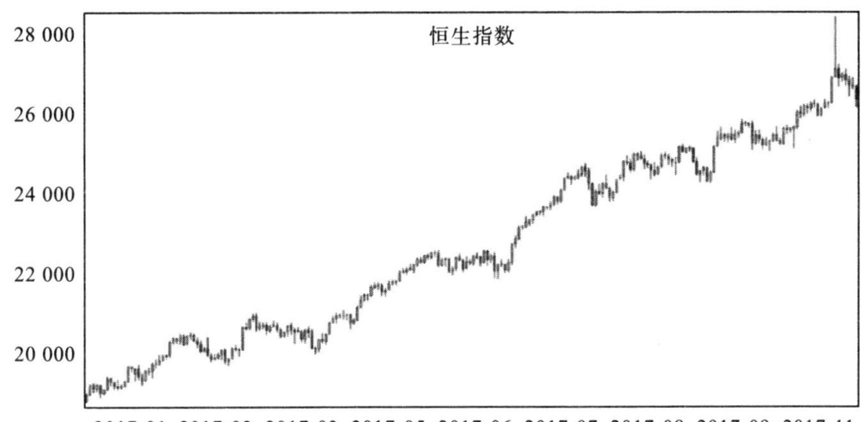

图 6-97 2017 年恒生指数走出一轮大牛市

表 6-63 2017 年各板块收益贡献分布

	外汇	农产品	非农产品	股票	利率	合计
多头交易	−0.3	−5.0	4.3	23.6	−6.1	16.5
空头交易	−2.4	−1.5	−5.4	−0.8	−1.5	−11.7
合计	−2.6	−6.8	−2.1	22.4	−7.2	3.7

表 6-64 2017 年业绩表现

	美元	百分比
期初净值	84 305 179	843.05
交易业绩	3 127 629	3.70
利息收入	745 210	0.90
管理费	1 285 877	1.50
业绩分成	388 044	0.50
净收益	2 198 918	2.60
期末净值	86 504 097	865.00

2018 年

今年我们的投资组合初始规模比去年小得多，风险也大大降低（见表 6-65）。总共只有 35 个头寸，对股票主要采用做多策略，其余板块则同时持有多头头寸与空头头寸（见表 6-66 和图 6-98）。我们主要做空农产品板块，但仍然做多木材和棉花。在经历了去年的亏损后，我们希望今年在绝对收益和相对收益上获得双丰收。如果两者都未能实现，那结果将非常糟糕。

表 6-65 2018 年的初始投资组合

交易品种	交易方向	所属板块
木材	多	农产品
C 类咖啡	空	农产品
KC 硬红冬小麦	空	农产品
玉米	空	农产品
可可	空	农产品
豆油	空	农产品
罗布斯塔咖啡	空	农产品
美国 2 号棉花	多	农产品
英镑	多	外汇
富时 100 指数	多	股票
CBOE 恐慌指数	空	股票
多伦多证券交易所 60 指数	多	股票
罗素 2000 迷你指数	多	股票
纳斯达克 100 迷你指数	多	股票
标准普尔中盘股 400 迷你指数	多	股票
道琼斯迷你指数	多	股票
日经 225 美元指数	多	股票
标准普尔 500 迷你指数	多	股票
亨利港天然气	空	非农产品
纽约港超低硫柴油	多	非农产品
无铅汽油	多	非农产品
铜	多	非农产品
燃料油	多	非农产品
钯金	多	非农产品
白银	空	非农产品
布伦特原油	多	非农产品
低硫轻质原油	多	非农产品
铂金	空	非农产品
欧元银行同业拆借利率	多	利率
美国 5 年期国债	空	利率
美国 10 年期国债	空	利率
美国 2 年期国债	空	利率
欧元意大利长期国债	多	利率
德国 10 年期国债	多	利率
欧洲美元	空	利率

表 6-66　2018 年初始投资组合在各板块的配置情况

	多	空	合计
农产品	2	6	8
非农产品	7	3	10
利率	3	4	7
股票	8	1	9
外汇	1	0	1
合计	21	14	35

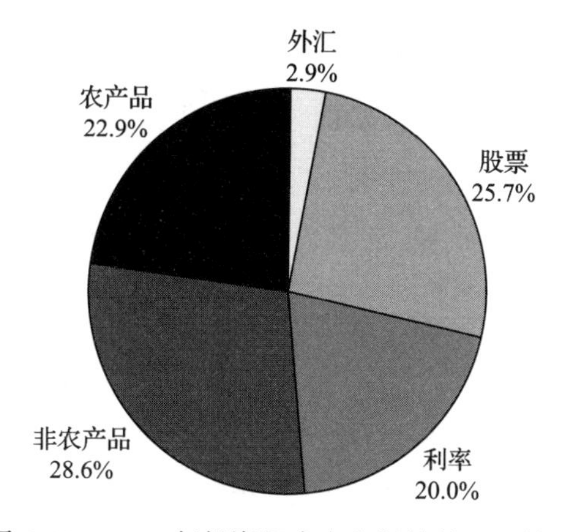

图 6-98　2018 年投资组合在各板块的配置情况

年初的时候，策略的走势和我们预想的走势一致。到 2 月时，我们的收益强劲上涨至 12%。当然，如果你持续关注这一章，你现在应该已经知道这个游戏的变化规律了。从盈利 12% 开始，我们又一路暴跌至亏损 10%。虽然这样的波动在长期图表中并不明显，但当它们实际发生时，你的投资收益会受到非常大的负面影响。在那之后的大部分时间里，我们在亏损 5% ～ 10% 的区间内摇摆不定，并且一直跑输大盘。真正令人担忧的是，我们的策略在 10 月份大幅下挫（见图 6-99），组合收益一路下跌至亏损 20%，而股票指数同期只出现小幅回调。

再次经历了极度困难的一年之后，我们至少在最后一个月得到了喘息之机，此时股票市场大幅下跌，而我们却有所斩获。在 2018 年底，我们实现了年初设定的两个目标之一。虽未实现绝对收益，但至少我们跑赢了基准指数。当然，设定这样的目标更多是出于一种构想或激励的初衷，因为它不会对我们的策略产生任何影响。这就是系统化策略的问题所在。策略一旦开始实施，我们实际上就成了看客。

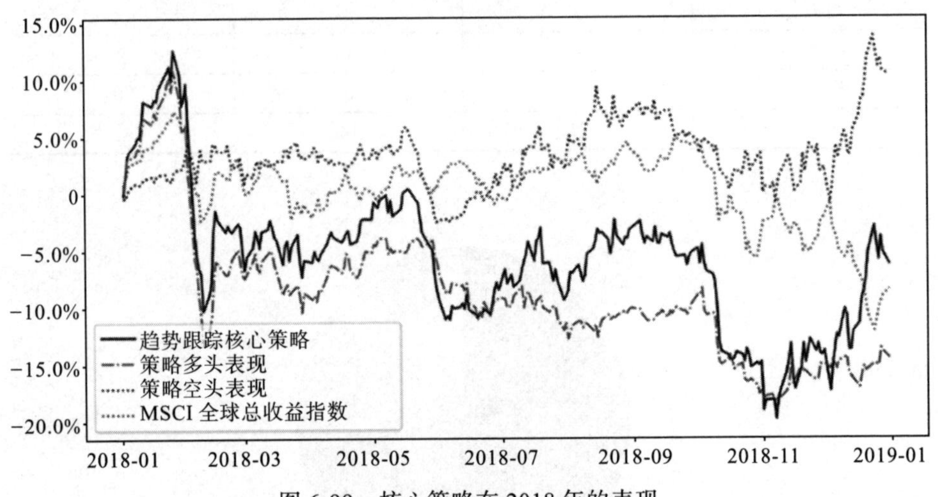

图 6-99 核心策略在 2018 年的表现

年初的暴跌毁掉了我们整年的收益，这在很大程度上是由股票市场的回调造成的。我们当时持有大量的多头头寸，因此遭受了短期打击并触发了止损（见图 6-100 至图 6-102）。当市场复苏时，我们已经止损出局，未能参与其中。这是股票市场极度困难的一年，在波动剧烈且趋势散乱的市场中，我们在股票板块上持续亏损。这是那些什么方法都无效的年份之一。我们在某些板块获得了短暂收益，但都没有持续下去。到年底时，各板块的表现并没有太大的差异，不是小亏就是小赚，而全年净收益为负。

在用于描述市场回调的词汇中，“崩盘”一词被极度滥用了。2018 年 1 月股票市场发生的事情，在当时感觉的确像是一场崩盘，当然，媒体也将其描述为崩盘。几年后，人们很难记得当时发生了什么，有些人甚至都不记得有什么事情发生。不过，对于趋势跟踪者来说，那几周肯定是极其痛苦的。看一下图 6-103 中的价格走势。2017 年的股票市场是一个超级大牛市的走势，然后在2018年初真正开始加速，这一波上涨累积了可观的利润。然而，就在你毫无思想准备的时候，市场突然发生了巨变，你在几天内就把几个月的利润悉数赔光。真是来得容易去得快。这些情况的确让人感到痛苦，但也是从事趋势跟踪行业必须交的学费。

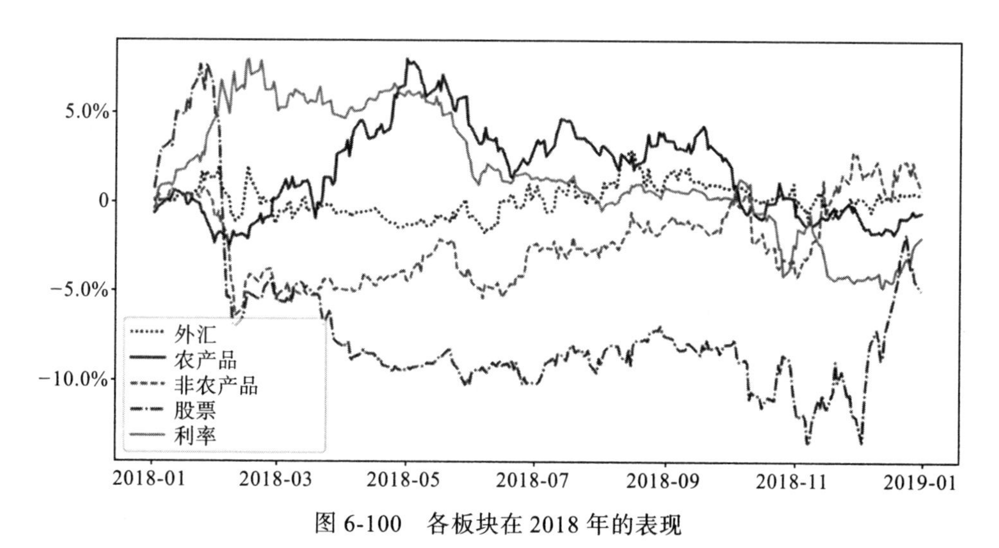

图 6-100 各板块在2018年的表现

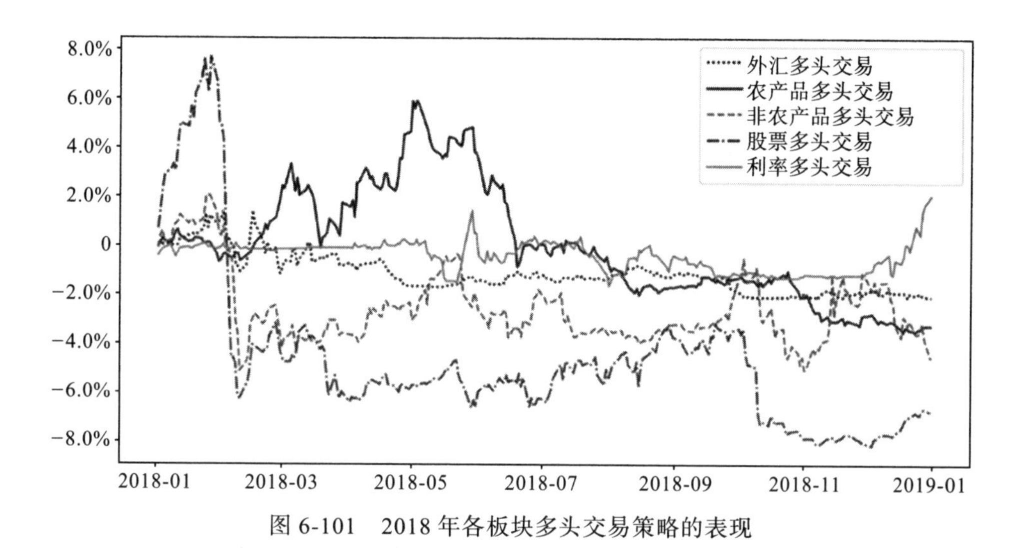

图 6-101 2018年各板块多头交易策略的表现

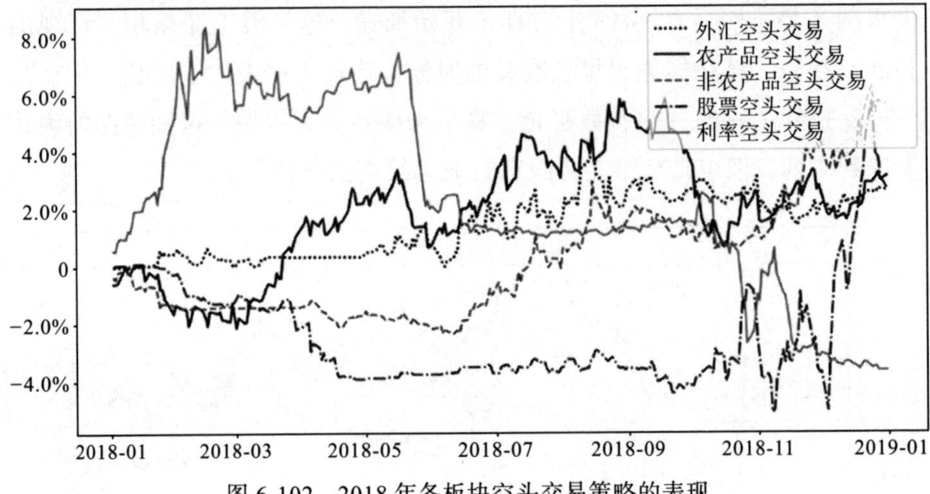

图 6-102　2018 年各板块空头交易策略的表现

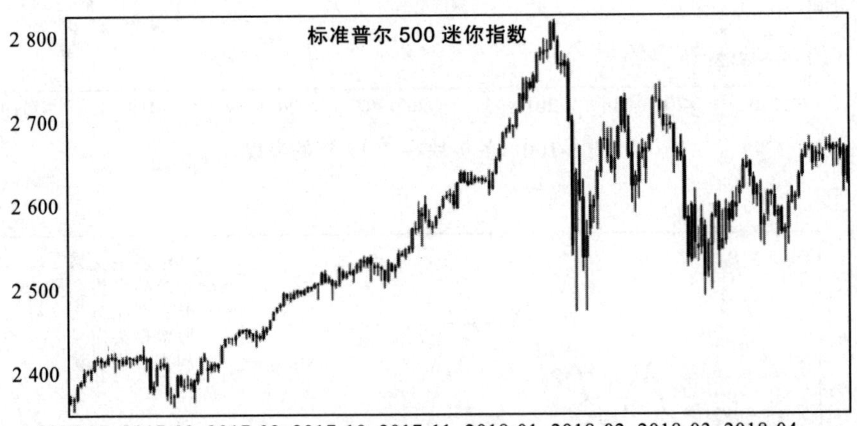

图 6-103　2018 年标准普尔 500 迷你指数突然崩盘

今年的亏损大约是去年盈利的两倍（见表 6-67 和表 6-68）。无休止的亏损会让人身心俱疲，尤其是 2018 年初那场假反弹更是大伤士气。对我来说幸运的是，那一年我吃了太多药，所以大部分事情我都不记得了。人们对金融界的刻板印象不全是对的。就在 2 月市场下跌的时候，我正躺在重症监护室里，对市场事件一无所知。

表 6-67 2018 年各板块收益贡献分布

	外汇	农产品	非农产品	股票	利率	合计
多头交易	−2.1	−3.2	−4.5	−6.7	2.1	−14.5
空头交易	2.6	3.1	5.6	2.7	−3.6	10.4
合计	0.4	−0.6	0.7	−4.9	−1.9	−6.2

表 6-68 2018 年业绩表现

	美元	百分比
期初净值	86 504 097	865.04
交易业绩	−5 384 227	−6.20
利息收入	1 327 782	1.50
管理费	1 193 032	1.40
业绩分成	—	0.00
净收益	−5 249 477	−6.10
期末净值	81 254 620	812.50

尽管我们确实跑赢了指数，但这一年的所有事情都一塌糊涂。在向我们支付了 100 多万美元的费用后，投资者的损失合计为 500 万美元，现在我们再次陷入亏损。我们在实现新高之前，是拿不到业绩分成的。

2019 年

资金回撤的日子总是那么难熬。这让你觉得自己在白干活，因为在你超过历史前高之前，你拿不到任何业绩分成。我们目前的处境也是十分艰难，因为自 2014 年以来，我们还没有取得过一场真正的胜利。在那年获得 50% 的回报率之后，我们成为英雄。如今，经过 4 年的平庸表现之后，我们的客户数量也在不断减少。

现在是 2019 年，在经历了前一年平淡无奇的股市之后，我们建立了一个熊市投资组合。全面做空股票指数，不幸的是，这将成为今年上半年的主要驱动力（见表 6-69 和表 6-70，以及图 6-104）。

表 6-69 2019 年的初始投资组合

交易品种	交易方向	所属板块
木材	空	农产品
瘦肉猪	多	农产品
豆粕	空	农产品
活牛	多	农产品
豆油	空	农产品
罗布斯塔咖啡	空	农产品
菜籽油	空	农产品
KC 硬红冬小麦	空	农产品
美国 2 号棉花	空	农产品
澳元	空	外汇
加元	空	外汇
美元指数	多	外汇
CBOE 恐慌指数	多	股票
恒生中国企业指数	空	股票
日经 225 美元指数	空	股票
标准普尔中盘股 400 迷你指数	空	股票
罗素 2000 迷你指数	空	股票
法国 CAC40 指数	空	股票
德国 DAX 指数	空	股票
纳斯达克 100 迷你指数	空	股票
欧洲斯托克 50 指数	空	股票
多伦多证券交易所 60 指数	空	股票
富时 100 指数	空	股票
道琼斯迷你指数	空	股票
标准普尔 500 迷你指数	空	股票
纽约港超低硫柴油	空	非农产品
无铅汽油	空	非农产品
布伦特原油	空	非农产品
钯金	多	非农产品
铜	空	非农产品
黄金	多	非农产品
燃料油	空	非农产品
低硫轻质原油	空	非农产品
美国 2 年期国债	多	利率
英国金边债券	多	利率

（续）

交易品种	交易方向	所属板块
德国 10 年期国债	多	利率
德国 2 年期国债	多	利率
短期英镑	多	利率
加拿大 10 年期国债	多	利率
欧洲美元	空	利率
美国长期国债	多	利率
欧元意大利长期国债	多	利率
美国 10 年期国债	多	利率
欧元银行同业拆借利率	多	利率
德国 5 年期国债	多	利率
美国 5 年期国债	多	利率

表 6-70　2019 年初始投资组合在各板块的配置情况

	多	空	合计
农产品	2	7	9
非农产品	2	6	8
利率	12	1	13
外汇	1	2	3
股票	1	12	13
合计	18	28	46

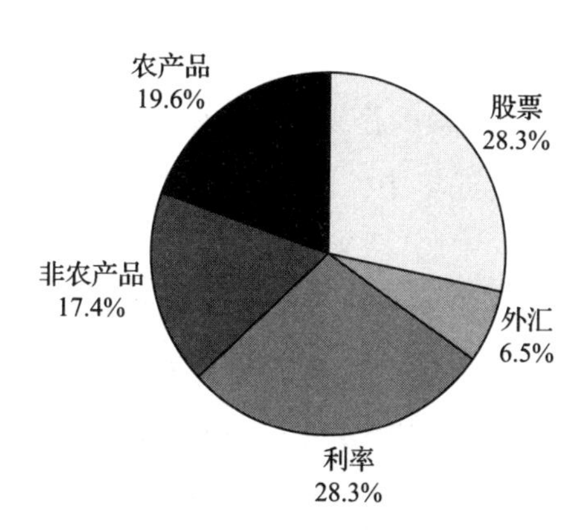

图 6-104　2019 年投资组合在各板块的配置情况

随着今年股市的上涨，我们在该板块的空头头寸损失惨重。当市场在初期上涨 15% 时，我们的损失与之大致相同。这一开局出乎我们的意料。

好在我们组合的配置很快就跟上了市场的节奏，组合收益也从低点逐渐回升（见图 6-105）。到 10 月份，我们已经赶上了市场，我们的收益率大约为 10%，但随后又是一场暴跌。就在形势有所好转之际，组合收益再次下跌，最终以 5% 的亏损结束了这一年。

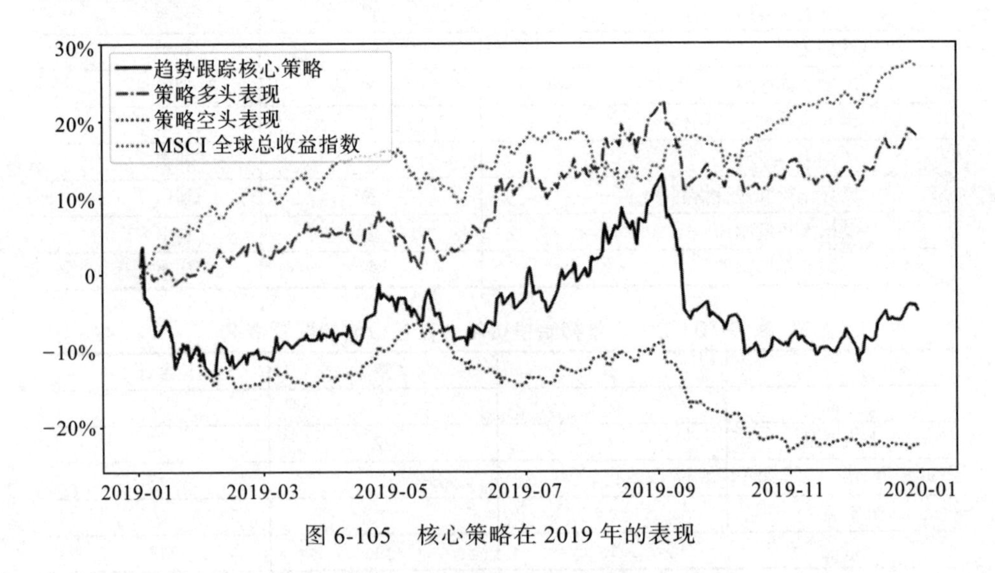

图 6-105　核心策略在 2019 年的表现

一年内亏损 5% 算不上什么灾难，这种情况时有发生。但这已经是连续第五年表现不佳了。尽管不是连续五年亏损，但五年来乏善可陈。如果投资者在 2015 年初在该策略中投入 10 万美元，那么五年后他们现在只剩下 9.3 万美元，而且在这五年中，他们还在一直为这些亏损的“特权”而向你支付费用！

一两年还行，但是五年呢？自 2002 年开始从事趋势跟踪交易业务以来，这是我们所经历的最严重的危机，投资者可能会发出这样的疑问：市场是否已经发生变化？趋势跟踪方法是否不再可行？这些质疑是非常合理的。在过去几年中，我们确实看到了一些根本性的市场变化。最明显的是利率板块的变化。在趋势跟踪交易的黄金时代，利率板块是策略回报的主要来源。这是因为我们是在一个利率非常高的环境下开始交易的，而利率随后开始缓慢下降。随着利率的走低，债券价格上升，连续多年做多成为收入的主要来源。显然，鉴于利率如此之低，这个游戏已经结束了。

另一个主要的变化是市场风险态度（风险偏好与风险规避）的变化。通常情况下，存在某个决定性的单一因素，即某个事件可能会立即扭转几乎所有的趋势。这个事件可能是美国债务上限僵局，或是某一场重大选举，或是美联储的重大决策等。市场已经极度全球化，相互联系如此紧密，以至于几十年前没有多大关联性的市场现在突然变得步调一致。

那么，游戏结束了吗？是时候金盆洗手，拿着我们赚到的全部资金，到某个地方买一个小岛，开始颐养天年了吗？请记住，虽然这可能是趋势跟踪交易行业的一次严峻危机，但迄今为止，每一次这样的预测都还为时过早。

如果你是从 2014 年 12 月开始交易之旅的，那你现在选择放弃也情有可原。一上来就连遭五年打击，这对你的职业生涯确实是致命的，这也是进入趋势跟踪交易行业的主要风险之一。你的入场时机不佳，而你又对此无能为力，那你只能认栽了。而对于我们，由于已经有了 15 年的强劲表现，我们还能惨淡经营下去。今年没有彻底崩溃的唯一原因是我们在利率板块的多头头寸（见图 6-106 至图 6-108）。在所有其他板块最终都让我们亏钱的情况下，我们从利率板块获得了 20% 的收益。

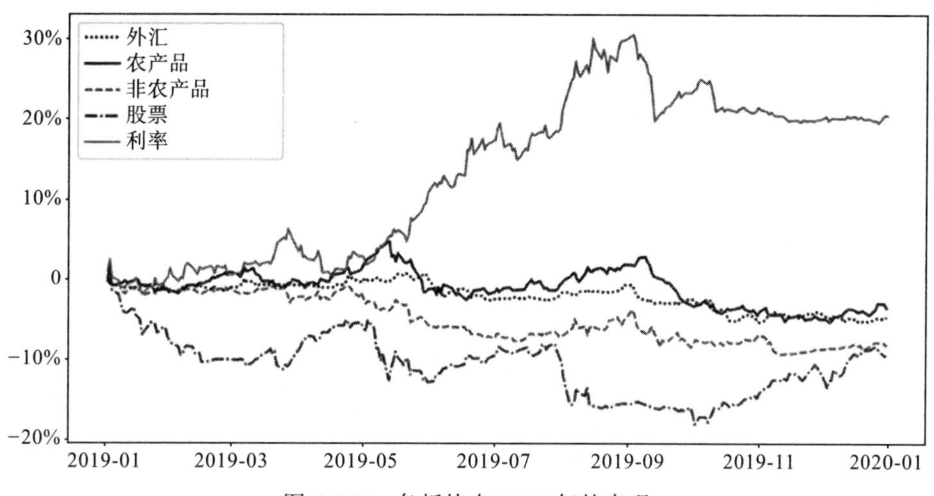

图 6-106　各板块在 2019 年的表现

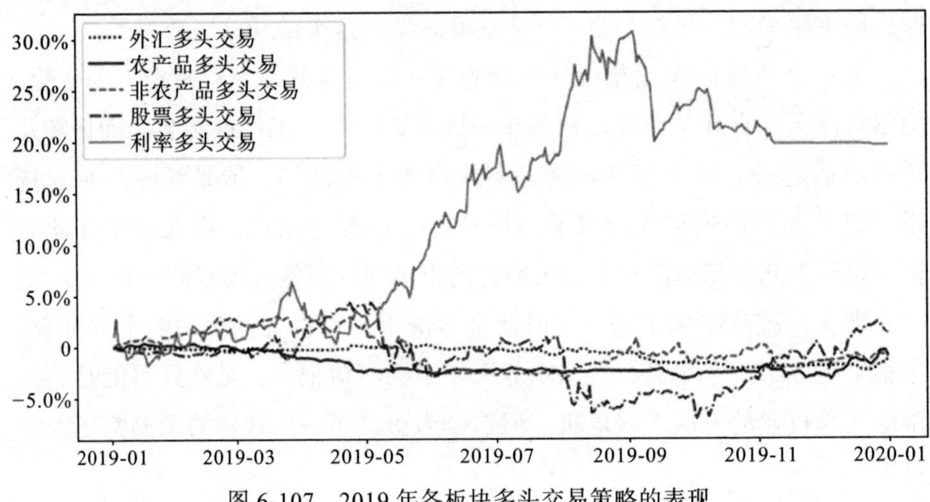

图 6-107　2019 年各板块多头交易策略的表现

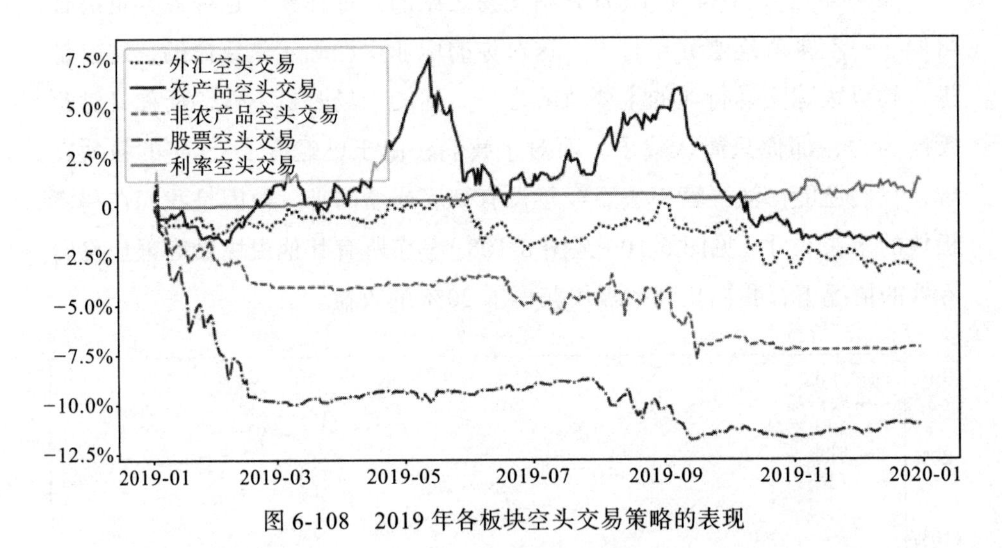

图 6-108　2019 年各板块空头交易策略的表现

2018 年，当牛市突然结束时，我们被套牢在股市的多头头寸中。到 2018 年底，我们在标准普尔指数和其他股市中做了几个月的空头交易，开始甚至还赚了一点儿钱。但是，大家都知道做空交易难度很大，图 6-109 显示了股指期货空头交易的一种典型情况，如图所示，股市在急剧下跌之后，在 2019 年初出现了 V 形复苏，我们的策略遭遇巨大亏损。总的来说，做空很难赚到钱。

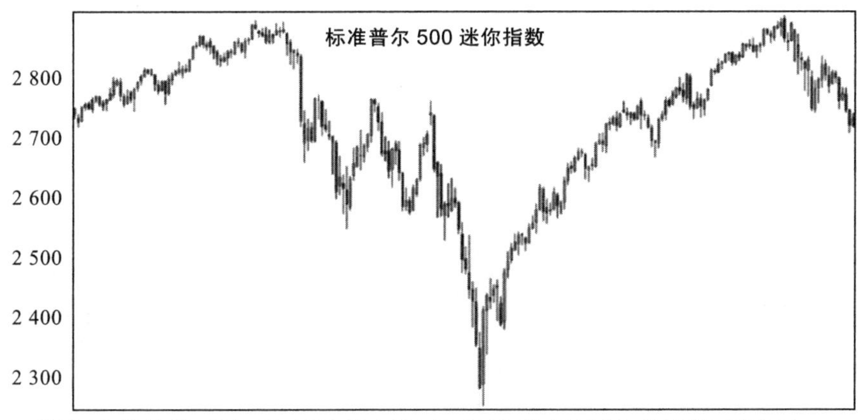

图 6-109 2019 年在标准普尔 500 迷你指数上试水空头交易

我们正在给自己挖一个更深的坑，进一步远离之前的历史最高水平。在损失近 5% 之后，我们的资产净值降至 8 000 万美元以下，而 2017 年设定的历史最高水平是 8 650 万美元。今年我们获得的全部收入只是管理费，一个 8 000 万美元的投资组合只收取区区 100 万美元的管理费，而在这次亏损之后，我们管理的资产规模降至 7 700 万美元（见表 6-71 和表 6-72）。

表 6-71 2019 年各板块收益贡献分布

	外汇	农产品	非农产品	股票	利率	合计
多头交易	−1.3	−0.9	−1.2	1.3	19.6	17.5
空头交易	−3.6	−2.1	−7.2	−10.9	1.2	−22.5
合计	−4.6	−3.4	−8.1	−9.3	20.6	−4.9

表 6-72 2019 年业绩表现

	美元	百分比
期初净值	81 254 620	812.55
交易业绩	−3 957 256	−4.90
利息收入	979 959	1.20
管理费	1 141 344	1.40
业绩分成	—	0.00
净收益	−4 118 641	−5.10
期末净值	77 135 979	771.40

2020年

在经历了艰难的五年之后，2020年要是能风平浪静就好了。没有发生什么大事件或大新闻，美好而平稳的一年。那么，2020年可能会出现什么问题呢？我之前提到过，我们一般不喜欢单一主题的市场氛围，即所有事情都围绕某个单一的事件或情境展开，这通常不利于趋势跟踪策略的实施，因为它降低了分散化的好处。这一年发生了一百年来最严重的疫情、封锁、旅行禁令以及那些你竭力想要忘记的事情，简直不堪回首。我们的趋势跟踪模型是如何应对这些大事件的冲击的呢？相信你对此一定非常感兴趣。

鉴于我们现在对2020年的了解，我们满仓牛市投资组合或许看起来令人十分担忧。我们全面做多股票，同时做空恐慌指数。如果市场突然出现震荡，那肯定不是好事。我们还做多石油，主要做多农产品，同时做空利率（见表6-73和表6-74，以及图6-110）。

表6-73 2020年的初始投资组合

交易品种	交易方向	所属板块
木材	多	农产品
豆粕	空	农产品
豆油	多	农产品
美国2号棉花	多	农产品
美国11号糖	多	农产品
白糖	多	农产品
瘦肉猪	空	农产品
KC硬红冬小麦	多	农产品
活牛	多	农产品
饲牛	多	农产品
C类咖啡	多	农产品
玉米	空	农产品
日元	空	外汇
澳元	多	外汇
新西兰元	多	外汇

（续）

交易品种	交易方向	所属板块
加元	多	外汇
美元指数	空	外汇
英镑	多	外汇
标准普尔 500 迷你指数	多	股票
恒生指数	多	股票
恒生中国企业指数	多	股票
多伦多证券交易所 60 指数	多	股票
富时 100 指数	多	股票
日经 225 美元指数	多	股票
欧洲斯托克 50 指数	多	股票
法国 CAC40 指数	多	股票
CBOE 恐慌指数	空	股票
纳斯达克 100 迷你指数	多	股票
道琼斯迷你指数	多	股票
罗素 2000 迷你指数	多	股票
标准普尔中盘股 400 迷你指数	多	股票
亨利港天然气	空	非农产品
燃料油	多	非农产品
布伦特原油	多	非农产品
钯金	多	非农产品
铜	多	非农产品
无铅汽油	多	非农产品
德国 5 年期国债	空	利率
欧元银行同业拆借利率	空	利率
短期英镑	空	利率
美国 10 年期国债	空	利率
美国 2 年期国债	空	利率
英国金边债券	空	利率
德国 10 年期国债	空	利率
德国 2 年期国债	空	利率
美国 5 年期国债	空	利率
加拿大 10 年期国债	空	利率

表 6-74　2020 年初始投资组合在各板块的配置情况

	多	空	合计
农产品	9	3	12
利率	0	10	10
非农产品	5	1	6
股票	12	1	13
外汇	4	2	6
合计	30	17	47

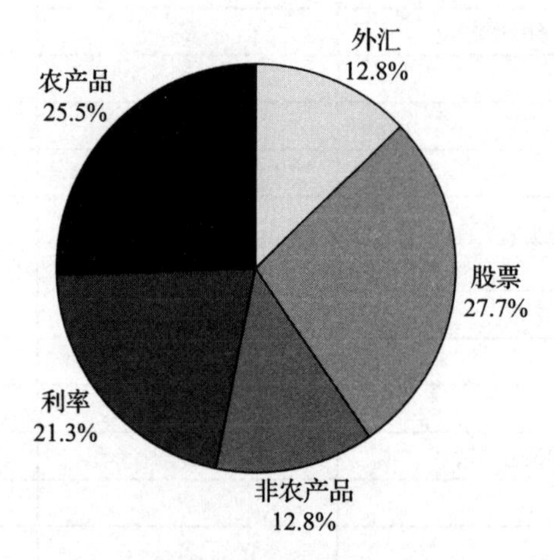

图 6-110　2020 年投资组合在各板块的配置情况

今年的开局令人颇为担忧，尤其是考虑到我们在过去五年里乏善可陈的表现，如今我们面临着巨大的压力。我们组合的收益出现剧烈波动，截至 3 月初，亏损高达 17%（见图 6-111）。当然，这一年非比寻常，你对所发生事件的记忆可能取决于你在世界上的具体位置。

形势从 3 月中旬开始急剧变化，苏黎世在短短几天内就从一座繁华的旅游城市变成了一座空城。当然，市场不知道该如何应对这种情况，而不确定性通常会导致恐慌蔓延。

趋势跟踪交易者应对这种情况的能力比大多数自主交易者要强得多。当然，我们在年初的持仓主要集中于牛市投资组合，但到了 3 月份的恐慌时期，市场已经缓慢下跌了几个月。我们调整了资产配置，到 3 月中旬，我们已经将持仓切换为熊市投资组合。我们做空股票，也许更重要的是，做空石油。我想提醒那些抹去了2020年相关记忆的幸运儿，这一年的石油期货价格出现了负数。从理论上讲，这等于你拥有了一桶石油的持有权，不但不需要支付费用，还获得了意外的回报。

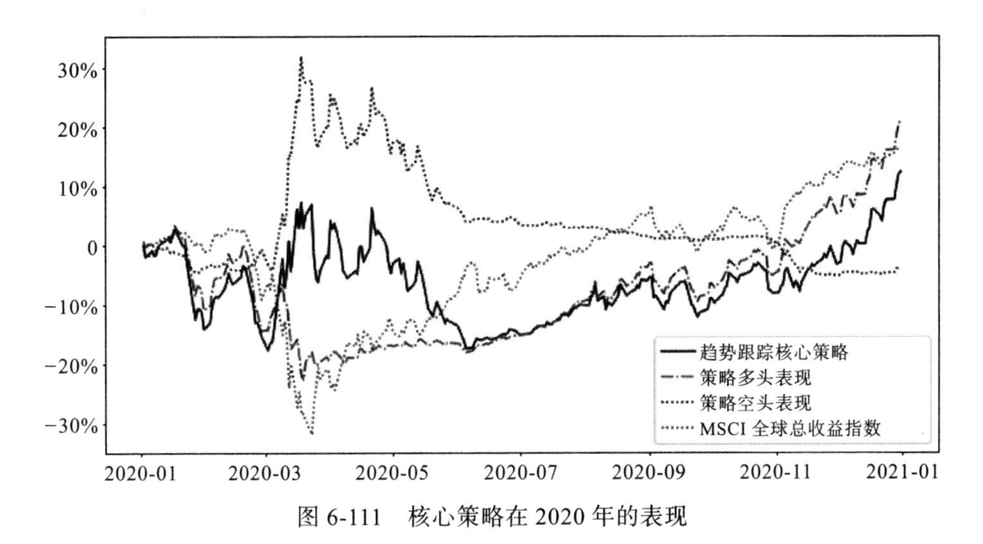

图6-111 核心策略在2020年的表现

3月和4月是这一时期最混乱的阶段，从中我们可以清楚地看到趋势跟踪空头交易的价值。在这一阶段，我们在投资组合多头交易上的损失几乎与大盘一致，但我们在空头头寸上获得的收益却要多得多。总的来说，当市场亏损时，我们却获得了可观的收益。如果你的目标是吸引专业投资者，这种行为可能极具价值，即在市场动荡时期形成对冲的能力。即使你像我们那样，在接下来的几个月里回吐了大部分收益，专业投资者仍会看重你的策略对整体配置的稳定作用。

我们在6月的收益跑输大盘，并在今年剩余的时间里苦苦追赶。最终，我们与大盘的差距并不算大，并以近13%的交易收益率收盘（见图6-112）。这并不是我们所希望的酣畅淋漓的大胜，但也差强人意。无论从哪个角度看，2020年都是可怕的一年，而我们不但获得了两位数的年收益率，而且回撤幅度也远低于市场（见图6-113和图6-114）。尽管不是大胜，但终究是胜利。

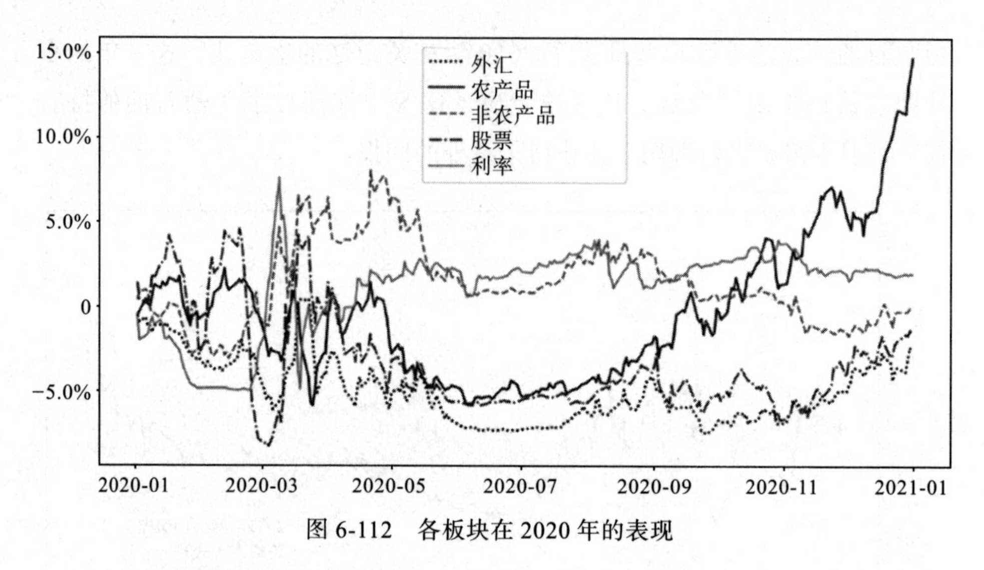

图 6-112 各板块在 2020 年的表现

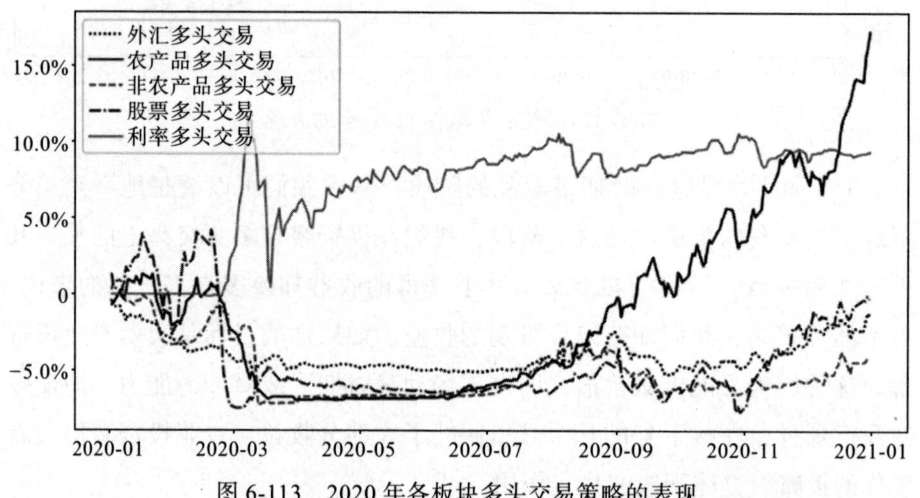

图 6-113 2020 年各板块多头交易策略的表现

今年真正的大场面出现在农产品板块，该板块为投资组合做出巨大贡献，帮助组合从亏损 5% 一路反弹至盈利 15%。这是通过多个品种的交易共同实现的，但我们可以从图 6-115 所显示的任意长度木材期货走势图来一窥究竟。任意长度木材期货市场走出了一轮大牛市行情，利润迅速累积。你或许已经注意到，在这个特殊的图表中，y 轴上的价格变成了负数。没关系，这只是长期连续图表的一种美化效果。如前所述，我在本章中使用计算出的连续图来展示价格趋势，但在回测以及现实生活中，我们交易的是实际的单个合约。

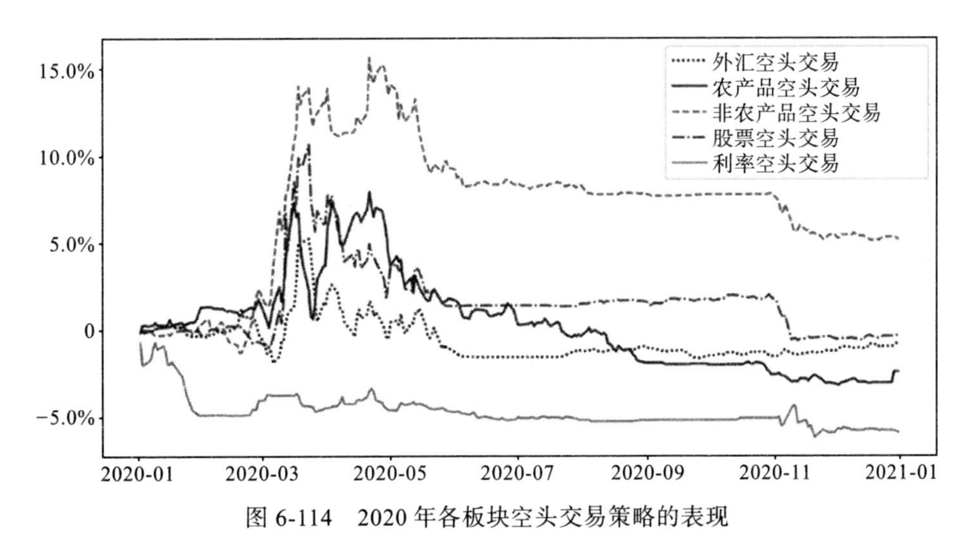

图 6-114 2020 年各板块空头交易策略的表现

图 6-115 2020 年任意长度木材期货市场走出牛市行情

最终，我们在这一年再次实现正回报！但如你所见，我们仍然没有获得任何绩效分成。即使是两位数的收益率也没有让我们重返此前的历史最高水平。我们在 2017 年的基金净资产高达 8 650 万美元。我们已接近该水平，只需要再稍微努力一点儿，就可以再次获得业绩分成（见表 6-75 和表 6-76）。超额资金的利息收入所占的百分比现在已降至几乎为零，我们不能再依赖这笔白送的钱了。当投资组合规模达到一定程度之上时，0.2%的收益率几乎可以忽略不计。

表 6-75　2020 年各板块收益贡献分布

	外汇	农产品	非农产品	股票	利率	合计
多头交易	−1.3	17.4	−4.2	−0.2	9.4	21.1
空头交易	−0.8	−2.4	5.2	−0.3	−5.9	−4.2
合计	−2.6	14.8	−0.2	−1.5	2.0	12.5

表 6-76　2020 年业绩表现

	美元	百分比
期初净值	77 135 979	771.36
交易业绩	9 617 188	12.50
利息收入	184 422	0.20
管理费	1 286 048	1.70
业绩分成	—	0.00
净收益	8 515 563	11.00
期末净值	85 651 541	856.50

2021 年

现在，我们即将进入这 20 年旅程的最后一年。前十年确实更有趣，不是吗？你现在可能也有这种感觉，但真正艰难的时刻实际上始于 2015 年。即使如此，我们也已经度过了六个艰难的年头，如果你现在开始放弃跟踪趋势的整个想法，那也可以理解。看来趋势跟踪策略已经失效了，是吗？

今年的组合配置有几个不寻常之处：我们在农产品板块持有 12 个头寸，而且全部是多头头寸（见表 6-77 和表 6-78，以及图 6-116）。除此之外，我们还持有一个满仓的牛市投资组合，其中包括 14 个头寸，直接押注股票上涨。我们主要做多金属和能源，而目前对利率板块的敞口非常有限。在经历了乏善可陈的一段时间后，今年的组合承载了很多希望。

表 6-77 2021 年的初始投资组合

交易品种	交易方向	所属板块
美国 11 号糖	多	农产品
木材	多	农产品
大豆	多	农产品
瘦肉猪	多	农产品
豆油	多	农产品
豆粕	多	农产品
菜籽油	多	农产品
KC 硬红冬小麦	多	农产品
玉米	多	农产品
可可	多	农产品
美国 2 号棉花	多	农产品
白糖	多	农产品
澳元	多	外汇
英镑	多	外汇
瑞士法郎	多	外汇
欧元	多	外汇
加元	多	外汇
美元	空	外汇
日元	多	外汇
新西兰元	多	外汇
富时 100 指数	多	股票
法国 DAX 指数	多	股票
纳斯达克 100 迷你指数	多	股票
欧洲斯托克 50 指数	多	股票
恒生中国企业指数	多	股票
罗素 2000 迷你指数	多	股票
德国 CAC40 指数	多	股票
标准普尔中盘股 400 迷你指数	多	股票
CBOE 恐慌指数	空	股票
多伦多证券交易所 60 指数	多	股票
标准普尔 500 迷你指数	多	股票
日经 225 美元指数	多	股票
道琼斯迷你指数	多	股票
恒生指数	多	股票
低硫轻质原油	多	非农产品
亨利港天然气	空	非农产品
燃料油	多	非农产品

（续）

交易品种	交易方向	所属板块
无铅汽油	多	非农产品
黄金	空	非农产品
纽约港超低硫柴油	多	非农产品
钯金	多	非农产品
铜	多	非农产品
铂金	多	非农产品
欧元银行同业拆借利率	多	利率
欧洲美元	多	利率
欧元意大利长期国债	多	利率
加拿大10年期国债	空	利率
美国2年期国债	多	利率

表 6-78　2021 年初始投资组合在各板块的配置情况

	多	空	合计
农产品	12	0	12
利率	4	1	5
非农产品	7	2	9
股票	13	1	14
外汇	7	1	8
合计	43	5	48

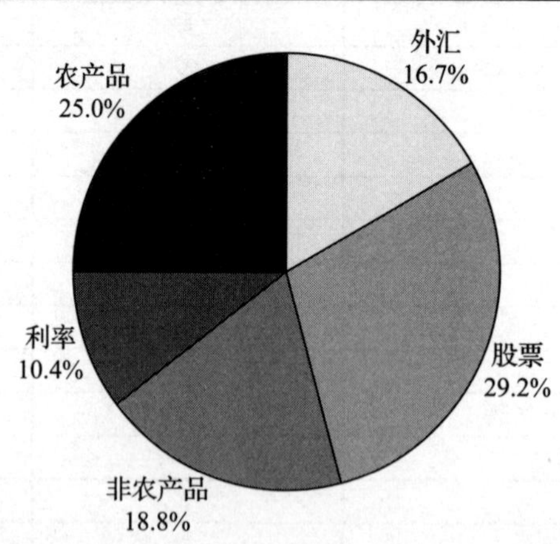

图 6-116　2021 年投资组合在各板块的配置情况

当利润在新年第一周内就跃升至10%时，你可能并没有感到太高兴。我们在此前也见过这样的情况，不是吗？你或许又想起了此前的几次经历，担心很快就会亏损10%以上。好吧，想什么来什么，2月份业绩突然发生了变化，但这次是对我们有利的。事实上，这一年会让你感觉就像刚从噩梦中醒来一样。美好时光又回来了，而且势不可当！

全球股市在2021年的走势显得波澜不惊，至少与我们的趋势跟踪策略相比是这样。截至年底，MSCI全球总收益指数大约上涨15%，但我们的策略遥遥领先，所以我们早就不再关心这个指数了。在2月份开始上涨后，我们的收益一路上扬。下一波强劲表现在5月份结束，涨幅超过55%，而那时大盘的涨幅才刚刚达到10%。年内确实出现了一些波动，包括一轮从65%到42%的急速下跌。在短短几周内跌去23个百分点，这一跌幅算是相当大了。这样的事情真的会毁掉你一年的努力，但好在我们此时已经建立了相当大的缓冲空间。我们最终挽回了部分巨额亏损，并以51%的可观收益结束了这一年（见图6-117）。

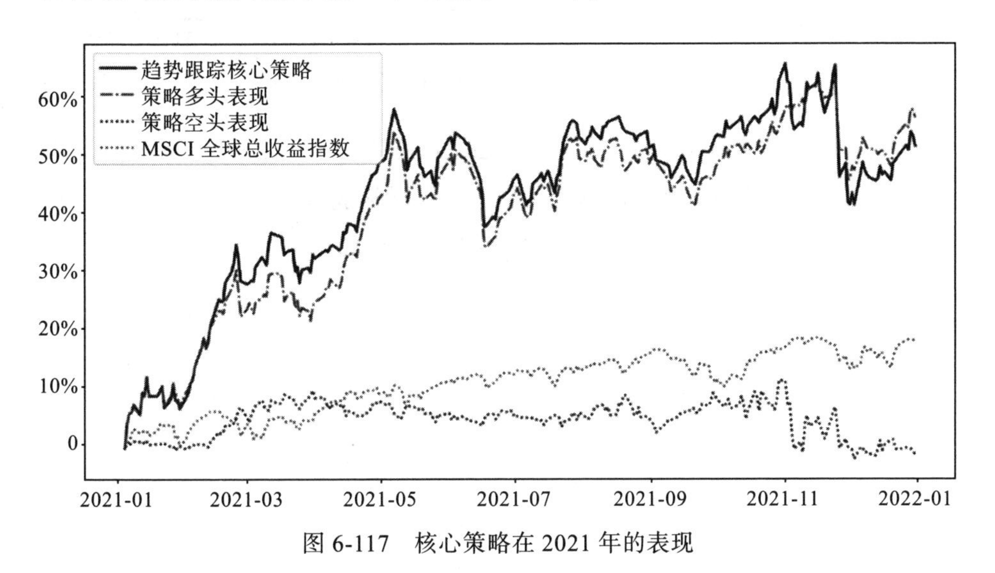

图6-117　核心策略在2021年的表现

经过六年的艰难岁月，我们最终证明了我们的策略仍然有效，我们收取的费用是合理的。我们曾一度跑输传统市场，但现在又重新稳稳地领先了。农产品板块是今年收益最高的，对组合的全年收益贡献最大。尽管农产品不是唯一盈利的板块，但其收益在各板块中遥遥领先。农产品板块对全年的整体贡献为35%，剩下的16%来自其他板块，其中13%来自股票板块，其余来自非农产品板块（见图6-118）。外汇和利率板块出现小幅亏损。

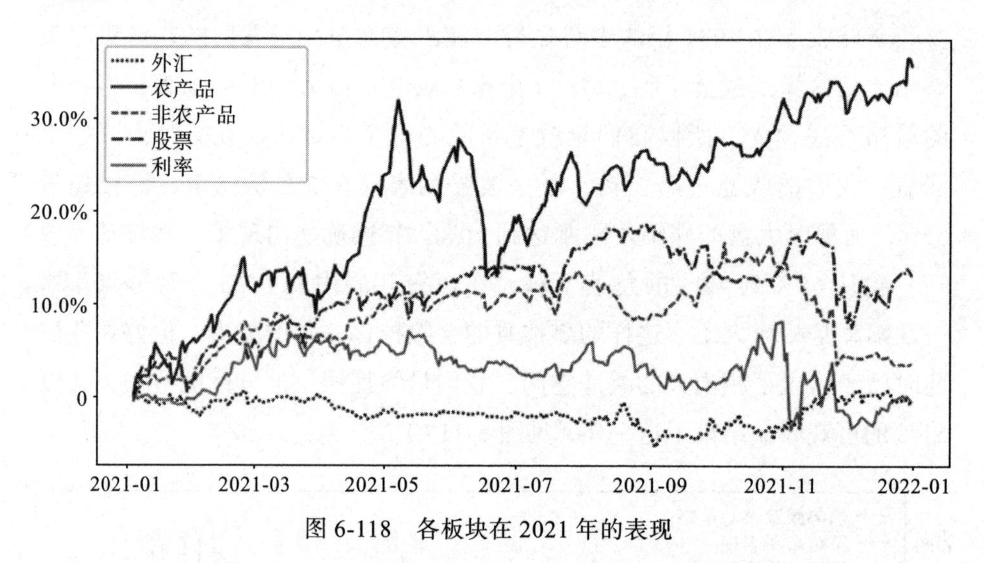

图6-118　各板块在2021年的表现

年底出现较大跌幅，是多个板块的共同作用。股市当时小幅下挫，我们的股指期货多头头寸出现亏损。同时，金属和能源的多头头寸以及一些利率空头头寸受到波及（见图6-119和图6-120）。

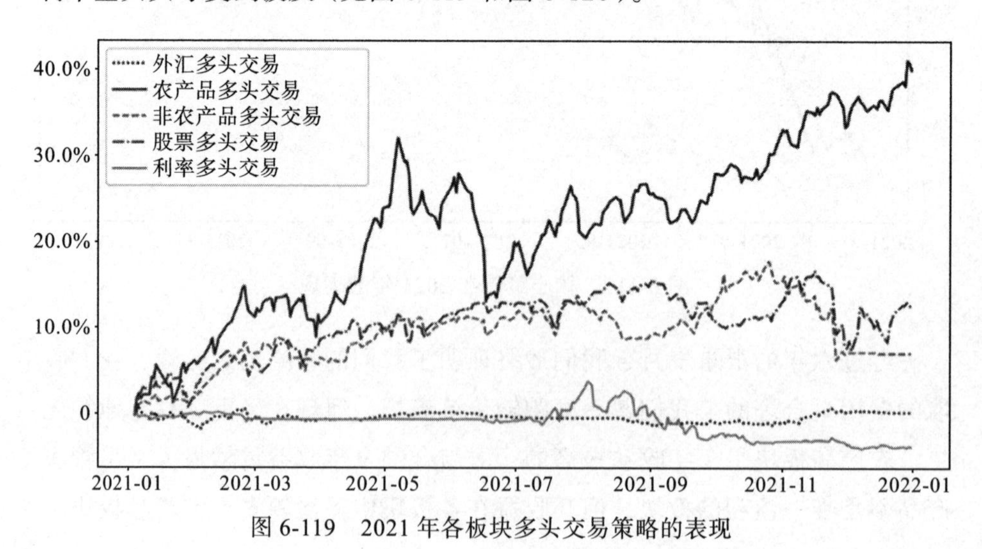

图6-119　2021年各板块多头交易策略的表现

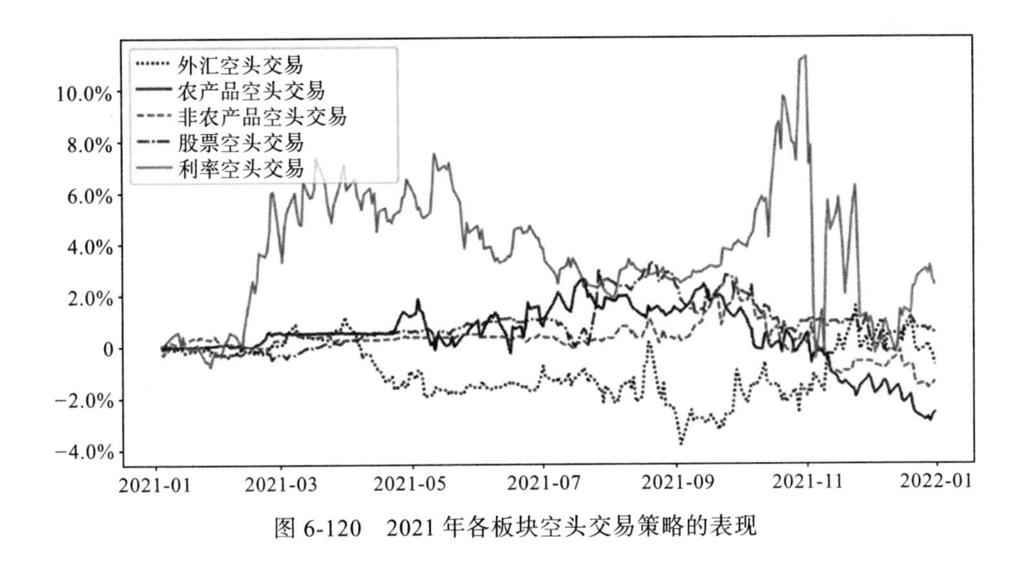

图 6-120 2021 年各板块空头交易策略的表现

2021 年，各板块涌现出各种有利可图的交易趋势，而农产品板块无疑是其中的佼佼者。燕麦期货市场是其中一个典型例子，如图 6-121 所示。燕麦期货市场在年中以前已呈上升态势，随后更是实现了价格翻倍的显著增长，最终平稳收尾。

图 6-121 2021 年的燕麦期货市场表现

自从你肩负起将 1 000 万美元增值的崇高使命以来，至今已有 20 年，现在到了检验成果的时候了（见表 6-79 和表 6-80）。在本章的讨论中，我们假设资金始终处于封闭运行状态，既无新资金流入，亦无投资者赎回。

如今，那些最初将 1 000 万美元委托于你的投资者欣喜地发现，他们的资产已增值至超过 1.2 亿美元。

表 6-79　2021 年各板块收益贡献分布

	外汇	农产品	非农产品	股票	利率	合计
多头交易	0.3	40.0	7.1	12.5	−3.7	56.2
空头交易	−0.7	−2.6	−1.4	0.5	2.4	−1.8
合计	−0.9	35.9	3.7	13.2	−0.4	51.3

表 6-80　2021 年业绩表现

	美元	百分比
期初净值	85 651 541	856.52
交易业绩	43 964 142	51.30
利息收入	216 443	0.30
管理费	1 913 857	2.20
业绩分成	6 212 126	7.30
净收益	36 054 602	42.10
期末净值	121 706 143	1217.10

乍一看，收益率非常高。将 1 000 万美元增值到 1.2 亿美元绝非易事。然而，在扣除所有费用后，实际的年化收益率只有 13.3%。只要有合理的收益率和足够的时间，你和客户就能赚到大钱。

我们在本章中发现了很多问题，我们本可以把很多事情做得更好，加以改进。这个策略绝非完美无缺，但它的表现仍然非常出色，并且完全可行。资金回撤比我们预想的更深一些，持续的时间也更长一些，但依然在可承受范围内。如果我们把风险提高至最高水平，梦想着一夜暴富，那么任何一次资金回撤都可能使整个投资化为乌有。

在 20 年的时间里，13.3% 的年化收益率可以说非常高了。本章所使用的策略当然可以进一步改进，但它的设计初衷是在保持极简规则的同时，捕捉大部分趋势跟踪信号。说实话，我们设计策略时也不想让它表现得太好。这倒不是为了隐瞒什么，而是为了避免给你一种虚假的自信。

设计一次表现更好的回测本来是非常简单的，我们甚至可以设计出一种在这 20 年里每年都获得收益的策略。但这样做又有什么意义呢？只是个回测而已。我希望本书教给你一些东西，而你要学习的显然不是复制书中一些经过回测的规则并将其用于交易。

我们自己在其中又得到了什么呢？如果投资者的资金从 1 000 万美元增长到 1.2 亿美元，我们赚了多少钱呢？好吧，这就是我们在金融业工作的原因。我们总共赚取了 1 750 万美元的管理费。哦，我差点儿忘了，我们还赚取了 2 000 万美元的业绩分成。

从历史回顾中得出的结论

经过 20 年的交易，现在到了评估我们表现的时候了，我们还想知道所有相关人士是否满意。我们经历过一些梦幻一般的年份，也经历过一些噩梦般的年份。我们也有过连续五年表现乏善可陈、令人忧心不已的时期。我们都知道，无论是客户还是作为管理者的我们都赚到了钱，但仅凭这一点还不足以确定我们的策略是否完全成功。我们首先来看一下整体情况，看看我们的策略效果如何（见图 6-122）。

仔细观察图 6-122 中的四张图。前两张图显示的数据是相同的，但图 6-122a 采用了线性尺度，而图 6-122b 采用了对数尺度。我之所以同时展示这两种尺度，只是为了演示它们可以给人带来的不同感受。在这两种情况下，深黑线都显示了我们的策略在扣除全部费用后的业绩表现。在这两张图中，特别是在采用对数尺度的图 6-122b 中，我们可以看到策略的长期表现确实超越了基准指数，并且在 2008 年的熊市中产生了较大的超额收益。这对我们来说已经司空见惯了。

图 6-122c 在此基础上更进一步。该图显示了我们的趋势跟踪交易结果与指数之间的差异。这张图可能会向我们发出某些混合的信号。它显示，大部分超额收益是在 2008 ～ 2012 年创造的，而在此之后，趋势跟踪策略的走势基本与指数同步。对此可以有不同的解释。你可以说，这表明趋势跟踪策略已经无法持续战胜市场；或者你也可以说，趋势跟踪策略在我们这一代最强牛市中成功地与市场保持了同步。这两种说法都没问题。

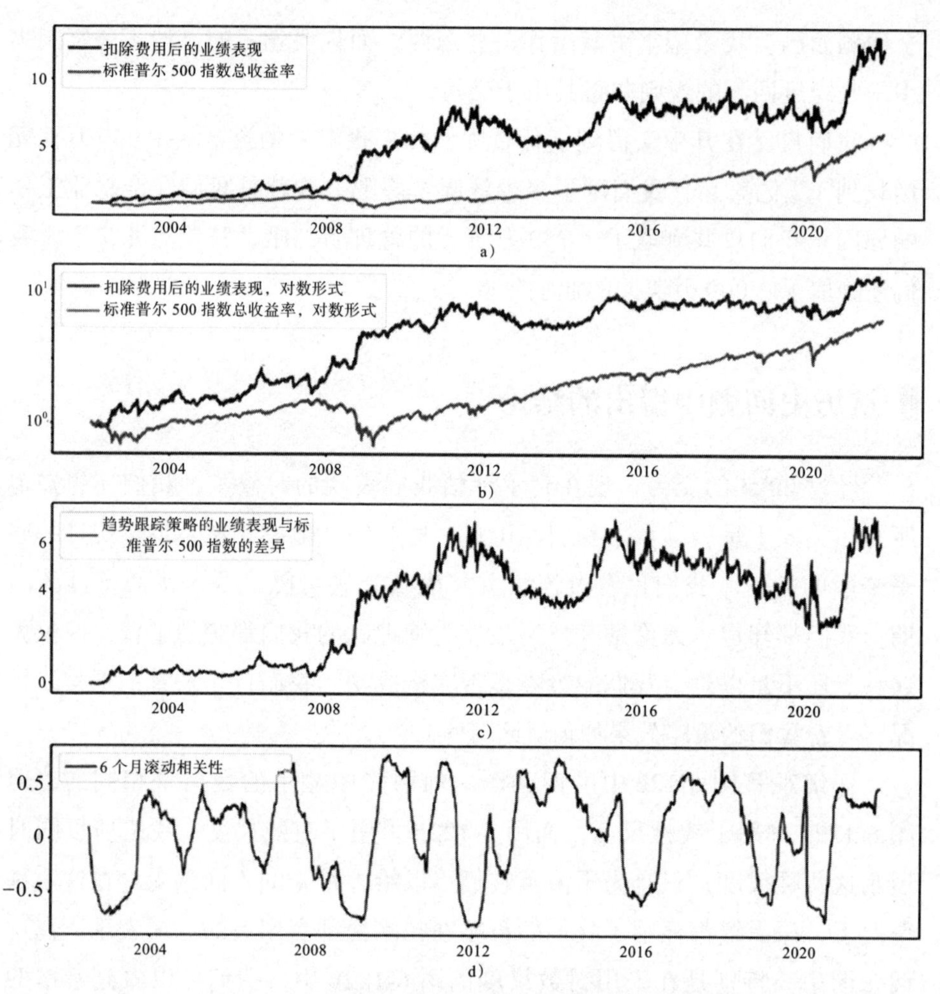

图 6-122　趋势跟踪策略在扣除费用后的业绩表现，比较基准为标准普尔 500 指数总收益率

或许图 6-122 中的最后一张图，即图 6-122d 中的数据提供的信息最有价值。该图显示了我们的趋势跟踪策略与股票指数之间的 6 个月滚动相关性。交易员往往低估了这一因素的重要性。如果你的策略以及由此决定的交易业务的核心交易品种与股票市场不相关，对你的客户来说，这种策略将具有更高的价值。

忘掉那种只看回报的业余心态吧。除非你的目标客户群体只是那些业余的小散户，否则趋势跟踪交易这一行并不是追求尽可能高的绝对收益。这不是你筹集资金的方式，也不是你交易业务的发展模式。任何专业人士都明白，高收益伴随着高风险，而单纯追求最高收益必然会让你陷于巨大损失的风险之中。更重要的是，专业人士明白分散化的必要性，并且知道如何使所持有的整体投资组合实现更平稳的长期回报。这就是相关性的用武之地。

让我们为一位普通的资产管理者设身处地地想一想，他主要购买股票，少量购买债券，偶尔购买其他的替代资产。这或许是你推销自家基金的关键目标群体之一。这样的管理者，他们的大部分投资同时上涨和下跌。在考虑替代资产的选择时，他们寻找的是那些与股票及债券表现不同的产品，但风险又不能过高。就算你的策略长期收益与股票相同，但如果在股票熊市期间赚钱，在股票牛市期间亏损，那么这对他们来说可能是一个非常有价值的产品。因为这种产品会让他们及客户的长期收益变得更加平稳，降低了投资组合的风险，这是皆大欢喜的事情。

说到皆大欢喜，在回顾过去20年的情况时，分析每个人都得到了什么或许也很有意义。除非你恰好跳过了历年回顾部分，否则你应该非常清楚趋势跟踪交易业务的潜在盈利能力。但你可能没有过多关注这些数字的加总结果，让我来帮你做这件事吧（见表6-81）。

表6-81 扣除费用后的月度表现

	1月	2月	3月	4月	5月	6月	7月	8月	9月	10月	11月	12月	年度合计
2002	−4.4	−1.0	2.5	−3.1	3.3	5.4	12.7	5.2	11.6	−8.3	−3.7	1.3	21.0
2003	10.0	6.3	−11.1	0.3	8.6	−2.7	−3.7	1.7	−3.0	13.1	0.6	−0.3	18.6
2004	2.2	14.3	2.3	−11.5	−7.0	−0.3	3.5	−6.1	3.2	6.5	5.1	0.4	10.7
2005	−2.8	0.1	−4.1	−5.5	0.9	1.5	3.2	0.9	7.5	−5.2	7.3	3.5	6.5
2006	11.0	−0.2	12.1	11.0	−5.5	−7.0	−5.8	1.3	3.8	−0.3	3.8	−1.0	22.9
2007	3.1	−6.6	−3.6	5.5	4.5	0.9	−8.7	−12.1	9.7	8.3	−1.0	6.2	3.7
2008	14.7	24.3	−10.0	−2.8	6.1	1.1	−10.9	0.3	19.4	32.8	8.7	4.2	114.9
2009	−0.2	2.9	−1.2	−2.7	8.7	−4.1	4.0	4.4	5.3	−3.8	12.2	−4.6	20.9
2010	−3.5	1.3	5.9	1.5	−10.2	0.9	−5.2	5.5	8.1	13.9	−8.3	16.1	24.7
2011	7.1	4.5	−4.3	6.2	−9.6	−10.0	9.8	1.4	8.0	−16.9	10.3	−0.7	1.2

（续）

	1月	2月	3月	4月	5月	6月	7月	8月	9月	10月	11月	12月	年度合计
2012	−1.5	3.8	−1.9	−1.1	−0.6	−12.0	6.6	−8.4	−3.5	−5.5	−0.2	2.3	−21.1
2013	1.9	−4.6	3.8	0.4	−0.4	−1.4	−1.1	−5.2	1.5	5.3	0.8	0.4	0.9
2014	−1.5	3.3	−2.7	5.4	−0.3	3.6	1.7	6.3	13.9	−4.8	9.6	6.0	46.9
2015	8.2	−0.9	0.9	−1.9	−0.4	−6.5	−4.1	−2.7	8.5	−12.2	7.2	−1.2	−6.9
2016	2.1	7.6	−9.1	0.6	−2.2	8.8	0.6	−5.4	3.4	−4.9	7.3	2.1	9.6
2017	−7.1	3.4	−1.2	1.7	3.9	−3.3	0.8	−0.3	−6.1	8.8	2.8	0.4	2.6
2018	7.2	−11.5	−0.7	3.8	−6.4	0.1	−0.6	6.6	−2.2	−10.0	1.2	8.7	−6.1
2019	−10.3	−0.5	3.3	5.2	−5.6	4.7	3.9	10.4	−14.8	−3.6	1.3	3.7	−5.1
2020	−14.1	−1.5	15.5	−2.7	−8.8	−2.2	5.5	4.4	−3.3	0.8	5.2	16.1	11.0
2021	5.3	17.7	3.0	10.3	0.7	−2.6	4.5	−1.2	1.0	5.6	−11.7	6.0	42.1

我们在 2002 年初受托管理 1 000 万美元，20 年后，投资者揣到包里的资金超过了 1.21 亿美元。我们凭空创造了 1.11 亿美元。实际上这一数字还不是最准确的，我们创造的价值不止这些。尽管这个数额看起来已经很大，但它并不是我们全部的交易收益。这只是投资者获得的收益。尽管把 1 000 万美元变成 1.2 亿多美元的想法看起来不怎么靠谱，但这一收益实际上等于 13.3% 的年化收益率。

总的来说，我们这 20 年的交易收益总额超过了 1.4 亿美元。除此之外，我们还通过超额资金赚取了 800 万美元的利息。这几乎就是 1.5 亿美元。你能猜到剩下的钱去哪儿了吗？

这些年来，我们给自己赚了 1 750 万美元的管理费和近 2 000 万美元的业绩分成。现在请回答我这样一个问题：你愿意不承受任何压力，只用自有资金进行交易吗？

|第7章|

逆势交易

迄今为止，趋势跟踪交易这一古老概念似乎依然有效。诚然，它不再像过去那样一帆风顺，但趋势跟踪交易依然提供了有吸引力的长期收益，无论是风险调整前的收益率还是风险调整后的收益率均战胜了市场。每隔几年就宣称趋势跟踪已经消亡，已然成为老生常谈，如今这类断言已越来越难以令人信服。但这并不意味着市场上只有趋势跟踪策略这一根独苗，也不意味着你只能关注趋势跟踪策略或其他特定类型策略。

本书主要讲述趋势跟踪策略，但我也想提供一些不同的方法，从而为读者增加一些附加价值。对于期货趋势跟踪策略来说，最明显的替代方案就是反其道而行之，采用逆势交易。从定义上讲，逢低买入策略就是逆势交易，这几乎与我们在本书中迄今为止所看到的交易策略完全相反。一本关于趋势跟踪策略的书讨论逆势交易模型，如果不是为了批判，这听起来多少有些违反直觉。

我个人认为，将自己与任何特定的交易策略甚至市场哲学联系起来是非常危险的。趋势跟踪策略是一种工具，正如量化交易和期货市场都是一种工具一样。专注于某一策略或许是件好事，因为你可以在花费大量时间和精力去做的事情上取得更好的表现，但你不应该仅仅因为找到了一种有效的策略就拒绝其他方法。交易既不是体育、宗教，也不是政治，你应该保持开放的心态，并准备好学习和使用任何可能有帮助的方法。

构建逆势交易模型

我将演示的逆势交易模型目标是在牛市中买入下跌的股票。我相信你一定想知道为什么我们不采用对称的方法，即在熊市中做空上涨的股票。我会为你揭示这一秘密。逆势交易模型在做空方面往往表现得很差，甚至还赶不上趋势跟踪模型。你最好还是完全放弃做空这一想法。

在上一段的第一句话中，还有一条信息需要你来解读。我提到我们打算在牛市中买入下跌的股票，这是一条重要的信息。关于逆势交易有两种思考方式，这条信息指明了我的具体目标。

你可以试着与市场的主要趋势、长期趋势及主导趋势逆向而行。这和我们在趋势跟踪交易领域所做的事情恰好相反。这种交易方法难度很大，如果趋势一直持续，会带来相当大的风险。另一种逆势交易方法是顺着这种主导趋势的方向进行交易，但在回撤时入场，赌的是趋势的回归。你通常要做的是尝试在长期趋势跟踪者止损离场的位置附近入场，在市场回升时短线获利了结，如果目的并未实现，你就迅速止损离场。这也是我们接下来将采用的逆势交易策略。

和之前一样，我会尽量让规则保持简单明晰。我想强调的是，在本书及我的所有其他著作中，我向你们展示的都是为了证明某个观点而设计出来的演示用模型。你永远不应该依据别人给你的规则进行交易，当然更不能依据任何人卖给你的规则进行交易。这里的重点是让你学习模型的构建方式，而给你精确的交易规则，并让你在交易中完全照搬这一规则，这就完全违背了我们的初衷。你可以认真研究这些模型，从中总结、提炼出真正应用于实战的交易模型。

我们只寻求在牛市中买入下跌的股票。在我看来，熊市反弹的动力与牛市下跌的动力通常是完全相反的，因此，我们不能使用同样的逻辑，或者至少不能使用同样的设置。为了让我们的分析合理、简单，我们将专注于牛市中买入下跌股票的逆势交易策略。

这意味着我们要知道牛市是否存在。我们需要给出牛市的准确定义。在这里，我将牛市定义为 40 天指数移动平均线高于 80 天指数移动平均线。指数移动平均线在技术分析师中相当受欢迎，因为他们认为该指标反应更快。该指标给予近期观测值更高的权重，而对过去的观测值给予较低的权重。

在处理指数移动平均线时，你需要明确一个关键概念，这也是许多技术分析指标中经常引起混淆的地方：为何你的指数移动平均线计算结果与我的不同？尽管 40 天指数移动平均线听似只涉及最近 40 个交易日的收盘价，但实际上并非如此。指数加权的特性决定了它不会完全忽略之前的数据点，而是随着时间的推移逐渐降低它们的权重，使它们的影响逐渐减弱至可忽略不计。[⊖]

这里需要明确的关键一点是：在计算 40 天指数移动平均线值时，对于同一市场，基于半年时间序列数据与基于十年时间序列数据得到的结果可能会略有差异。我想强调的是，出现这种差异是正常现象，因此请不要再因你的指数移动平均线值与我的略有出入而给我发送邮件询问了。

一旦确定自己正处于牛市，我们就会寻找回撤机会。对于回撤的一种简单量化方法是测度其与最近高点的距离，但这需要结合具体的背景来看。显然，仅仅基于 10 美元这类具体金额的回撤来触发交易是没有意义的，例如，黄金价格回撤 10 美元与汽油价格回撤 10 美元的意义迥然不同。同样地，考虑到期货市场波动率的巨大差异，考察回撤的百分比可能也同样没什么意义。

⊖ 由于采用指数加权的方式，所有历史数据都会被纳入考虑，只是它们对当前计算结果的影响会随着时间递减。因此，即使使用相同时间段的数据，不同的人也可能得出略有差异的指数移动平均线值。——译者注因此，我们需要做的是将每个交易品种的回撤与波动率的相对比率标准化。真实波幅均值（ATR）是一种测度波动率的简化方法，我们此前在仓位管理中应用过这一指标，接下来我们将继续用该指标测度波动率。你会发现，在实际的金融行业中，人们会采用各种形式的标准差来测度波动率，但就本章我们要实现的目标而言，ATR 已经足够好了。

因此，在本模型中，我们将使用 40 天的价格变化的标准差来确定头寸规模和回撤。用当前价格与过去 20 天里最高收盘价之间的差额，与上述标准差之间的比率测度回撤大小。该指标表明，在大约一个月的时间里，我们的价格与最高价格之间的标准偏离程度。

这就产生了一种跨市场分析指标。由于股票、债券、大宗商品和其他市场都考虑到了波动率，你可以使用同样的分析过程。在本模型中，如果市场属于按照上述移动平均线定义的牛市，我们将按照开盘价实施买入操作，而回撤值则是真实波幅均值的三倍。

图 7-1 展示了我们想要实现的逻辑。图的上半部分包含标准普尔 500 指数，以及两条指数移动平均线。由于这是 2021 年的牛市时期，快线在慢线上方，这在我们的预料之中。这意味着，如果回撤达到触发值，我们可以随意地做多头仓位。

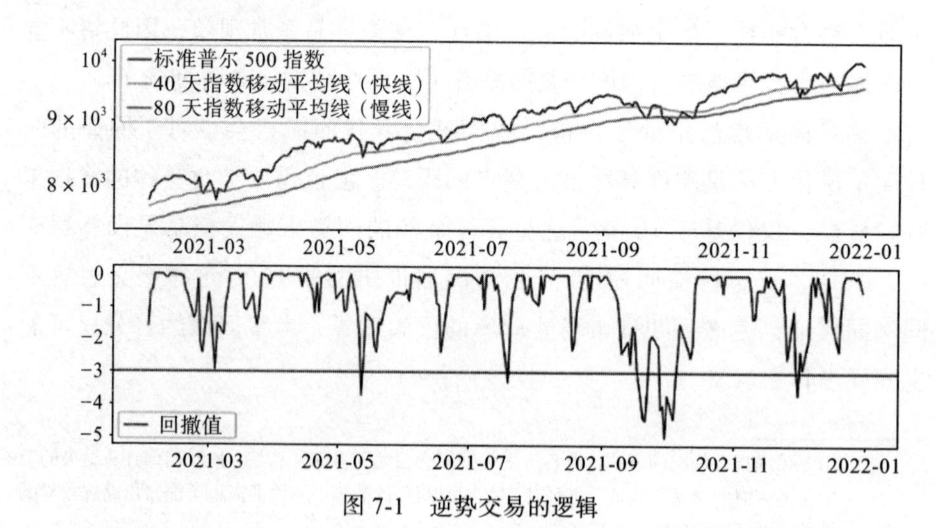

图 7-1　逆势交易的逻辑

图的下半部分是回撤分析。回撤值为收盘价与过去 20 天中较高的收盘价之差，再除以 20 天的真实波幅均值。如果这个值低于 3，我们就做多。

至于离场分析，我们将使用一个非常简单的逻辑，只是为了演示进场的理念。我想表明，对于这种模型来说，重要的是进场。这并不意味着其他一切都不重要，但像这样的均值回归类型的模型非常依赖于坚实的进场逻辑。而对于其他类型的策略来说，情况并非如此。

为了检验所描述的进场方法是否具有预测价值，我们将使用两个简单的离场标准。首先，如果由两条移动平均线定义的趋势转为看跌，我们将在第二天离场。其次，如果这种情况并未出现，我们将持仓 20 个交易日，大约是一个月。然后我们离场。

你或许会问，为什么这里没有设置止损点和目标退出价格。这些设置确实很有道理，我也鼓励你去尝试。但这里的目标是要教给你一些概念，并为你的进一步研究提供思路。你可以照搬此处展示的内容，演练这些策略并加以修改，最终让模型为你所用。

我们得出如下规则：

- 如果 40 天指数移动平均线位于 80 天指数移动平均线之上，则允许建立多头仓位。
- 在牛市中，如果价格从过去 20 天的最高收盘价回落超过其三倍的真实波幅均值，我们将买入开仓。
- 如果趋势转为下跌，我们将离场。
- 根据真实波幅均值来确定波动率平价并实施仓位管理。

逆势交易业绩评估

当你观察图 7-2 中这个简单的逆势交易模型的长期表现时，你首先会注意到它的长期业绩相当平稳。将其与趋势跟踪模型进行比较，你会发现两者难分伯仲，趋势跟踪模型偶尔会表现出明显的优势，但优势很快就会消失。在20年的时间跨度内，两者的最终收益率相当接近。

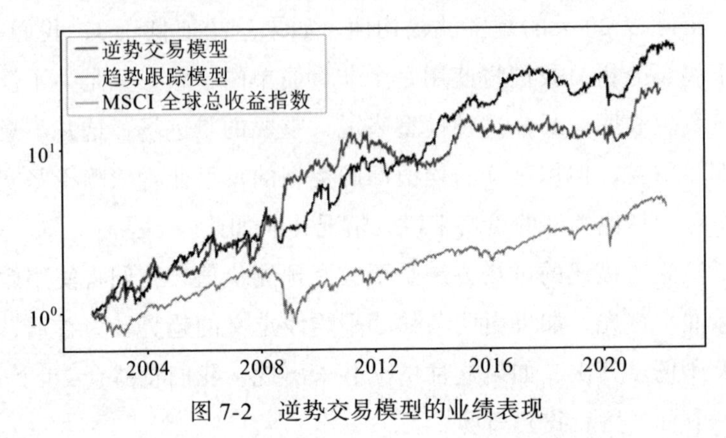

图7-2 逆势交易模型的业绩表现

如果仔细观察，你会发现逆势交易模型更容易在短期内突然出现剧烈波动。这一问题当然值得关注，因为我们交易的合约流动性较差，而这些合约偶尔会发生异常行为。在对目前使用的逆势交易模型进行迭代的过程中，我们选择了高度简化的交易规则，采用了一种看起来有些愚蠢的离场方法，而且没有进行适当的风险管理。我们省略这些内容，是为了进行一般性的概念展示，即逆势交易的逻辑在孤立的情况下效果如何。我想向你证明这种期货市场交易方法切实可行，如果你也同意，我鼓励你继续研究这个模型，并不断完善这一模型。

表7-1比较了该模型与全球股票市场的业绩表现。请记住，虽然我们的交易策略已经计入了交易成本，但我们并没有收取任何管理费或业绩分成。尽管如此，其长期表现仍然可以与趋势跟踪模型相媲美。年化收益率接近20%，历史最大回撤低于45%，这一结果相当可观。如果你在实际操作中实现了0.89的夏普比率，并且资产规模足够庞大，那么你在这一领域将会非常成功。可以说，该模型的波动率很高，但回报也足以补偿所承担的风险。当然，想要降低回报、波动率和回撤，只需调整仓位大小即可。

在金融交易行业中，我们的目的不是追求最高的回报。重要的是你如何实现目标，以及你为此应承担的风险水平。在量化金融领域，我们通过波动率来衡量风险，并将其视为获得业绩应付出的代价。你的目标是在获得尽可能多的回报的前提下，付出的代价越少越好。在这种情况下，你希望以最小的波动率获得尽可能高的回报。实现这一目标的主要方法是分散化，而要从分散化中获得最大价值，你需要降低相关系数。

表 7-1 逆势交易模型与全球股票市场的业绩表现比较

	逆势交易模型	MSCI 全球总收益指数
年化收益率（%）	19.7	8.3
最大回撤（%）	−43.0	−56.2
年化波动率（%）	25.5	16.1
夏普比率	0.83	0.58
最高单月收益（%）	24.0	12.2
最高单月亏损（%）	−20.1	−19.8
盈利月份占比（%）	60.8	62.1

图 7-3 展示了逆势交易模型与趋势跟踪模型之间的相关性，如图所示，相关系数最高可达 0.75 ～ 0.8，但这些极端值都是暂时的。相关系数大多数时候位于 0.25 ～ 0.50 的区间内，这一结果正是我们想要的。相关系数有时会径直下跌至负值，这当然是非常出色的表现。熟悉量化金融领域的人已经在考虑能否将这两个模型结合起来，同时进行交易。这种做法值得一试。这是我们的发展方向，即不但寻求交易品种的分散化，还寻求交易风格上的分散化。

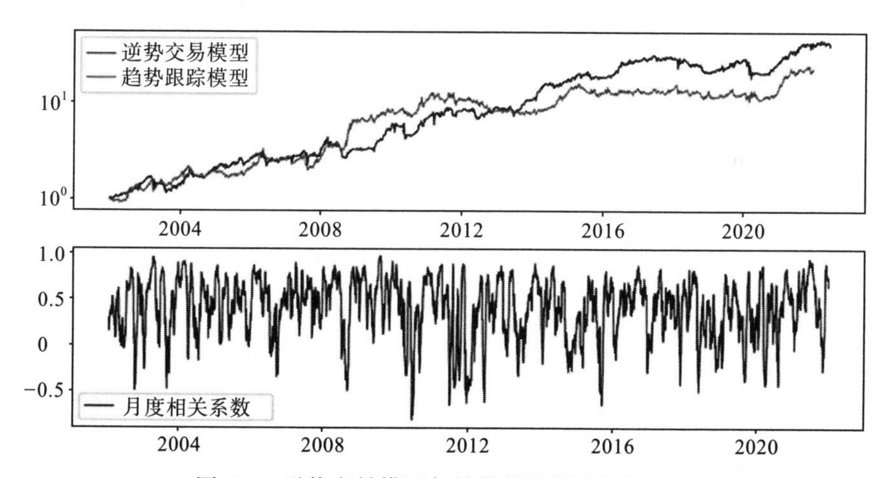

图 7-3 逆势交易模型与趋势跟踪模型的相关性

|第 8 章|

如何在没有时间序列的情况下构建系统交易模型

本书第 2 版与 2013 年的第 1 版有很多相似之处。我更新了数据和业绩表现，简化了交易规则，并添加了评述。这些都是此类再版书籍应有的内容。但我还想为读者添加一些独特的新内容，这些内容或许会为读者带来惊喜并增加额外价值。因此，我将在本章中展示一种与趋势跟踪策略相辅相成的方法，这种方法使用一种截然不同的变量输入方式，希望读者能从中获取一种全新的入市方式。

没错，在本书的尾声阶段，我将向读者和盘托出或许是最有价值的内容，因为那些没有足够耐心来通读第 6 章逐年历史回顾的读者已经被我们淘汰了。

实际上，无论采用何种投资风格，或投资于哪种资产，所有的系统化交易模型都以某种方式使用时间序列价格。毕竟，很难想象没有时间序列价格我们还能做什么。例如，趋势分析完全依赖于时间序列。无论你是想跟踪趋势还是在下跌时买入，了解价格的近期变化情况都是至关重要的信息。如果你不知道市场在上周和上个月都发生了什么，你就不知道市场已经下跌，同样，如果没有这些信息，你也无法对趋势进行跟踪。

在这一章中，我将展示如何完全不使用历史价格信息来构建一个完整的交易模型。与我所展示的任何交易规则一样，这一规则也是作为一个演示模型来设计的，旨在教授一个概念，而不是让你用它直接开始交易。我将证明所使用的概念是有效的，并且在这种孤立的方法中可以单独创造价值。如果你想在现实中应用这样的概念，你可能会将其与更传统的方法相结合，而不是采用这种纯粹用于教学的方法。

期限结构

我们此前曾简要提及期限结构的概念，但并未深入探讨其重要性。首先，让我们全面概述这一现象，确保你透彻理解这一概念。随后我将阐述如何利用某些听起来颇为奇特的术语（如“期货溢价”和“期货折价”）来构建交易模型，并希望有所斩获。

期货合约有时间期限。每个合约都有一个到期日，这意味着市场上不止存在一个黄金期货合约，而是同时存在多个合约。在任何特定时刻，都会有一个流动性最高的合约。只要合约尚未达到第一通知日，大多数交易者都会交易离到期日最近的合约。

第一通知日指的是合约开始进入可交割状态的日期，通常设定在合约到期前一个月，在这一天仍持有合约的交易者可能会被要求履行合约或实施交割。作为交易者，我们通常不希望涉及实际交割，但在实际操作中，实际交割并不构成真正的风险，因为你的经纪人不会允许你在第一通知日之后继续持仓。第一通知日这一概念主要应用于大宗商品期货领域，这也是我们将在本章唯一关注的交易板块。期限结构交易在大宗商品期货板块中尤其受关注。

图 8-1 展示了大豆期货在某一特定时点的期限结构概况。当然，与所有金融数据一样，这些信息也是时刻变化的。在图 8-1 中，横轴表示合约到期日期，而与之对应的是每个合约的价格和未平仓合约数量。

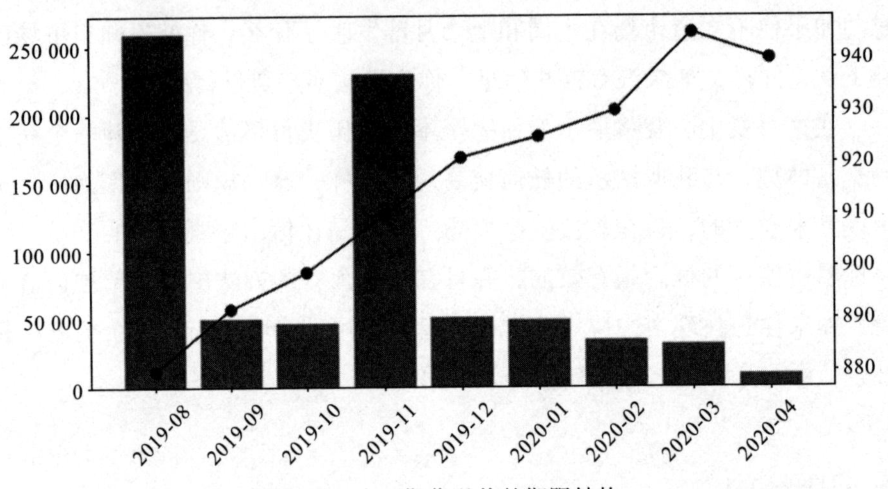

图 8-1 大豆期货溢价的期限结构

在本例中，你可以看到有一段曲线上的每一个连续点都比前一个点稍微高一些，也就是说，合约离到期日越长，价格就越贵。这种情况被称为期货溢价。相反，如果每个点的价格逐渐走低，这被称为期货折价，如图 8-2 所示。

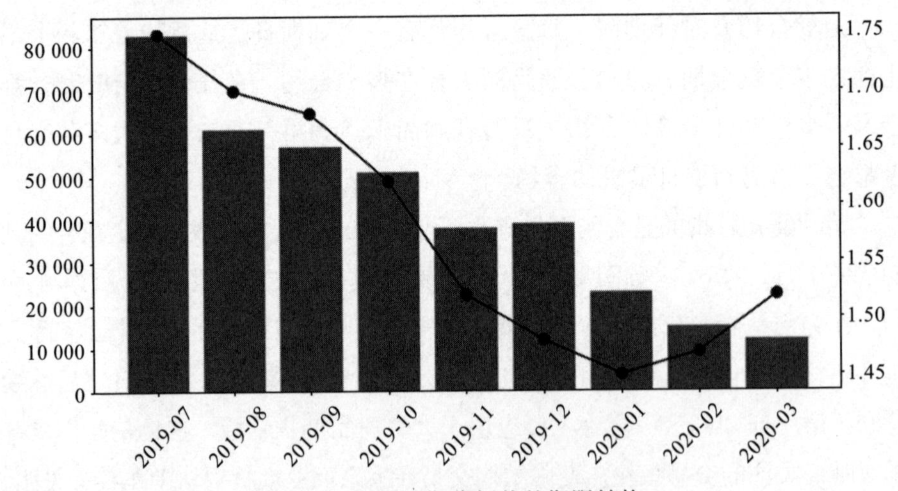

图 8-2 燃料油期货折价的期限结构

离到期日最近的合约，其交易价格与标的资产价格往往十分接近。离到期日越近，二者间价差就越小。原因很简单。在到期时，合约的价值与标的资产价值相同，因为将以标的资产价格进行结算。但在距离到期日还有很长时间时，其他因素就会占据主导地位。

到期时间不同的合约之间存在价格差异，其原因有很多，但量化交易者无须对其进行深入研究。主要影响因素包括利率、存储成本和季节性。

重要的是如何解释这种模式。这里有一个简单的分析方式。如图 8-1 所示，如果期限结构处于期货溢价状态，市场倾向于看空。为什么呢？因为合约离到期日越近，价格就越接近标的资产。因此，如果标的资产价格保持不变，图 8-1 曲线上的每一个点都将不得不缓慢下移，直到最终触及标的资产的价格。

对于期货折价来说，情况正好相反，市场内部存在看涨偏向。标的资产的价格需要下行，以保持期货折价期限结构上的各点不变。如果标的资产价格不变，则合约价格就需要上涨。

图 8-3 展示的是一种理论情况，即期货合约从期货溢价状态开始。如图所示，价格将从高于标的资产市场价格水平开始，以溢价交易。如你所见，如果其他条件不变，那么对于每一天来说，期货溢价合约价格都必须略微下行，略微接近标的资产价格。我们已经知道，在到期日，这两者必然相同，因此它将慢慢接近这一点。

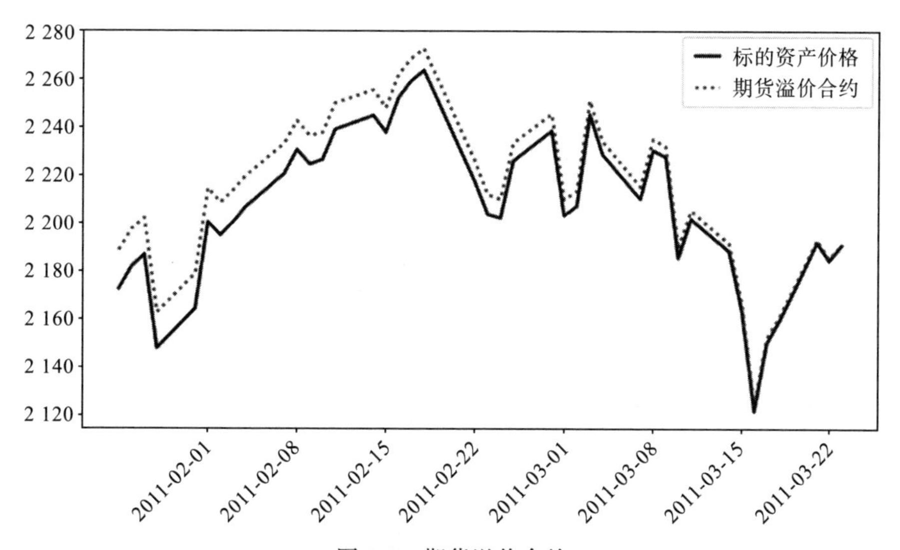

图 8-3　期货溢价合约

图 8-4 展示了相反的情况，期货合约起初的交易价格低于标的资产价格，即处于折价状态。随着时间的推移，期货价格逐渐接近标的资产的价格，最终在合约到期时与标的资产价格一致。理解这一点很重要：那就是期货溢价和期货折价并不直接决定价格的涨跌方向，而只是指明期货价格将从哪个方向接近标的资产的价格。从这个角度来看，这种现象就像顺风或逆风一样，为市场走势增添了一个看涨或看跌的因素。我们仍然主要依赖于标的资产价格的变动方向，但这种期限结构效应在这两个方向上都会对我们产生影响。

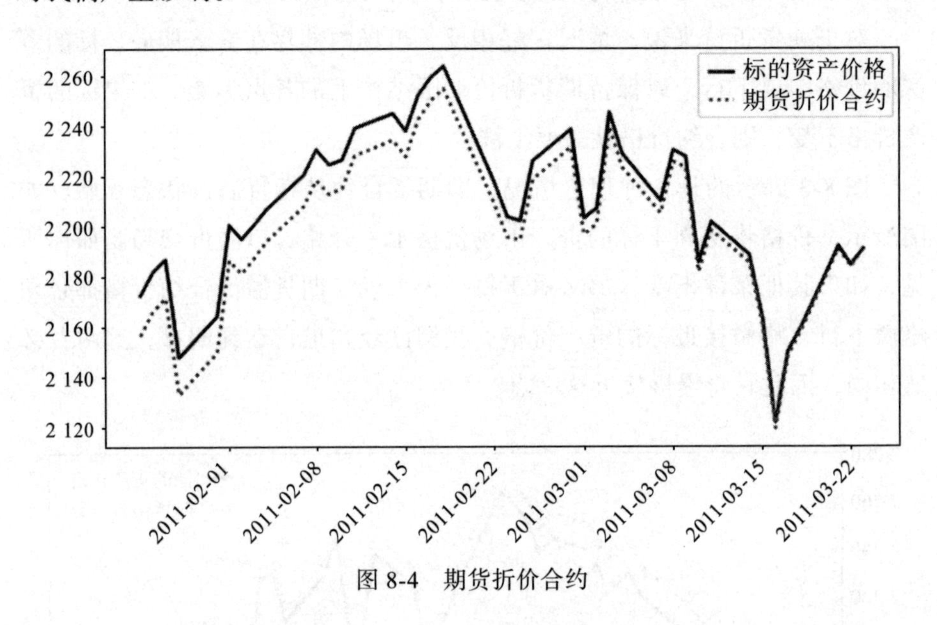

图 8-4 期货折价合约

现在，如果你已经理解了这一基本概念，那么你或许已经开始思考如何将其量化了。

期限结构的测度

尽管期限结构的量化方法不尽相同，但我将展示一种我认为直观易懂的方法。这涉及计算隐含年收益率，也称持仓成本。我们需要对其进行年化处理，这样就可以对不同交割日期的数值进行比较。在金融领域，时间至关重要。如果一份 3 个月后到期的合约以 2% 的折价率进行交易，这要比一份同样是 2% 的折价率，但在 12 个月后到期的合约的影响更大，这类似于今天赚到的 100 美元比一年后赚到的 100 美元更值钱。

期限结构曲线上的第一个点代表最近的合约，将于 2019 年 3 月 14 日到期（见表 8-1）。这份合约代号为 SH9，目前的交易价格为 907.50 美分 / 蒲式耳。进行大豆期货交易，你其实不需要了解太多关于蒲式耳的知识。下一个到期的合约是 SK9，将于 2019 年 5 月 14 日到期，交易价格为 921.50 美分 / 蒲式耳。

表 8-1 期限结构相关数据

到期日	价格	持仓量
2019 年 3 月 14 日	907.50	295 414
2019 年 5 月 14 日	921.50	206 154
2019 年 7 月 12 日	935.00	162 734
2019 年 8 月 14 日	940.25	14 972
2019 年 9 月 13 日	943.50	7 429
2019 年 11 月 14 日	952.00	75 413
2020 年 1 月 14 日	961.50	7 097

SK9 在 SH9 之后的 61 天到期。从理论上讲，如果标的资产大豆的现货价格保持不变，那么 SK9 在未来的 61 天内需要从 921.50 美分降至 907.50 美分。这将产生 1.52% 的损失。在 61 天内损失 1.52%，相当于年化损失 8.75%。

$$[(-0.015\,2+1)^{(365/61)}]-1=-8.75\%$$

这为我们提供了一个可以在不同市场和到期日之间关联和比较的数值。我们有了一个可量化的、可比较的年化收益率指标。如果我们现在将同样的逻辑应用于整个表格，我们将把价格曲线转换为年化收益率曲线，我们现在可以用这些数据创建一些相当有趣的交易模型。

表 8-2 告诉你在曲线上哪个位置理论上可以获得最佳回报。但你还需要考虑流动性。你通常会发现，在曲线的远端进行交易理论上可以获得相当大的收益，但那里根本没有流动性。

表 8-2 年化持仓成本

到期日	价格	持仓量	距到期日天数	价格差异百分比（%）	年化持仓成本（%）
2019 年 3 月 14 日	907.50	295 414	0	0	0
2019 年 5 月 14 日	921.50	206 154	61	−1.52	−8.75
2019 年 7 月 12 日	935.00	162 734	120	−2.94	−8.68
2019 年 8 月 14 日	940.25	14 972	153	−3.48	−8.11
2019 年 9 月 13 日	943.50	7 429	183	−3.82	−7.47
2019 年 11 月 14 日	952.00	75 413	245	−4.67	−6.88
2020 年 1 月 14 日	961.50	7 097	306	−5.62	−6.66

但在这种情况下，我们看到 5 月份到期的合约似乎存在近 9% 的负收益率，这是第二近的交割日期，而且似乎有着足够的流动性。这个逻辑构成了我们下一个交易模型的基础。

值得一提的是，我们仅使用了当前数据的快照来得出这条曲线。这种方法只应用了当前一系列合约的价格，没有使用任何形式的时间序列数据。

利用期限结构进行交易

为了展示期限结构作为一种分析工具的强大之处，我将构建一个非常简单的模型来单独说明。这也许是期货领域中最不受重视、使用频次最少的分析方法，如果你真想提高期货交易水平，就应该认真研究这一领域。我在这一章中向你展示的内容不过是抛砖引玉，只是简单介绍了一些能做的方向。和往常一样，请记住，我向你展示的任何交易规则都是故意简化的，目的是说明一个具体的观点。我想证明一点，即使是简单的规则也能完成任务。之后，就需要你尝试各种变体并对细节进行微调。

那么，说了这么多，下面介绍一些在本次特定演示中使用的简单规则：

- 每周只交易一次。
- 投资领域涵盖所有资产类别。

- 对于每个资产类别，我们对曲线上每个点每周计算一次年化持仓成本，也称隐含年收益率。
- 对每个交易品种（如黄金、标准普尔指数、石油等）均检查曲线上最陡峭处的点。
- 对于期货溢价品种，我们需要至少15%的年化斜率（β值）才能做空。
- 对于期货折价品种，斜率大于7.5%时，风险敞口将略微倾向于多头。
- 如果满足上述条件，我们就会建仓并持有到下周。期货折价时做多，期货溢价时做空。
- 为了简化起见，所有头寸的大小都是相等的，目标总投资组合的风险敞口为200%。
- 规则就是这些！

我们没有使用时间序列数据，没有进行技术分析，没有使用指标，甚至没有应用任何止损点或所谓的资金管理方案。我们所做的就是检查期货的期限结构曲线，做一个简单的隐含年收益率计算，并据此进行交易。这里不涉及任何最优化或其他技巧，我可以保证，我们可以非常方便地改进这些交易规则，并基于此构建出更好的交易模型。不过，我们先来看看这个看似奇怪的模型在回测中的表现如何。

如果你以前从未接触过期限结构的概念，那么这一切可能仍然看起来有点令人困惑。尽管术语听起来很奇怪，但我可以保证，这真的很简单。你所要做的就是每月检查一次期限结构曲线上每个点的当前价格，计算出隐含年收益率，然后你就可以进行交易了。

当然，现在的问题在于，这个简单的模型完全没有任何时间序列数据，能否经得起经典趋势跟踪交易模型的考验。

如图 8-5 所示，即使是这种简化的纯期限结构交易方法，其实际表现也相当不错。我们在头几年有短暂的表现不佳时期，但之后的表现相当稳定。我们还看到，作为一种交易策略，趋势跟踪的表现是如何趋于平稳并放缓的，通过第 6 章的历年回顾，我们对此已经非常清楚了，但期限结构方法并没有出现这样的恶化情况。图 8-5 中展示的这两条曲线都已经考虑了滑点和佣金，但管理费和业绩分成并未包括在内。

图 8-5 期限结构模型的业绩表现

期限结构模型的局限性

你可能会问，为什么不是每个人都采用这种交易方式呢？或者至少，为什么所有那些拥有大量策略研究员的大机构不这样做呢？后一个问题更容易回答。前面提到过，在任一特定时间里，大多数交易活动都只围绕一个合约进行。例如，2022 年 10 月的合约，可能是主力合约。在某个时刻，交易活动会在短短一两天内从一个合约迁移到另一个合约，然后就会出现一个新的主力合约，这种模式通常具有相当的可预测性。

几乎所有的期货交易者都会跟随主力合约，并在大多数交易者进行换月时随之跟进。因为主力合约的流动性最强，交易更容易、成本更低。无论对于散户还是机构交易者来说都是如此，这是处理期货有限的时间期限的正常方式。但是作为一个散户（这意味着你的交易额低于 5 000 万美元），你可以在一些流动性较差的月份进行交易。在执行交易时你要非常小心。价差可能会很大，因此不建议使用市价委托单。

如果你像大多数期货公司那样管理数十亿美元并承担高杠杆，那么交易非主力合约的难度非常大。这就是为什么在期限结构业务中，散户更具优势。你可能面临的流动性大小问题因市场而异，当然也因交割日期而异。在设计这类模型时，你需要非常小心，在执行时更要小心。

许多交易者并未将期限结构纳入考量，这背后的原因更引人深思。期限结构交易在个人投资者交易圈中非常罕见，甚至在规模较小的专业投资者群体（资金低于 5 000 万美元）中也并不常见。我一直对此感到困惑，因为这种方法实际上有很多优势。但它似乎并不为人所知，也未被广泛应用。

当然，我之所以决定在 2012 年写一本关于趋势跟踪交易的书，是有原因的。这是一个众所周知并广受关注的领域，尽管这一领域经常被误解，充斥着错误信息、系统交易者和自封的专家，但它仍然不是无名之辈。当然，“期限结构跟踪交易”这个标题也不太吸引人。

| 第 9 章 |

调整与优化

我在本章中提供了一些改进建议，或许对我们的核心策略业绩的提升有所帮助。调整此类策略可能有几个目标，提升盈利能力仅仅是目标之一，绝非最重要的。如果你把提高年复合收益率作为唯一目标，那你只需要增加杠杆，只要保证不爆仓就可以一直做下去。当然，这只是一种理论上的可能性，并非现实情况。一种策略，只有提供足够高的年化收益率，才能引起投资者的兴趣，也才值得为此付出时间和精力，但在现实中，降低波动率以及与类似产品的相关性更为重要，也更为困难。

如果你能够减少资金回撤幅度，降低波动水平，并获得与一般 CTA 产品平均水平略有不同的回报，你会发现你的产品更受欢迎。但要实现上述任意一个目标，都需要一整本书对此加以专门分析，而我在本章中的目的只是为你进一步研究这些主题指引方向。毕竟，要对杠杆率可能高达 1 000 倍的策略完全信任并将其用于真正的交易中，你一定要打起十二万分的精神，认真加以研究。

交易合成合约

有时你是否会有这种感觉，那就是即使能在全球所有交易所交易全部的资产类别，依然不足以实现充分的分散化？这种情况有时的确存在，如果你正在寻找实现不相关回报的方法，并想在趋势跟踪者中脱颖而出的话，你可能需要摆脱只交易单一品种的束缚。一种方法是构建合成合约（也称价差），并将其当成正常的期货交易品种对待。合成合约的原理是这样的，你选取两个或多个在某种程度上相关的期货合约，利用合约之间的价格差异形成一组新的时间序列数据，然后将标准的趋势跟踪策略应用在上面。在进行合成合约交易时，你总会有一个多头部位和一个空头部位，两个品种同涨同跌的部分理论上可以相互抵消，我们实质上交易的是它们之间的差异部分。

合成合约的一个简单的例子是经典的黄金白银价差交易。在有些时候，白银的走势会在相当长的一段时间里强于黄金，而截然相反的情况也屡见不鲜。如果将这二者之间的价差本身视为一个时间序列，我们可以像对待其他交易品种那样从中寻找趋势或突破行情，也可以用此前相同的方法进行交易，即在每笔交易上同时建立一个品种的多仓及另一品种的空仓。然而，合成合约交易与普通品种的交易之间存在几点重要区别。首先，尽管建仓时的多头与空头的持仓价值是相等的，但在成功地持仓一段时间之后，你会发现多头和空头的价值可能会出现巨大差异。如果价格持续上升，多仓的价值会持续增加，空仓的价值则会持续减少；反之亦然。对此务必小心谨慎，确保仓位大体保持平衡。其次，这种价差的波动率通常远低于单一品种的期货合约。由于黄金和白银在同一天通常保持同升同降的走势，只是涨跌幅度有所不同，因此，要获得足够多的盈利，你需要持有更高名义价值的黄金白银期货合约。这意味着潜在的风险更大，保证金要求更高，这取决于你的经纪商如何看待这种交易，以及他如何处理这类交易保证金的合并计算方式。有些经纪商只是将这些交易的保证金简单加总，从而使这种价差交易实际上无利可图。

除了黄金白银价差交易外，这类交易还有很多其他的流行品种，尤其是能源板块中。以裂解价差为例，它指的是炼油厂的理论利润率，即原油价格与原油制品价格之间的差额。一种常见的裂解价差交易方式是在一头买入原油期货合约，在另一头卖出汽油和取暖油期货合约，这三种交易品种的合约价值比例通常为 3 ∶ 2 ∶ 1。理论上讲，你可以根据自己的意愿创造任意价差组合，但务必确保这些合约之间存在现实联系，并知晓它们以相似方式变动的原因。如果你选择的合约只是恰好具有相似的回报特征，而这种联系在未来可能会不复存在，那么你最终承担的风险可能会超出你的预期。

相关性矩阵、仓位管理与风险

如果你真心想要从事管理期货基金和趋势跟踪交易这一行业，那么，在接下来要介绍的这部分内容，你可能要下一番苦功夫了。在复制并且完全理解分散化的趋势跟踪策略后，你或许发现，要想让你设计的交易策略变得完美，这部分内容往往是最费时的环节。

如果有人问我们目前采用的核心策略有何明显不足，我会直言不讳：该策略在处理各个头寸时，未将它们之间的相互联系纳入考量，而是孤立地看待每一个头寸。这导致我们在管理仓位及实施风险管理时，只是停留在单一交易头寸的层面，缺乏整体的投资组合视角。然而，我之所以容忍这一缺陷，原因有二：一是即便存在这一不足，我们的策略在实战中依然表现不俗，能够在可接受的波动与回撤范围内取得显著成果；二是这个问题错综复杂，要想妥善解决，恐怕需要洋洋洒洒数百页的深入分析。

考虑这样一种情况，现实世界的发展在一段时间内一直由一个压倒性的主题所主导。也许是一次严重的股市熊市，就像 2011 ～ 2012 年那样，由于欧盟经济衰退所导致的欧洲债务危机。这使得大多数债券期货在很长一段时间内呈上升趋势，而美元走强，大宗商品价格则一路走跌。因此，我们全仓做多债券，做空股票，做多美元，做空大宗商品。问题在于：我们的操作是在不同品种上进行了多种交易，还是单吊一个主题？其实，这种单吊式的投资策略也没关系，因为这就是策略的设计初衷，在一些市场中也时有发生，但这类策略的风险水平会非常高，而且与这一单一主题有关的品种越多，我们的仓位管理公式所设定的理论风险水平与实际风险水平之间的差异就越大。如果持有这样的投资组合，我们必须清醒地意识到，万一实体经济与政治形势突然发生变化，我们所有的头寸可能同时发生不利于我们的剧烈波动。这笔交易是否仍然有利可图，取决于我们在反转前是否成功积累了足够的利润。

当目前持仓时间较长的头寸价值发生变化时，其对投资组合的潜在影响会受到两个因素的影响。当行情向着有利的方向发展时，多头仓位的价值会增加，而空头仓位的价值会减少。此外，建仓时每个市场的波动率水平（头寸大小调整的基础）会随着时间的推移而变化。迄今为止，这一点完全没有被考虑进去，而且我们也没有考虑过，在某些市场条件下，一些品种的日波动走势呈现出完全相同的特征，究竟意味着什么。

使用真实波幅均值（ATR）方法来判断波动率并将其作为风险的替代品，这一指标效果一直不错，但与大多数期货经理实际使用的方法相比，这一概念有些高度简化了。我们大多数人会使用在险价值（VaR）或类似的概念，而有些人则坚持使用古老而可靠的保证金比率。

你可以在风险报告、风险管理和风险控制中使用在险价值，一旦你管理的资产规模足够大，实施这样的风险管理系统是很有意义的。在险价值考虑了每个头寸之间的相关性，即它们之间的协方差。这样做的额外好处是可以进行交易前的模拟工作，比方说，如果你要建立新的头寸，可以计算投资组合的新增头寸的在险价值。如果你的目的是降低风险和平滑收益，在险价值在投资组合层面的风险控制方面应用前景广阔，潜在价值巨大。

如果你无法全面实施在险价值风控体系，你至少应该了解你所交易的品种之间的相关性，并想方设法将这些信息应用于风险管理之中。你要做的第一件事是建立一个要交易品种的相关性矩阵（也有人称其为协方差矩阵）。相关性矩阵应该是动态化的，这样你就可以在不同的时间段里分析不同品种之间的相互关系。你可能会发现，对大多数交易品种而言，不同资产类别的整体协方差有时会急剧上升。投资者在这一时期往往会获得丰厚的回报，同时也面临着巨大的风险。

在构建相关性矩阵时，请牢记以下几点。首先，务必使用对数收益率作为计算基础，决不能使用实际价格来获取数据，这一点至关重要。将实际价格转换为对数收益率并不困难，而且这样做可以避免产生无意义的数据。计算某个时期的对数收益率的基本公式是 $\ln(P_t/P_{t-1})$，但当你处理全球期货市场的每日相关性数据时，你还需要考虑另一个问题，那就是不同市场的收盘时间是不一样的。如果你在全球范围内交易期货，使用同一天的对数收益率，其效果可能适得其反。如果标准普尔指数在纽约时间的下午出现大幅波动，日经指数很可能在第二天也会出现大幅波动，最终你会遇到日期不匹配的问题。解决这个问题的最常见方法是使用几天的对数收益率，而不是仅仅一天的收益率。例如，如果你使用 10 天的滚动收益率，将 $\ln(P_t/P_{t-10})$ 作为计算对数收益率的基本公式，就可以解决这一问题，日期不匹配的问题不会高于舍入误差。

在期货策略的风险管理体系中纳入相关性研究，还有很多种方法，在你进入实盘操作之前，请务必在这一领域多下一些功夫！

优化及其缺陷

如今的软件可以轻而易举地对我们的核心策略进行数万次迭代，并精确地告诉我们过去几十年中哪些参数是最佳的。你可能会忍不住让你的工作站疯狂运转，对该策略的每一种可能组合进行尝试，以确保获得最佳参数。令人遗憾的是，这不过是另一场代价高昂的幻象罢了。

千万不要在探索的过程中迷失方向。我们的交易基于一种理念，或者说是一个总体思路。我们想知道这一理念在过去是否运行良好，然后我们还要确定它在未来是否依然有效。在评估的过程中，我们需要保持客观的心态，并深入研究过去模拟结果中的所有细节，了解哪些因素是有用的，哪些因素出了问题。而优化过程恰恰相反。它会掩盖潜在的问题，让你产生一种虚假的安全错觉。

或许优化过程可以推算出我们的核心策略应以57天的突破期作为交易信号，在长期中使用53天和92天的趋势过滤器，在短期中使用41天和113天作为趋势过滤器。我没有在这一优化过程中耗费太大力气，所以这些数字完全是虚构的。无论结果如何，你都应该思考为何这些数字会获得最佳结果。如果对细节进行深入研究，你可能会发现这组数字之所以效果最好，是因为它们让我们恰好避免了一些非常严重的损失。使用这组数据，投资者或者是在重大损失发生的前一天就止损了，或者是在影响其他迭代的主要市场调整来临之前并未建仓。

如果你想将结果进一步优化，为什么不在每年都使用新的参数呢？你可能会得出结论，如果你每隔一年就设置更严格的止损点，这会得到更好的结果。我想你现在明白了。优化参数只会产生很多毫无意义的结果，根本不值得费心去做。

因此，我们应该打开格局。设置几种不同类型的交易策略，每种策略代表不同的交易理念，然后对其进行交叉测试。找出有效的交易理念，这样你就能从测试中获得一些真正有价值的信息，而不是纠结于移动平均周期是设为93天还是100天。

风格多样化

在你能想到的对核心策略的所有可能的调整、改进和提升中，有一种方法很有可能为你带来最大的价值。本书一直强调多样化，但我们实际上只探讨了一种多样化方式。系统化期货交易的基础是一个稳固且多元化的投资架构，其投资领域涵盖了所有市场的主要资产类别。事实上，我们的策略正是建立在我们能以相同方式交易大豆、债券、石油和货币等所有产品的基础之上。

如果你将趋势跟踪应用于一个、两个、三个甚至五个市场，其中就存在很大的运气成分。你的多样化策略根本不足以获得长期稳定的回报，因此你将受制于运气。如果你碰巧选择了未来几年趋势良好的市场，你或许能获得不错的收益。但这种情况发生的概率很小。

如果你已经读到这里，那你应该对这一点心知肚明，不应对此表示惊讶。但大多数人缺少的是一种不同类型的多样化，我通常将其称为风格多样化。

虽然我在本书中只关注了一种策略，但我也向你展示了两种截然不同的系统化期货交易方法。在前面的章节中，我们看到逆势交易和曲线交易都可以带来可观的回报。如果我们同时使用这三种策略进行交易，能否提高我们的整体回报？只需一种方法即可找出答案。

在本次演示中，我将使用我们迄今为止使用过的三种策略，除了交易成本和滑点之外，不包括其他成本。首先看一下图 9-1 中的三次回测。

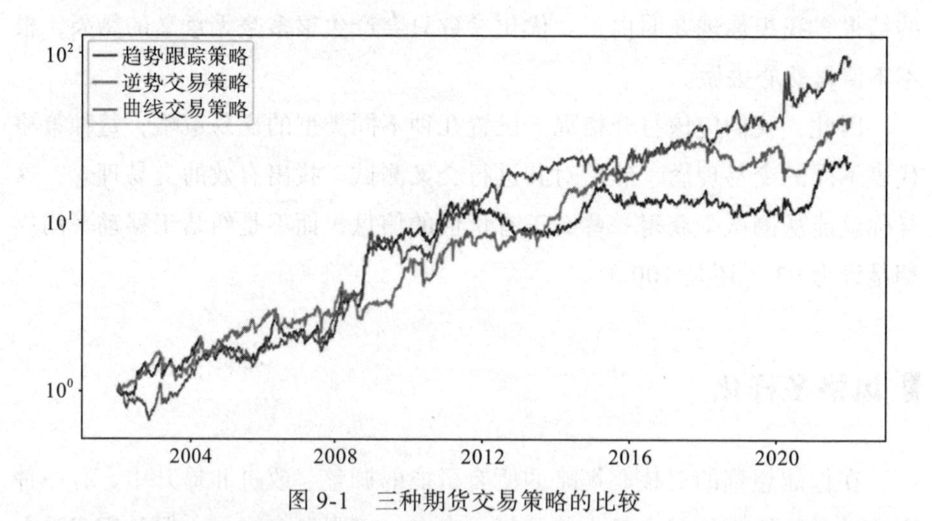

图 9-1　三种期货交易策略的比较

通过长期图表进行分析可能会产生很强的误导性。我们可能大致了解一个策略的表现，但无法确定这些策略中哪一个更可取。人类的眼睛或大脑并不能通过简单的视觉观察就直接准确地判断或比较不同策略的优劣。从视觉观察的角度看，曲线交易策略似乎远胜于逆势交易策略，但如果你仔细观察表 9-1，或许会得出截然不同的结论。

表 9-1 三种期货交易策略的比较

	年化收益率（%）	最大回撤（%）	年化波动率（%）	夏普比率	最高单月收益（%）	最高单月亏损（%）	盈利月份占比（%）
趋势跟踪策略	16.9	−42.4	26.9	0.72	47.2	−18.9	53.8
逆势交易策略	19.7	−43.0	25.5	0.83	24.0	−20.1	60.8
曲线交易策略	25.4	−39.2	30.4	0.90	66.7	−19.0	63.8

表 9-1 表明这三种期货交易策略都能获得合理的回报，具有相似的波动率和资金回撤，以及可观的收益。注意不要从曲线交易策略和逆势交易策略显示的较高回报中得出太多结论。我们已经知道，趋势跟踪策略在最近几年的表现比较惨淡，这在很大程度上影响了长期价值。趋势跟踪策略的流动性更强，能吸收的资本比另外两种策略更多。你可以在趋势跟踪策略上放心地投入数千亿美元资金，但在曲线交易策略上，即使投入几亿美元也会让你万分纠结。

如果我们现在想把这些策略整合成一个投资组合，就要确定每种策略的权重。一种方法是将趋势跟踪策略确定为主要策略，因此给予其更大的权重。另一种方法是降低曲线交易策略的权重，由于它交易的合约流动性较低，因此可扩展性较差。你还可以根据已实现波动率对权重进行动态调整，更多持有那些波动率较小的策略。这些都是有效的选择，只要你有充分的理由，但为了保持本书的简洁性，我选择等权重的方式。不过，我不会给每个策略分配 1/3 的权重，而是将 34% 的权重分配给趋势跟踪策略，其余两个策略各分配 33% 的权重，因为 1/3 是不合理的。我每月对这些权重进行一次再平衡，这在实验中是有意义的，但在现实中，你或许更应该设定触发再平衡的阈值限制机制。

在图 9-2 中，你可以看到，如果你在过去 20 年中使用这三个版本的交易策略进行交易，并在这些策略之间进行月度再平衡，你的收益曲线的走势情况。粗黑线显示的是组合策略，如你所见，该策略的表现相当好。金融专业人士对此并不意外，这就是分散化的力量。组合策略几乎在整个过程中都处于领先地位，在承担了较低的波动率与较小的回撤的情况下，获得更高的回报。我们不仅通过较低的波动率获得更安全的收益，还获得了更高的回报。

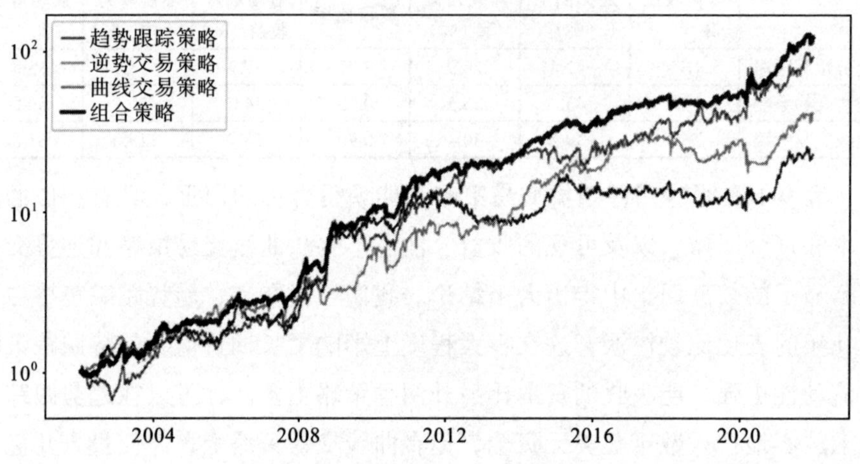

图 9-2　组合策略的业绩表现

在金融领域，这种业绩表现让人感觉是在变魔术。你可能会争辩说，这些策略中任何一种表现都非常棒，你应该专注于一种风格并保持投资组合的纯粹性。但这意味着你会错过这种风格多样化带来的额外红利。

表 9-2 中的数字看起来好得令人难以置信，在这一行当，对这种情况你应保持充分的警惕。在本例中，作为一个理论上的数学例子，这一结果毫无问题。当然，在现实中实现这一业绩完全是另一回事了。这里的重点不在于你遵循这些确切的规则就会得到 1.3 的夏普比率。到目前为止，如果你只从本书中得出这样一种结论，恐怕你是丢了西瓜，捡了芝麻。

表 9-2　风格多样化的价值

	年化收益率（%）	最大回撤（%）	年化波动率（%）	夏普比率	最高单月收益（%）	最高单月亏损（%）	盈利月份占比（%）
趋势跟踪策略	16.9	−42.4	26.9	0.72	47.2	−18.9	53.8
逆势交易策略	14.7	−27.8	16.9	0.89	13.9	−13.9	60.8
曲线交易策略	25.4	−39.2	30.4	0.90	66.7	−19.0	63.8
组合策略	27.3	−23.8	20.2	1.29	40.0	−14.2	67.1

我的意思是，投资策略多元化确实具有巨大的价值。采用跨市场、多

样化的组合策略交易，可以取得令人难以置信的效果。忽视风格多样化对你没有好处。

基于波动率的止损策略

本书中介绍的趋势跟踪模型没有采用任何传统的止损方法，这不同于第1版中的模型构建方式。我想通过这种变化来说明简化的逻辑依然有效，并希望第1版的读者对本书保持兴趣。增加止损逻辑可能是一把双刃剑，它既有助于减少损失，同时也可能使你更容易受到价格反复波动的影响。后者指的是市场价格反复上下波动，波动幅度大到足以让你平仓并触发再度开仓。在这样的环境下，你可能会连续多次亏损，这会令人非常沮丧。

增加止损逻辑主要不在于提高或降低交易策略的业绩表现，更多的是在于它改变了交易策略业绩表现的特征。这在很大程度上是一个偏好的问题，建议你尝试不同的变化，看看你对哪种类型的收益特征更满意，如果你管理外部资金，还要看看你的客户可能更喜欢哪种特征。

我们会对某些类型的交易方法设定一个固定的止损点，在价格触及该水平时就会平仓。但对于趋势跟踪模型，我们的目标是尽可能长时间地跟随趋势，因此保持追踪止损（trailing stop loss）更有意义。这意味着随着价格朝着对我们有利的方向变动，止损点也会随之移动。止损点永远不会脱离价格更远，这意味着对于多头头寸，随着价格上涨，止损点也会上升。你要做的是确定一个距离，然后每次我们创出新高时，止损点都会不断上调。

然而，还有一个最重要的问题没有解决：如何界定这样的止损距离？例如，将止损距离设置为5美元并没有太大意义，因为所涉及的价格水平差异很大。如果资产交易价格为20美元或300美元，那么5美元的回调意义将截然不同。你可能认为基于百分比的止损距离更有意义，但这仍然行不通。对于像股票指数这样的市场，2%的波动可能是正常的，而对于货币市场期货来说，0.2% 的波动就已经非常罕见了。与此同时，钯金市场在周四的日波动率往往超过了 5%，在当下的石油市场也属司空见惯。不，我们不能用资金数额或百分比来界定止损距离。

如果你注意本书前面讨论仓位管理的部分，这个问题的解决方案应该是显而易见的。关键是使用经过波动率调整的止损距离，由于我们已经计算了仓位管理的真实波幅均值（ATR），我们同样可以用其计算止损距离。还记得我们是怎样将 ATR 作为波动率进行简单替代的吗？当然，使用收益率的标准差也没有问题，但使用现成的方法更为方便。

ATR 测度的是市场日平均预期价格波动范围，所以从概念上讲，我们可以利用该指标来定义我们愿意承受多少个正常交易日的业绩回撤，即我们愿意接受的业绩下滑的幅度。本书第 1 版使用了 3 个单位的 ATR 止损距离，也就是说，当价格回撤超过 3 天这一正常的价格范围，我们就会止损。

图 9-3 通过天然气市场的牛市趋势对这一原理进行了阐释。如图所示，价格在 4 月份形成突破，进入新的牛市趋势，此时我们的趋势跟踪方法开始做多。随着价格上涨，我们将一直持有该头寸，而止损点也不断提高。随着价格在 7 月初回落并快速触及止损点，我们平仓离场。

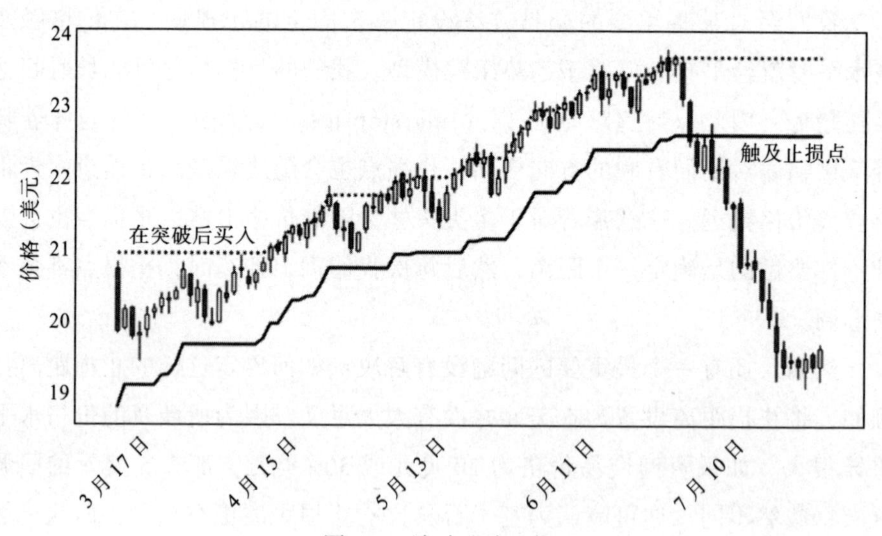

图 9-3 波动追踪止损

| 第10章 |

期货交易实务问题

设计出一种可靠的交易策略并非我们的终极目标，相反，此时我们会发现真正的任务才刚刚开始。现在，我们会在交易策略的实施过程中遇到很多具体的实务问题，如果你此前从未交易过全球期货的话，没有做好充分准备，你或许会遇到许多意想不到的麻烦。

资产规模限制

无论你是将分散化的期货交易策略应用于自己的个人账户、代客理财，还是为对冲基金交易，你都需要确保自己拥有足够大的资产规模，以便充分利用分散化的好处，而且无须承担额外的风险。这或许是分散化期货趋势跟踪交易存在的困难之处了。对于股票交易者来说，资产规模不是什么大问题，因为他们的持仓规模可以分割成很小的数额，在1 000美元的账户中就可以轻松地持有40只股票，实现的分散化效果可以和上亿美元资产规模的基金相媲美。然而，期货却无法以同样的方式进行分割，如果你的资产规模不够大，就做不到在不额外增加风险的情况下，持有多个头寸。在我们的交易策略中，每个品种的仓位大小是根据该头寸的日均波动对整个投资组合产生的影响计算出来的，如果你拥有的资产规模不足，根据该公式算出的结果还不足一个合约单位，根本无法交易。

举例来说，假设你的账户的资产规模为15万美元，你收到了一个活牛期货的买入信号。这份合约的规模为40 000磅，交易信号发出时的ATR为0.017美元。使用0.2%的风险因子，计算该头寸持仓限额的公式如下所示：

$$合约手数=(150\,000\times0.002)/(0.017\times40\,000)$$

用公式计算得出的合约手数小于0.5，显然我们无法交易半手合约。在资产规模过小的情况下实施分散化期货交易策略，为了凑足整手合约，你将被迫大幅提高风险因子。如果你的资产规模远远低于最低要求，你实际上已经离开了专业的投资领域，走上了赌博的邪路。在我看来，资产规模不到100万美元就敢进行趋势交易，这种行为属实有些鲁莽了，就算你的资产规模达到了100万美元，用于期货的趋势跟踪交易还是略显不足，你或许还要做出一定的妥协。我当然听说过一些传奇故事：某人拿着1万美元就敢实施趋势跟踪策略，最后还赚了几百万美元，如果你觉得自己就是那个幸运儿，也可以去试试。如果本书的1 000名读者都这样做，我打赌其中大约998人会在几周或几个月内亏光所有的钱，而剩下的这两个一夜暴富的人，如果足够聪明，应该在赢得第一笔大奖之后就收手不干，寻求更安全的投资，否则最后也会亏光。但本书不是研究赌博策略的，我强烈建议那些资产规模不足100万美元的人，千万不要涉足这一领域。

如果你资产规模较小，可以选择交易一些迷你合约，但市面上的迷你期货合约乏善可陈，而且其中一些严重缺乏流动性。股票市场中的迷你合约很多，但在其他一些板块（尤其是非常重要的利率板块）中数量严重不足。农业板块有一些迷你合约，但品种有限，而且往往流动性不足，买卖价差过大。

即使你有100万美元，有时也会收到1.5手合约或0.7手合约这类的交易信号，你需要提前决定如何处理这些信号。当然，稳妥的做法是向下取整，但你实际上也不太愿意持有过低的头寸。如果你的资产规模较小，在100万至500万美元之间，你可能还需要对你的投资范围进行更严格的限制。如前所述，在保持其他所有条件不变的情况下，扩大投资范围会直接增加整体策略的风险，我们希望预期收益也能随之增加。因此，你可以通过减少投资范围内的交易品种数量来降低风险，但如果交易的品种数量过少，也会大大降低分散化的效果。因此，在资产规模较小的账户中运用分散化的期货交易策略难度较大，但如果你想试一试，务必算清利害关系，这样才能明确其中的风险。

实盘操作

你现在终于可以进行实盘交易了。所有的测试都已经完成，你对自己选择的策略也非常满意，期货交易账户也开好了，交易架构已搭建完毕，客户的资产也全部到账。很好，但现在困难的部分才刚刚开始。很多人直到实际交易开始前也没有搞清楚一个问题：交易的第一天到底要做什么？你是应该立刻根据回测模拟发出的买入信号全部建仓，还是等新信号出现后再缓慢建仓呢？

我不太清楚其他类型的交易策略该怎么做，但对我的交易策略来说，只有一个正确选择。那就是在第一天将所有头寸悉数开仓，否则你得到的收益曲线可能和预期的截然不同。你需要根据模拟交易中信号出现的时间来计算每笔交易的开仓规模，而不是根据实际开始交易的那天算，然后在交易实际运行时立即建仓。所以，如果你在1月2日开始实盘交易，而你的模拟策略提示你应该在上一年的12月10日建立大豆期货多仓，你就应该使用当时的波动率数据，来计算如果你在12月10日开仓时的合约理论持仓手数。这样才能确保你的实际交易结果与此前的模拟结果相匹配。

如果你没有立即开仓所有的头寸，那你得到的收益曲线和模拟预测结果也将不匹配，这样做实际是在赌博，这和等待新的交易信号出现后再逐步建仓的做法本质上相同，都是人为干预既定的交易策略，结果完全看运气。

第一天的实盘交易情况可能让你心惊胆战，进退两难：应该开多仓的头寸可能已经连续两周大涨，预期利润已经远高于统计上的平均值。问题是，如果你现在不买入，那你打算什么时候买呢？价格可能会稍微回落一点，也可能不会。也可能会持续上涨一年再回落。如果你没有立刻开仓所有的头寸，那你可能需要相当长的时间才能让投资组合实现合理的分散化，而要让你的实盘业绩与模拟结果同步，可能需要更长的时间。如果你开始实盘交易的时候还没赶上期货策略盈利最高的阶段，要从低谷中走出来也要很长时间。你还可能恰好在一段市场表现糟糕的时期之前开始交易，但这也是无法预测的，因此明智的决定是坚持按照计划行事。

交易执行

在开始交易前还要考虑一个实际问题，在出现新的交易信号后如何执行交易。本书中的策略假设你在每个市场开盘前发出市价委托指令，根据实际的开盘价确定成交价格，适当扣除滑点成本，但这显然是对现实情况的一种简化处理。各个交易所在一天里的开盘时间可能各不相同，甚至可能是你所在地区的夜半时分。有些市场需要考虑多个交易时段，而其他市场则几乎全天 24 小时交易，这让我们很难确定“开盘”的准确定义。此外还应考虑流动性问题，特别是某些大宗商品期货在一天中的某些时段可能相当缺乏流动性，在这些时段下达市价指令会产生更高的点差成本。

根据个人经验以及其他期货管理公司同行的经验，我可以肯定地说，大家在这个问题上众说纷纭，做法各异。一些交易者将所有操作自动化，他们的分析软件使用预先编程的算法向交易所直接发送交易指令，指令的内容包括各交易品种的交易执行时间与执行方式。还有些基金则拥有大量的交易操盘手，在分析软件发出信号后，这些操盘手会得到在多达一周的时限内完成建仓或平仓离场的权限。对于一个可能在进入和退出时对市场产生显著影响的大型基金来说，赋予交易操盘手一定权限，将交易分散在几天内完成很有必要。但也有一些规模更大的基金使用自动交易软件来达到同样的目的。至于那些资产规模较小的基金或交易员，他们当然可以设置每天在不同市场中交易的具体时间，然后根据某些常识来决定是下达市价指令还是限价指令。

如果你决定通过人工交易来获取更好的交易结果，请记住要经常对人工交易的结果与理论上的市价指令结果进行比较。一个优秀的操盘手可以超过市价指令的平均水平，但大多数人的长期表现没有这么好，我们这行的核心业务是通过交易策略获取长期收益，而不是追求执行价格的细微变化带来的短期套利。如果人工交易需要花费大量时间或成本，最后的结果与市价指令的差别甚微，效果甚至还赶不上市价指令，那么继续人工交易就失去了意义。最终选择取决于操盘手的偏好，也和操盘手的技术特点高度相关。

鉴于每个投资者所处的地理位置以及睡眠周期各不相同，如果参与全球期货交易，你无法做到在交易机会出现后的任意时刻都能保持清醒的状态。假设你像本书中的核心策略一样只用开盘价交易，要注意日本、中国香港、新加坡、欧洲和北美的开盘时间存在相当大的时差。

如果每笔交易都采用人工交易，那么在全球各大市场开盘时你恐怕会分身乏术，因此你的建仓价格可能与你的模拟预测结果大相径庭。解决这个问题的一个方法是在睡觉前下达开盘市价指令，但如果赶上夜间恰好发生了重大事件，你恐怕就要有麻烦了。

还有一种简单的方法可以解决这种模拟价格和实际执行价格之间的差异，这就是在模拟过程中充分考虑这一问题。如果你生活在欧洲，并且知道你无法在日本、新加坡和中国香港的市场开盘时保持清醒，你只需在模拟软件中调整设置，不用开盘价，而是用这些市场的收盘价进行交易，你甚至可以将执行时间推迟一天。在你的模拟过程中尝试一下，看看它是否会对结果产生影响。

现金管理

模拟交易过程绝对无法模拟出现金管理实务问题。绝大多数模拟软件对这部分内容均做了简化处理，尽管现金管理工作没那么复杂，但你还应该在开始交易期货之前熟悉相关内容。

无论是为自己、为客户还是为对冲基金开设账户时，你都必须确定该账户所使用的基础货币。这也是计算账户全部业绩表现的主要货币。你还应在账户下开设一个或多个以不同货币计价的子账户，这也是期货交易者的必备工作。你要确保期货品种池所涉及的每种货币至少有一个单独对应的外币子账户。本书所覆盖的交易品种应该能够满足你的需求，这些交易品种涉及的货币有美元、瑞士法郎、欧元、英镑、港元、日元和加元，因此你应该从一开始就设立这些货币的子账户。每新开一笔头寸，都要在你的账户中保留远超最低要求的充足的抵押品。一些经纪人可能要求所提供的抵押品与所交易品种的币种相同，而其他经纪人则乐于接受等值金额的其他币种（大概率是你账户的基础货币）。

期货合约实行逐日盯市制度，合约的每日持仓盈亏会在下班时通过清算所进行结算。因此，当所有账户开好之后，你将 100 万美元存入基础美元账户中，假设你今天恰好在金边债券上亏损了 2 000 英镑，请注意，无论收市前你的账户上是否还持有金边债券的头寸，你的英镑子账户上都出现了亏损。期货合约每日结算净盈亏，余额显示在损益账户上。现在，你可以选择进行即期货币交易来弥补英镑账户不足部分，否则就要为账户透支支付罚息。

为避免这一麻烦，你可以在一开始向每个子账户转入一笔资金来弥补潜在亏损。这意味着你不想持有的货币出现了风险敞口。这种外汇风险敞口在整个账户中的占比可能并不高，因此你有两种选择：要么保持现状，将该风险带来的盈亏视为舍入误差，要么进行风险对冲。除非你的账户资金规模非常小，否则外汇期货是极佳的对冲工具。它的交易成本比外汇远期更低、更容易交易，买卖价差也更小。使用外汇期货进行对冲的唯一缺点是，你不能按照精确的金额进行对冲，其交易金额只能是一手合约价值的倍数，一手标准的外汇期货合约价值一般在 10 万至 15 万美元。不过，在这一领域，你通常能够找到流动性非常好的迷你外汇合约。

在我看来，现金管理没有一个非常精确的定义，因此也很难找到一个最佳行动方案。有些人可能会向每个子账户转入几十万，忽略相对较小的外汇风险敞口；有些人的融资成本较低，因此对账户中的赤字并不在意；还有些人会向子账户中转入足够的资金，用外汇期货进行对冲。不管采用哪种现金管理方式，这对年底的最终收益都不会产生太大影响，但现金管理问题依旧是一个需要解决的实际问题。表 10-1 展示了部分子账户的资产概况。

表 10-1 部分子账户概览

账户名称	币种	现金余额	未实现损益	账户价值
5611.77512-124/U	美元	34 124 566.86	−131 548.22	33 993 018.64
5611.77512-124/E	欧元	124 886.12	146 324.87	271 210.99
5611.77512-124/C	瑞士法郎	−12 781.20	34 819.15	22 037.95
5611.77512-124/G	英镑	14 379.08	−2 674.00	11 705.08
5611.77512-124/H	港元	14 721 927.45	2 456 874.23	17 178 801.68
5611.77512-124/J	日元	−132 453.00	278 226.00	145 773.00
5611.77512-124/C	加元	74 558.98	−4 235.73	70 323.25

你的各个子账户中总要保有一定数量的现金，用以支付期货结算款项、充当抵押品。你或许还可以使用债券或类似的金融工具作为抵押品，但这取决于你跟经纪商的关系及谈判地位，无论如何，账面上总要保留一定的流动性。确保账户中有足够的资金来弥补结算亏损、偿付客户可能发生的赎回申请。如果你因为客户的意外撤资而不得不卖出原本打算持有到期的债券，那你的现金规划一定是出现了问题。

话虽如此，从自身的利益出发，你也应该降低账户中的现金持仓水平，同时也要确保有足够的资金来满足上述的支出及客户的赎回申请。将账户上的资金规模最小化的原因有二：其中一个原因众所周知，而另一个原因如今变得越来越重要。众所周知的原因是你可以用多余的资金购买国债，从而获得额外的利息收入，尽管如今的收益率已大大缩水，但依然不可忽视。即使你一年只能从投资组合中获得0.25%的收益，这钱也是白来的，尽管无风险这个说法还有待商榷，但这已经是最接近无风险的收益了。

另一个原因是，如果将现金存在银行或经纪商那里，一旦破产，你持有的任何现金都将化为乌有。我不太相信经纪商所声称的隔离账户真的没有风险，因为现实情况是怎么样的我们都看在眼里。无论是哪家经纪商，但凡有一个嗜赌如命的前参议员担任首席执行官，客户的数十亿美元资金很快就会消失得无影无踪。无论你得到多少保证，事实是如果你的经纪商突然破产，你账户中的任何现金要么凭空消失，要么就是被冻结数年，依旧悬而不决，而你账户中持有的国债之类的证券则不会有这种担忧。

回撤模式下的波动率更大

有一个因素常常被忽略，那就是当你的策略发生回撤时，业绩的波动率会显著增大。当你度过一个盈利丰厚、屡创新高的好年景时，策略整体表现的波动率要比刚刚经历一段糟糕年份时更小。这听起来有些反常，但仔细想想也有一定的道理。波动率在顺境中较小的原因与市场环境或策略本身无关，只要收取业绩分成，无论是对冲基金、管理账户还是其他类似机构都会出现这种现象。

当你本轮业绩表现优于上次结算的业绩分成时，部分利润会因支付应计的业绩分成而被抵消。这笔钱并不会从你的账户中实际扣除，但在计算业绩时会作为应计负债从总资产中扣除。如果你对一个管理账户或基金收取15%的业绩分成，在最近的上涨中获得10%的收益，则你的净资产增长率只有8.5%。另外，自上次结算业绩分成以来，如果发生亏损后的资产依然保持盈利状态，在计算业绩分成时，由于应计负债减少，亏损部分也会被稀释掉相同的比例。

因此，业绩分成起到了稳定器的作用，只要你从上次的最高水位线以来保持盈利状态，账户资产面临的有利与不利波动均会受到抑制。另外，当你处于回撤状态时，由于没有业绩分成的稳定作用，账户资产的波动率会更高。好处是你有机会以更快的速度收复失地，可一旦稍有不慎，你也可能遭受更大的损失。

投资组合监控

密切关注基金净值以及盘中的盈亏情况，这是一把双刃剑。能够盘中跟踪你的持仓情况当然很方便，也很让人安心。它既能让你随时了解市场动态，实时跟踪基金对市场的反应，又能让你掌握投资组合构成及收益情况。如今，大多数期货经纪人均能提供此类监控服务，如果你觉得这些服务无法满足你的要求，你也可以使用路透社、彭博社或你拥有的任何其他市场数据系统，计算投资组合的盈亏状况，以此构建自己的Excel监控系统。

当然，问题在于，对盘中交易实施逐笔监控有何好处？看到实时数值在眼前跳动并不会对你的交易有任何帮助，况且，如果你的策略只是基于收盘价值进行交易的话，这样只会增加你的心理压力，分散你的注意力，却忽略了更重要的任务。如果你运行的是类似本书中所采用的交易策略，整天盯着持仓组合盈亏变化是非常不明智的。

当然，尽管这么说，得承认，我每天在这个屏幕上浪费了大量的时间，我知道这玩意确实让人上头。

策略的后续工作

一旦你开始真刀真枪地进行实盘交易了，祝你好运，但我要提醒你，实际工作才刚刚开始。未来最重要的一项任务是将你的实际交易结果与模拟出来的预期收益及其他期货经理的业绩表现进行比较。如果你花了这么多时间开发出一个可靠的交易策略模型，可实盘交易的结果却和预期的模拟收益偏离甚远，你需要弄清楚哪里出了问题。当然，模拟和现实之间总会有些许的不一致，但这种差异应该在合理的范围内，而且结果应该是随机分布的，不应出现系统性偏差。如果实盘交易的结果是某个月差一点，某个月好一点，那没什么大不了的，但如果每个月的表现都差一点，这就说明你的策略模型存在某些未知的缺陷，随着时间的推移，这种缺陷造成的负面影响可能会越来越大。我建议你谨慎行事，从一开始就将模拟中的假设条件设计得更加保守一些，比如把滑点损失和佣金比率设计得比实际水平更高一些。

把每天资产净值的变化通过电子表格记录下来，计算净值时应扣除所有费用，包括应计管理费、业绩分成及其他所有的外部成本，并将此与预测的模拟结果进行逐日比较。密切跟踪二者间差异，如果形成某种趋势就应尽量找到其源头。如果发现实盘交易结果和模拟预测值之间存在系统性偏差，这可是个大麻烦，你最好在形势恶化之前找出问题的根源。

如果你能每天计算各品种的实盘交易结果与模拟预测值的盈亏情况，这将有助于你发现深层次问题。大多数模拟软件并没有内置这样的选项，但如果你能找到一个架构足够开放的软件，你可以自己添加这个功能。这并不难，只要有业余的编程水平，你就可以为分析软件增添一个插件并稍微增强其性能。

如果实盘交易结果最终无法复制模拟预测值，策略的模拟值再好，也不过是镜花水月。

| 第 11 章 |

期货交易策略建模

在本书中，我们介绍了一种期货交易策略，这种策略看似能够提供丰厚的长期回报，并有可能成为整个交易行业的基础。我已经详细描述了这些规则，使之易于遵循。在开始交易探险之旅，用你的真金白银践行这些规则之前，你要弄清楚一个非常重要的问题。

你就这么信任这个奇怪的欧洲人吗？仅仅是因为他写了几本书？不管这个人长得多帅、说话多好听，对他在某本书里摆出的一大堆交易规则全盘接纳，对他的模拟回测结果深信不疑，我觉得这一做法并不明智。我已经在本书中反复强调这一点，但我依然担心未能尽言。撰写本书的目的是传授我的想法和理念，拓宽读者的视野，并展现各种可能的结果。我并不希望读者完全复制我在书中展示的交易规则范例。原封不动地拿去交易，这可不是一个好主意。永远不要照搬别人的交易规则，无论他是谁。不管这个欧洲人是多么英俊潇洒、睿智过人、谈吐幽默，他也会挖苦别人。

为何需要自主研究

交易规则是非常个人化的问题。你绝不能使用未经自己开发及测试过的规则来交易。所谓的“最佳交易系统”根本就不存在，对此类说法应保持极度怀疑。你可以通过阅读研究报告来获取灵感和想法，你还可以看看我出的书，最好多买几本，分享给你的朋友。但你最终要对每一种说法进行验证，复制研究过程，对这些想法进行测试，并做出自己的判断。即使历史数据验证了这些说法的正确性，那也不一定能说明它在未来依然有效。你最终可能会吸取一些想法，并将其融入自己的方法中。但你需要对这些方法进行验证，对所有事情都保持适度怀疑，并始终坚持自主研究。

实际上，大多数交易模型都是基于某种特定目的开发的，尤其是当你在经营一家企业的时候。你在设计策略的时候，不是在随机寻找某种盈利模式，这样就和其他任何行业中创办一家企业时编制的商业计划书没什么区别了，这些商业计划书的特点概括起来就两个字——“赚钱”。你所设计的交易模式，更应该是利用市场中存在的某种缺陷，或是复制当时正在吸引大量资金的某些特定策略。

如果你的交易策略不是基于某种特定目的而设计的，那么你可能只是将一堆随机指标堆在一起，不断混合匹配，直到得到一个足够好的回溯测试结果。这类交易模型几乎没有什么预测价值，也不具备商业价值，通常很快就会一败涂地。

无论你做什么，切忌在没有自己做深入研究的情况下使用别人的交易规则交易。我在本书中尽量提供所有技术细节，以及你做研究所需的一切资料。我建议你先从复刻交易规则开始做起，自己进行测试，然后继续改进、调整，使模型最终为自己所用。

谈谈编程

量化交易员至少应该具备编程的基本知识，否则在这个行业里将没有立足之地。无论你是之前从未有过编程经验，还是担心编程并非你擅长的领域，这都无关紧要。既然你在读本书，那我就假定你在某种程度上有决心进入这个行业，或是在这一行业出人头地。掌握编程技术是这一过程中的重要一环，也是你无法回避的挑战。即使你有一支能根据你的要求编程的技术专家团队，但如果你不熟悉细节，不能自己进行调整和创新，那你的地位依然很尴尬。有秘书并不意味着你可以不会打字。点选式系统构建和简化的脚本语言是为普通消费者准备的，而我们的目标是进入更高层次的领域，所以做好准备，买一本编程书，学习如何编写代码吧。

设定开发环境

接下来，你需要确定一种适合开发交易策略的底层平台。自本书的第 1 版出版以来，这一领域的发展突飞猛进。在我 2010 年开始撰写本书之时，回测软件的可选余地相当有限。当然，和如今一样，那时市面上有成百上千种不同的软件包可供选择，但这些软件包都极其雷同，也有同样的局限性。其中大多数软件包现在仍然可用，并且在散户中仍然非常受欢迎，但我建议你远离它们。

请小心筛选可用的软件解决方案，确保选择一个真正适合这项任务的平台。如果你是一个小散户，你大概正在使用面向散户的技术分析软件，如 MetaStock、TradeStation、TradeSignal、MetaTrader 或 WealthLab 等。这类软件有很多，它们都有一个共同点：过于简单陈旧，并且会极大地限制你的创造力。使用专有脚本语言的软件是最差劲的。这些软件主要针对那些对交易不够认真，懒得学习专门技术的人。幸运的是，这些旧的软件包或专有脚本语言已经没有市场了。高级工具如今已触手可及，人人皆可使用。

其中一些零售软件包使用 C# 或类似的开源语言来构建交易策略，尽管这些软件包的限制性相对较小，但它们的最终使用范围仍旧相当有限。事实上，任何由其他人制作的回测环境都会以某种方式限制你。除非你自己开发回测软件，否则你所能做的就是选择一个最符合你需求的软件包，然后尽可能地利用它来发挥你的创意。

要想成为一名交易员，首先要认清一点，学习编程是你绕不过去的一道坎。简言之，如果你不懂编程，你在这个行当里很难生存。如果你认为编程是程序员的事，这种琐碎的低级工作不适合你，那我只能祝你好运了。如果你认为只需雇用一个程序员并告诉他该做什么，那你就真的没理解其中的关键。要么认真对待，要么远离这一行当。学习编程是不可避免的。

好消息是，你并不需要成为一名专业的程序员。你只需掌握足够多的专业知识，并且知道在需要时如何解决问题即可。所谓的足够多，指的是你需要了解回测的工作原理、所用软件及方法的局限性，以及熟练掌握统计分析方法。如果你理解了这些知识，并且可以自己编写策略代码，就能深刻理解交易策略的工作机理、基本假设、局限性以及其他不可避免的问题。这是你能信任这些交易规则的唯一方法，缺乏信任，你很难在处境艰难的时候遵守这些交易规则。

所以，你需要弄清楚所做的策略研究和模拟回测需要怎样的环境。一个优秀的交易策略开发环境应该具有极高的灵活性，能给予你极大的发挥空间。你甚至可以做那些环境的开发者从未想象过的事情。这一开发环境还需要能够快速地处理大量数据。我们要处理海量数据，几个小时的回测时间会让我们大多数人都难以忍受。

这使我们只有一条路可以选择。我们需要一个复杂而强大的量化交易开发环境，它易于学习，开发速度快，并能快速分析海量的时间序列数据。在诸多可选项当中，有些平台效果尚可，但大多数只是在浪费时间。请务必选择一个符合行业标准的合适平台，这个平台应具备大量的开发支持并且长期存在。如果你还没有做出明确的选择，我强烈建议你考虑选择Python作为你的开发语言。

Python与Zipline

从金融和交易的角度来看，Python作为一种编程语言具有其独特优势。它不仅仅是一种语法略有不同的新语言，更是一个可能改变游戏规则的强大工具，你真的应该给予足够的关注。

Python 非常容易上手。无论你是编程新手还是经验丰富的 C++ 程序员，你都能很快掌握 Python。Python 的语法设计得非常容易阅读。如果你对 Python 一无所知，给你看一段代码，你马上就能明白它的作用。大多数编程语言都做不到这一点。

Python 在很大程度上像是为金融行业量身定制的。对冲基金的量化分析师专门为 Python 设计了很多工具，并将其免费提供给所有人使用。那些在使用 C 语言编程时需要大量代码才能完成的任务，往往可以在 Python 中通过一行代码轻松实现。在过去的 30 年里，我用过很多种编程语言，但从未见过哪种语言能像 Python 这样让人如此迅速、轻松地完成任务。在过去的几年里，Python 已成为量化分析师首选的编程语言，并由此形成了一个庞大的社区，涌现出大量的开源工具。量化社区的这种分享精神让金融从业者感到惊讶。

当然，Python 也存在一些明显问题。由于目前 Python 的使用者大多是经验丰富的量化分析师，所以文档往往默认你已经掌握了所有知识，并且明显倾向于排斥任何用户友好的设计。对于刚踏入这个领域的新手来说，首先需要克服的障碍就是那种时而显露出的、假设读者无所不知的技术傲慢态度。

尽管初学者可能感觉 Python 有些令人生畏，但实际上学习 Python 没那么难，而且回报很高。当然，Python 本身并不能为你进行回测。这给了你两个选择。如果你编程足够熟练，你可以用 Python 构建自己的回测系统，你也可以选择一个适合 Python 的回测包，并根据你的需求进行适配。后者要容易得多，我强烈建议你使用一个名为 Zipline 的小型 Python 库。

Zipline 背后的故事可就漫长而又丰富多彩了，尽管其中大部分已经不再重要了。Zipline 的创建公司 Quantopian 将其免费开源，该公司在几年后倒闭了。尽管有人认为 Quantopian 的倒闭意味着 Zipline 这个回测库也寿终正寝了，但情况出人意料，随着 Quantopian 的倒闭，开源社区接管了 Zipline，其开发和维护反而得到了显著提升。

Zipline是期货交易者的一大得力工具，原因之一在于它能够逼真地交易单个合约。大多数回测工具仅使用计算得出的连续合约进行测试，这存在各种实际问题。Zipline这种与生俱来的处理成千上万单一合约的能力，不仅带来了更高层次的保真度，还为创意策略设计开辟了各种有趣的机会。

自从Quantopian倒闭以来，不同的开发者或团队已经创建了多个Zipline的分支版本。在本书撰写之时，最有趣的分支版本是Zipline-reloaded，它是免费和开源的，你可以随时使用。

数据来源

没有数据的回测系统就像交易书籍中的比喻一样一文不值，而确定了回测软件只完成了一半的任务。金融数据提供商众多，有的完全免费，有的则贵到天际，这些软件在适用范围、质量和技术要求等方面差异甚大。如果你已经在金融行业工作，你可能已经有了自己偏爱的数据来源，但是，如果你决定采取更现实的途径，使用Zipline对单一期货合约进行回测，那么你或许需要一些稍微不同的东西来进行期货策略的回测。

你可能会对某些免费的数据源感兴趣。你可以在不少网站上免费下载大量历史数据。虽然有些开源软件非常不错，但我对免费数据的质量不是那么信任。如果你确实使用了这些免费的数据源，请确保在代码中建立检查机制来检测数据中的异常值，同时，你可能需要使用多个免费数据源来进行交叉验证。

免费数据通常更容易获取，并且对于股票，特别是美股，其质量也相对较高。然而，对于期货数据而言，情况就稍显复杂了。

如前所述，期货时间序列有两个相关概念，即单一合约时间序列与经计算得出的连续合约时间序列。你对数据提供商的实际需求取决于你的目的及软件的具体功能。传统的软件解决方案实际上只能使用连续合约。它们为每个期货品种使用一个预先计算好的连续合约时间序列，从而大大减少了所需的数据处理量。然而，这种测试方法与现实并不相符。一个更好的解决方案是使用单一合约进行回测，这很容易达到数万个单独的时间序列。如果你已经建立了一个稳固的回测环境，比如使用Python并搭配Zipline或类似引擎的系统，那么你就可以在需要时动态地计算连续数据。

如果你需要，我也可以向你推荐一个低成本、高质量的数据源，它提供了数十万份单一合约数据，并且还提供了一个定制的Zipline接口。它可以帮你在期货模型回测时节省不少时间。

有鉴于此，我在本书中将Norgate Data作为独家数据提供商，并且本书中的所有回测和分析都是使用Norgate与Python、Zipline结合完成的。事实上，我于2019年出版的《动量策略：利用Python构建关键交易模型》[㊀]一书中的设置与此完全相同。该书详细解释了如何设置这样的环境，以及如何使用该环境构建回测系统。如果你想深入研究这一主题，并学习如何编写回测策略的代码，请将这本书加入你的书单。

数据存储

在数据存储方面，你主要有两种选择。一是完全依赖你选择的数据提供商，让你的策略建模软件和工具直接从该数据源处读取数据，二是自建本地数据库。如果你的软件直接访问供应商的数据库，那么你会面临更高的风险，因为一旦他们的数据源在你需要工作时出现故障，那你可能会有点麻烦。例如，有些数据提供商会在周末进行维护而关闭数据库，而你可能恰好在那个时候需要访问数据。还有一些数据提供商会每天自动向你发送文本格式的数据文件，以规避服务器停机的风险，但你依然会受制于数据提供商的数据格式与技术标准。尽管对这个问题的看法因人而异，但我个人更喜欢在公司内部创建通用的数据库解决方案，这样业务的关键部分就永远不会受到任何一个数据提供商特定情况的影响。这样一来，你可以根据自身的需求更换提供商，或是综合使用多个数据提供商的数据，而且

㊀ 中文版由北京理工大学出版社出版。——译者注

总体上会给你更大的自由度及可靠性。你也可以设置一个 MySQL 数据库或类似的数据库，并让你的策略建模软件直接读取数据，这两种方法易于操作，成本也不高。

回测的危险

本书向你展示了相当多的回测结果，并从中得出很多结论，因此，你或许会非常惊讶于我发出的回测危险警示。作为一种工具，回测可以提供非常大的帮助，但俗话说得好，一知半解是最危险的。本书的主旨不是讨论回测问题，主要是因为这个问题根本不是一本书能讲清楚的。但我会尽量向你说明问题的实质，认识到回测问题有哪些主要的陷阱。

业内有一句老话，"我从没见过我不喜欢的回测结果"，意思是你可以有意或无意地让回测结果看起来和自己的预期完全吻合。毕竟，你是在分析静态的历史数据，你可以不断调整，直到结果显示出你想要的数字为止。大多数人进行回测使用的方法是所谓的"土拨鼠日"方法（Groundhog Day method）[1]，即无限试错法。对于更年轻的读者来说，也许《明日边缘》更容易引起他们的共鸣。[2]你可能在一开始提出了一个将某个指标应用于市场的理论，然后你对此进行测试。在测试结果不太理想之后，你研究细节，发现将止损点设置得太近，于是你将止损点设置得更远一些。测试结果有所改善，但还不够好，于是你再次研究细节，决定增加一个趋势过滤器。这个迭代过程可以不断进行，直到结果变得更好。就像比尔·默瑞那

---

[1] 这个术语借用了电影《土拨鼠之日》（*Groundhog Day*）的概念。在电影中，主角比尔·默瑞饰演的角色被困在了同一天（即土拨鼠日），每次醒来都是这同一天，他必须不断尝试不同的方法来改变这一天的结果。因此，"土拨鼠日"方法在回测中指的是反复尝试不同的策略、参数或设置，直到找到看似完美或符合预期的结果。——译者注

[2] 为了让年轻一些的读者更容易理解上述概念，作者提到了另一部电影《明日边缘》（*Edge of Tomorrow*）作为类比。在这部电影中，主角通过不断重复战斗来掌握技能并改变未来。同样地，在回测中，交易者也在不断地"重复战斗"，即调整策略并观察结果，以期找到能够"改变未来"（即在实际交易中获利）的最佳策略。——译者注

样变得越来越好，或者像汤姆·克鲁斯一样战胜了巨大的蓝色外星人。但在这种情况下，你会继续进行，直到得到一个完美的惊人回测结果。这很可能会让你陷入一种虚假的安全感，让你认为自己已经发现了交易的圣杯。

制造一个完美的回测结果其实相当容易，比方说，回测结果显示，某种策略的夏普比率达到15，每年回报率高达几百个百分点并且几乎没有回撤。但这种回测结果仅仅是曲线拟合，缺乏任何预测能力，而且在现实生活中崩溃和失败的概率极高。

由于本书的主旨不是讨论回测问题，所以我强烈建议你买一本由罗伯特·卡弗（Robert Carver，2015）所著的《系统化交易》(*Systematic Trading*)，这是我所知道的关于回测问题的最佳图书。

|第12章|

趋势跟踪策略能用在股票交易中吗

趋势跟踪策略的定义

人们对股票趋势跟踪策略热情高涨，其主要原因或许在于他们对趋势跟踪策略的定义存在分歧。趋势跟踪策略源于期货市场，本书讲的正是这种趋势跟踪方法。期货市场中可供交易的品种相当有限，而各品种之间的差异非常大，能够实现高度的分散化。这一假设构成了趋势跟踪策略的基础。

如果你将标准的期货趋势跟踪模型应用于任意一个单独的板块，其表现可能都不会太好。你或许会选择农产品板块，因为这是分散化程度最高的板块，策略成功的可能性最大。当然，你可能运气不错，在某个特定板块表现良好的一两年里入场，但之后好运就结束了。长期分析表明，我们根本无法预测任何一年里哪个板块将表现良好，哪个板块将表现不佳。

如果你选择利率或股票等金融交易品种，成功概率会更低，其原因不在于股票市场缺乏趋势。像其他任何市场一样，股票市场也存在趋势市场和非趋势市场。只不过股票市场极其同质化。你的投资领域中所有品种都会同时涨跌或持平，你根本无法实现任何的分散化。你要么进行大额 β 值押注，要么就不押注。

当股票市场处于升势时，你的业绩也会一飞冲天。毕竟，在强势的牛市里，你只需要做多股票就好。但这很难说是趋势跟踪策略，它不过是买入并持有策略的一种变体，寄希望于最好的结果。当市场震荡起伏，略微回调后又继续上涨，你的业绩很快就会下滑。你会在最糟糕的时候开始止损，最终跑输指数。

当市场进入横盘整理阶段时，你会接连遭受打击，资产不断缩水。月复一月，甚至年复一年，你会持续亏损。这就是在市场横盘整理时应用趋势跟踪模型将会发生的情况，正确的趋势跟踪策略会交易多种资产类别，其原因也正在于此。当某类资产遭遇市场横盘整理的时候，其他的资产类别很可能会形成趋势。这也是期货趋势跟踪策略多年来表现上佳的原因。

但情况更糟糕的是熊市。股市熊市是出了名的棘手。熊市的爆发往往急剧而又突然，并且容易发生剧烈的反转。你赚钱会很快，然后在你还没有意识到发生了什么事情的时候，又会让你把利润悉数吐出，而且亏掉更多的钱。我们通过实际观察发现，在熊市中，提供最优价值保护的并不是股票空头仓位，而是利率、大宗商品和外汇的趋势跟踪仓位。

在克服了投资组合几乎没有分散化效果这一困难之后，我们还要应对下一个障碍。我们现在的投资范围不再局限于 50 ～ 100 个期货品种，而是有成千上万只股票可供选择。如果运行一个趋势跟踪模型，仅从这些市场中选出趋势明显的股票，就会遇到一些有趣的问题。你愿意接受多大规模的投资组合？一百个仓位？还是一千个？

你需要一种方法来限制你选择的股票池，否则你会感到不知所措。你还需要一种基于某种标准对股票进行排名的方法。否则，你会在牛市时对整个投资领域发出的买入信号应接不暇。

由于期货内置的杠杆机制，投资者可以承担几乎任何水平的风险敞口，而按面值计算的风险敞口近乎无关紧要。毕竟，100 万美元的铂金仓位与 100 万美元的 3 个月期欧洲美元市场的风险状况截然不同。期货杠杆操作简便且成本低。但股票则不然，如果投资组合的风险敞口超过 100%，借款成本就会变得非常高昂。

假设你对趋势跟踪模型做了一些必要的修改。你增加了股票池的纳新方法，这当然需要处理历史现实主义的问题，即考虑在过去任意时刻可能存在且合理的情况，让你的回溯测试有意义。然后，你可能会去掉做空的一面，以免每次市场形势不利时都遭受重创。接下来，你需要一种根据自定标准设定的排名方法来选择最佳趋势。标准也可能是你想出的某种趋势强度指标。你还需要一个投资组合配置算法来决定如何调整你的头寸规模。由于你的多头敞口上限很可能是 100%，你需要计算出如何最好地部署这些敞口，以及每个仓位的配置比例。你甚至会对交易品种所处板块及地理区域实施限制。

现在，在完成所有步骤之后，你或许会得到一个相当不错的交易模型。但它不是一个趋势跟踪模型，而是一个动量模型。

动量模型本身没有什么问题，事实上，我还专门为此写过一本书[㊀]。但是，构建单独的选股策略需要非常谨慎，该领域有其自身的独特性，把它和趋势跟踪等策略混为一谈是不恰当的。你最终得到的将是在 β 值表现良好时，大量堆积 β 值的模型。该模型将高度依赖于股票市场的健康状况。你会在牛市期间获利丰厚，同时，你最好建立某种防御机制，以便在熊市时减少损失。归根结底，这是一种更具攻击性的相对收益方法，而不是绝对收益方法。[㊁]而且，我不建议用期货对冲市场，但你可以尝试对其回测。

㊀ 2015 年出版，中译本名为《趋势永存：打败市场的动量策略》。——译者注

㊁ “相对收益方法”（aggressive relative approach）：这种方法关注的是相对于某个基准（如市场指数、同行竞争对手或历史）的表现。投资者追求的是超越这个基准的回报，即相对收益。这种方法通常涉及更高的风险和更积极的投资策略，因为投资者试图在竞争中脱颖而出。“绝对收益方法”（absolute return approach）：这种方法关注的是投资策略的绝对回报，即不考虑市场或其他基准的表现。投资者的目标是实现一个具体的、预定的回报目标，无论市场如何波动。这种方法通常更加保守，注重资本保护和稳定的回报。——译者注

最终答案是：趋势跟踪在股票上并不适用，动量策略等相关策略的效果不错，但这并不是趋势跟踪策略。

能否用于交易所交易基金

多年来，我还经常被问及的一个问题与交易所交易基金（ETF）有关。如果你同意我的观点，即趋势跟踪策略（根据业界通常理解的定义）并不适用于股票，那么你可能会对ETF产生兴趣。

表面上看，ETF似乎是一种适合趋势跟踪的投资工具。我们有跟踪股票指数、大宗商品市场、利率市场和货币市场的ETF。这种分散化的特点意味着它值得研究。为了不浪费你的时间，我直接告诉你吧，很遗憾，ETF无法替代期货，也不是一个非常适合趋势跟踪策略的市场。

首先，我们来看看现有的投资领域。在股票方面，我们的覆盖已经相当全面。我们有低成本、低追踪误差的工具，几乎可以交易我们想要的任何指数。可以说，在这个领域，我们的需求已经得到了满足。接下来是利率板块。这一领域确实有一些不错的ETF，尽管利率板块的ETF并不像股票期货那样干净纯粹，但你选它们也是可以的。在外汇板块也有一些ETF，尽管数量不是很多，但我还会宽容地说，你选择这些ETF也没什么大问题。

接下来的事情就变得有点棘手了。市面上确实有一些跟踪个别大宗商品（如石油和黄金）的ETF，但数量不多。农产品板块的情况甚至更为棘手，而在流动性相对较好的ETF中，你大多会发现它们将一大堆大宗商品捆绑在一起。当然，这完全违背了分散化的初衷，至少和我们所需要的分散化背道而驰。然而，真正扼杀ETF趋势跟踪潜力的不是投资领域的可用性，尽管这也是一个严重的限制因素。真正的问题在于，ETF是现金工具，需预先支付，杠杆成本高且严重受限，所以当你的风险敞口已高达百分之几百的时候，却又收到一个交易信号，让你在利率市场采取250%的头寸时，你该怎么办？由于现金使用率的限制，你无法建立起所需的投资规模。

这并不是说ETF市场很差劲，或者说你永远不应该投资或交易ETF。当然，也有一些真正糟糕的ETF——那些本质上是结构化衍生产品却被重新包装并出售给对其一无所知的人，它们才是真正的罪魁祸首。但是也有很好的ETF，像标准普尔500指数ETF（SPY）就是其中最著名也最常见的。尽管一些发行者利用ETF来出售有毒的衍生产品，但瑕不掩瑜，ETF的设计理念还是非常棒的，也实现了它们设计的初衷。例如，投资者在构建资产配置模型时，ETF是他们的首选工具。但对于常规的趋势跟踪策略来说，ETF并不是一个好的选择。

|第 13 章|

以交易为生

本书的大多数读者，要么梦想以交易为生，要么已经实现了这一目标。本章既是为那些尚未以交易为生的人准备的，也是为那些虽以此为生但方法有误的人准备的。是的，在我看来，有些以交易为生的人选的方法可能是错误的。颇具讽刺意味的是，这种错误的方法却被大多数外行视为终极目标。他们都是用自己的钱进行交易，并以此为生。有梦想和目标是一件好事，但在选择目标时应该谨慎。我希望读完这一章之后，你会同意我的观点，即靠交易自己的钱为生并非一个明智的梦想。

优秀的交易员能赚多少钱

如果你想以交易为生，那么首先需要问自己一个问题：你预期能赚到多少钱？我说的不是工资、奖金或交易盈利额，而是收益率。有时我在世界各地的会议上发言时，我会向听众询问一个数字。我问他们：一个优秀的交易员的年平均收益率是多少？这是一个非常有趣的练习，也非常有启发性。那些来自金融行业或已经有一段时间专业交易经验的人，往往与业余交易者的预期存在显著差异。

有种情况令人担忧，那就是业余交易者眼中的数字往往是专业交易者的 5 ～ 10 倍。当被问及优秀交易员的收益率时，专业交易者通常会说出 15% ～ 20% 这样的数字。根据对“优秀”的定义，他们甚至可能会说 25%。但业余交易者很少会提出两位数的百分比数字[㊀]。我听到的是一年 100%，甚至高达百分之几百。数字的高低可能取决于会议的类型，我曾经听到最荒谬的数字是，有人坚称，一个优秀的交易员每天至少能赚 2.5%！

如果你没有认真计算的话，2.5% 的日收益率可能听起来并不算高。我们姑且假设这是可以实现的，在现实世界中确实会发生，而且发生的概率比导致物种灭绝的陨石撞地球还要高。如果用 1 万美元来实施这样的策略，一年后你会拥有多少钱呢？

答案是 500 万美元。是的，每天 2.5% 的收益率，一年下来就是超过 50 000% 的复合收益率。但只投资一年怎么够呢？两年后，你就会有 25 亿美元。第三年，你的资产就会达到 10 000 亿美元，再过那么一两年，这笔投资所能达到的数字就只有麻省理工学院数学系的人才能算出来。这简直不可思议。

但是，即使他们是在痴心妄想，我们也不应该嘲笑那些数学不好的人。当然，这是一个极端的例子，但更常见的是，人们给出的答案是 100% 的年化收益率。即使是这一数字，也会很快超出现实的范畴。同样的 1 万美元，如果年化收益率为 100%，那么增长的速度会非常惊人。1 年后，我们就会有 2 万美元，再过一年，就会有 4 万美元。我们会在 7 年内赚到第一个 100 万美元，10 年后，我们的 1 万美元就会变成 1 000 万美元。

我相信你们都听过这样的故事：那就是确实有人做到了这一点。奇怪

㊀ 原文为 triple digit numbers，怀疑应为 double digit numbers 之误。——译者注

的是，他们中的大多数人在交易领域积累财富后，都选择成为交易导师、绩效教练或 TikTok 主播。你可以放心地假设，这些故事中真正属实的比例极低，几乎可以近似为零。

如果你仍然确信你认识的那个人确实以真实、可验证的方式做到了这一点，那么我也告诉你一个我知道的牙买加人的故事，他在 9.58 秒内跑完了 100 米。他确实做到了，但这并不意味着我或是其他任何人都有机会做到同样的事情。

换一种角度来看，那些关于巨大成功的真实故事，就如同著名的抛硬币思想实验一样。想象一场全国性的抛硬币比赛。每个人都进行一对一的比赛。如果你输了就被直接淘汰。如果你赢了，你就进入下一轮。一轮又一轮，剩下的人会越来越少。但是，从数学的角度来看，肯定会有人一直赢下去。他们每次都猜对了硬币的正反面。当全国只剩下寥寥几个人时，这些人就会被视为超级明星。他们会上电视接受采访，就自己那令人难以置信的抛硬币技巧侃侃而谈，还会撰写书籍，大肆宣扬自己的抛硬币技巧。

现在让我们回到凡人的世界，回到现实世界中来，我们可以很容易地观察到那些最优秀的人长期以来的成就。他们中的一些佼佼者通过大约 20% 的长期年化收益率成为亿万富翁。这一数字是世界顶尖水准，如果你想获得 40% 或更高的收益率，你应当扪心自问，你何德何能，业绩比世界上最成功的投资者还高出一倍？

当然，在任何一年里，一切皆有可能。你可能仅凭运气和技能可以在一年内将资金翻倍，但你同样会赶上糟糕的年景。任何人都有可能在某一年内将资金翻倍，但这并不意味着每年都能做到这一点。

本书向你展示的交易策略从理论上可以为你带来长期高额收益。但是，这一交易策略存在诸多“假设前提”。如果市场发生变化，并且趋势跟踪在接下来的十年里表现不佳怎么办？如果你恰好在历史上最大的回撤之前开始交易怎么办？如果你无法持续交易 20 年，实现不了那么高的收益怎么办？如果你错过了一笔交易怎么办？如果你执行得不好怎么办？如果……怎么办？如果……怎么办？……现实往往不像实验室里进行的回测那样配合。

你最好接受这样一个事实：长期来看，每年 20% 是一个值得追求的目标，而你很可能永远无法实现这一目标。但是，如果说坏消息是 20% 的长期复合增长率很难实现，那么好消息是你也不需要这样做。即使是 15%，甚至更低的复合增长率也可以帮你实现财富自由。

注意，我说的是“可以”，这意味着这是有可能实现的。我并没有说这很可能，也没有说这很容易。本书并非那种承诺轻松获取高额收益的交易类图书。

如何成为交易员

一旦你完成了所有的研究工作，制定并完善了交易策略，对交易策略进行了测试并对结果充满信心，就该考虑用它做点什么了。显然，最直接的方式是尝试在这个行业找一份工作。金融业是一个能带来丰厚收益，值得投入时间发展的行业。不是哪个行业都能让员工赚到可观收入的。在大多数职业中，你的薪酬都有上限，但在金融业的某些部门，尽管人们对此褒贬不一，薪酬确实能做到上不封顶。毕竟，有多少工作能让一个 20 多岁的年轻人年入上百万美元，在几年后还能再涨 10 倍？当然，找到一份上百万美元年薪的工作并不容易，但大多数人对十几万美元年薪的收入就已经非常满意了。

你不应低估拥有一份薪水所带来的价值。如果你成功进入量化金融领域，你不但可以获得丰厚的报酬，还能接受到良好的教育。你可以从周围的人、所处的行业以及个人经历中学习，这些都将促进你的个人成长，同时你还能获得一份可观的薪水。

当然，有一点务必牢记，那就是金融行业的工作和外界的想象往往差别甚大，和流行文化的描述也大相径庭。大多数工作头衔中带有“交易员”一词的人，他们的工作内容与业余交易员的想象相去甚远，他们日常的工作任务与本书的主题也鲜有关联。例如，在一家小银行，他们的工作可能与接收资产经理代表客户购买证券的电话订单有关。然后，你再致电投资银行的交易台，由他们在市场上实际下单。这些行业专业人士对任何交易策略或交易的结果都不感兴趣，他们的薪水主要由固定工资或佣金构成。

人们普遍认为，银行或金融机构的某些员工会得到一笔资金，可以自由地根据自己的判断进行交易。你可能会得到一个所谓的自营账户（prop book），这是一个专有账户，你可以用你自己的聪明策略来进行交易。这种情况实际上非常罕见，现实中这样的工作岗位屈指可数。就算真有人这么做，概率也非常小，就像有人全职用乐高积木搭建建筑项目的精确模型一样。在金融行业工作确实有可能获得丰厚的收益，但在很大程度上，这只是一份工作。

如果你想找的是那种可以用自己的策略交易的工作，那么你可以关注一下所谓的买方。金融行业大致可以分为买方和卖方。这种划分的依据在于，卖方提供金融服务，而买方购买这些服务。你可以把卖方想象成投资银行，它们提供执行、经纪和分析服务，而买方是资产管理公司，它们需要这些服务。理解了这一点，你就能推测出双方之间的权力动态（power dynamics）博弈关系。

业界有句老话，买方和卖方的真正区别在于，如果你是买方，你可以在挂断电话之前大骂脏话。对于卖方来说，可以说买方虐我千百遍，我待买方如初恋。买方包括对冲基金行业，在那里你可能会找到更多的交易自由。

多年来，经常有人问我这样一个问题：买方会不会想着偷走我的策略？想象一下，你花了多年时间完善你的交易模型，然后在一家对冲基金的面试中展示，结果他们剽窃了你的想法，而且一开始就没打算给你这份工作。

这种情况不太可能发生，实际情况中也并非如此。这并不是说它违反了对冲基金行业的某种道德准则，因为这个行业原本也没什么道德可言。

只是这样做没有任何意义。任何想剽窃你的想法的基金或交易公司都是业余的，你本来就不会为它们工作。

无论你构建的策略有多么出色，它都不太可能是某种颠覆性的、能够改变行业方向的东西。即使你真的想出了什么令人印象深刻的东西，别人也不可能轻易将其拿走并完全复制。如果可以的话，早就有人这么做了。如果你确实研究出了某些令人印象深刻的成果，那么直接雇用你继续做这样的研究将更有意义。试图剽窃你的工作成果并进行逆向工程，那将付出更高的代价。

对冲基金的确有可能占你的便宜，但这是生意的一部分。他们可能会少付给你工资、多让你干活，但不会偷走你的东西。所谓能赚大钱的超级秘密交易代码，很大程度上只是一个神话。实际情况并非如此。无论多么出色，你的代码都需要适应公司的框架、商业策略以及客户需求等。

那么，如何在金融行业找工作呢？我想，这和去卡内基音乐大厅演出的道理一样，都得靠不断努力和练习。竞争会非常激烈，任何有价值的事情都是如此。也许你毕业于普林斯顿大学，你爸爸和杰米·戴蒙（Jamie Dimon）[⊖]一起打高尔夫球，但如果不是这样，你就要付出更多努力了。要想办法让自己脱颖而出，否则你的求职申请就会在成千上万份申请中石沉大海。

用自己的钱交易

为自己交易，无疑是业余交易者中最普遍的梦想，但我想跟你说，这个梦想不切合实际，完全没有意义。

你首先需要明白一点，几乎所有的日内交易者最终都会将资金损失殆尽。你在社交媒体上听到的那些明星、网红和专家的故事，并不是真实生活的写照。市场的运行方式并非如此。这些故事要么是虚构的，要么是

⊖ 美国银行家，摩根大通 CEO。——译者注

夸大其词，也可能你是光看见贼吃肉，没看见贼挨打。即便这些故事是真的，如果现实世界中真的存在这种黑市魔法（black market magic），使用这些超自然的能力来为自己交易仍然是没有意义的。

归根结底，这是一个简单的风险评估问题，我们通过一个例子来说明这一点。假设你努力工作并积攒了10万美元，现在你准备开始你的交易之旅。你已经做了充分的研究，并制定了一套稳健的交易策略，准备将你辛苦赚来的钱投入其中，并以交易为生。

你需要多少钱才能维持生计？如果你住在苏黎世、伦敦或纽约，你的收入得是六位数才有可能保持收支平衡，这些地方的生活成本都很高。每年需要从账户中提取的生活费数目因人而异，但这是你需要切实考虑的问题。金融行业的入门级工作的年薪往往只有十万多一点，你可能希望至少达到这个水平，当然越多越好。

第二个问题是，为了实现这样的收益，你需要承担交易带来的哪种风险。也许你决定每年从你10万美元的交易账户中提取5万美元的收益来维持生活，这就意味着50%的收益率，比沃伦·巴菲特实现的收益率还要高出一倍以上。这听起来现实吗？

即使你确信自己的长期平均收益率能够达到50%，这种情况也很难发生，而且过程也不会一帆风顺。可能某一年你盈利80%，但下一年可能就亏损60%。虽然最终可能还是盈利，但当你需要交房租的时候，这样的波动可就不那么让人安心了。

另一个问题是，你会失去复利效应。想象一下，第一年一切都照计划进行，你确实实现了收益50%的目标。但由于有生活成本，你从账户中提取了5万美元，第二年你同样以10万美元开始。这样你的账户余额永远都无法增加。更糟糕的是，如果第二年结束时你亏损了30%，你现在账户上只有7万美元，没有收入，付不起账单，而且下一年你需要近70%的收益率才能实现5万美元的目标。

当你用自己的钱以交易为生时，你会被迫承担过高的风险。你不但要承担所有风险，还要从盈利中提取薪水来支付生活费用，因此你也放弃了账户资金大部分的增长潜力。相信我，靠交易自己的钱来过日子是不明智的。我甚至认为，决定用自己的钱以交易为生本身就是一笔糟糕的交易，从本质上讲，这种决定本身就意味着你不是一个优秀的交易者。

用别人的钱交易

如果你想成为一名专业交易者，而且已经意识到用自己的钱以交易为生并不是解决之道，那么你就需要考虑用别人的钱以交易为生了。你也可以把自己的钱投进去，这没什么不对的。在用别人的钱交易的同时，你也可以用自己的钱交易，但你的主要收入将来自用别人的钱交易。

不要陷入某种思维陷阱，认为用自己的钱交易就是勇敢，而用别人的钱交易就是懦弱。这是金融行业，我们的目的不是向自己或他人证明什么，我们是为赚钱而来，绝不会手下留情。这本质上是一场数字游戏，更具体地说，是关于美元数量的游戏。

回到上一节的例子。你已经做了研究，对自己的交易策略感到满意，并且有 10 万美元用于交易。但这次你变聪明了，没有只用自己的钱，而是决定向别人筹集资金，最终筹集到 1 000 万美元。这意味着你要说服别人，让他们信任你、信赖你的交易方式，允许你用自己的钱和他们的钱一起交易，以此收取费用。

当然，这个小等式中的关键是“费用”这个词。你现在仅靠费用就能获得基本收入，这意味着你可以更负责任地进行交易，而不是追求不切实际的收益。设定过高的交易目标意味着承担过多的风险，而承担过多的风险意味着你迟早会失败。有了这些费用，就不需要再冒这种不负责任的风险了。

假设你与投资者商定的费用结构是 1+10。这意味着你只需露面并打开交易灯，就可以获得 1% 的管理费，并且你还可以保留为客户创造利润的 10%。这是一笔公平的交易。

靠着管理 1 000 万美元资产收取的管理费，你现在可以获得 10 万美元的薪酬，无须再为支付租金和养狗而发愁了。如果你最终获得 20% 的收益，那就是为你的客户赚取了 200 万美元，你将从中获得 20 万美元。所有这一切比你只用自己的现金进行交易时所承担的交易风险更小。如果你也将自己的钱投入到整个资产组合中，那么你就可以在享受整体收益的同时，用自己的资金进行投资，并承担相应的损失。

即使你某年的业绩表现不佳，管理费也一分不少。这并不代表不道德，实际上这对每个人都有利。如果一位经理只有业绩分成，那么他就有动机为了获得高收益而承担高风险，在遭受损失后，他可能会选择停业，而不是尝试挽回损失。

资产管理真正的好处在于规模效益。和管理 1 000 万美元的资金相比，管理 2 000 万美元的资金并不会增加太多的工作量。但你的收入却翻了一番。这个行业具有良好的规模效益，如果你足够聪明，你可以在不增加太多成本的情况下筹集到大量资金。

你对交易风险和收益之间的关系应该很清楚。为自己交易，你承担了非常高的风险，但潜在的收益却相当有限。相比之下，如果你选择用别人的资金交易，你承担的风险相对较低，但潜在的收益却几乎是无限的。一个优秀的交易者会在一瞬间就做出这样的选择。

不用别人的钱交易的理由

从纯数学角度来看，你有充分的理由通过专业方式，用别人的钱来交易。数字摆在那里，显然这是一个更优的选择，但用别人的钱交易不见得适合所有人。不适合你的原因主要有以下几点。

有些人说，他们只想专注于交易，而不是运营具体的业务。这没问题，但这不过是对你选择独自行动、做出糟糕交易决策的一种解释。另一个常见的原因是，你不愿意承担用别人的钱交易的风险。好吧，如果你对自己的交易没有信心，那么你肯定也不应该用自己的钱去冒险。同样，第三个理由是你不想处理客户关系和销售事项。同样，这不过是你做出糟糕经济决策的一个借口。

从更合理的角度来说，你可能会反驳说你根本不认识任何投资者，也不知道怎样筹集 1 000 万美元。这的确并不容易，但并非不可能。这意味着你需要学习新技能，结识合适的人，并努力工作。虽然困难，但并非无法实现。

监管也是一个重要的制约因素。一些司法管辖区的监管更严格、成本更高，在用别人的钱交易之前，你确实需要仔细了解当地的监管机构和监管法规。找出你所在地区的监管机构，给他们打电话，弄清楚所需条件。决不能忽视监管规定，否则你很快就会关张大吉。

最后，一些交易者不想用别人的钱交易还有一个非常合理的理由，某些类型的策略依赖于市场中因定价效率低下产生的细微价差，或者在缺乏流动性的市场中交易。这些策略有时会受到规模的限制，可能无法大规模交易。幸运的是，趋势跟踪策略可以扩展到非常大的交易规模，因此这类策略对你来说不成问题。

| 第 14 章 |

最后的忠告

本书讨论的是高杠杆衍生品交易策略，因此，在最后一章专门阐述可能出现的风险和问题，无疑是一个明智的选择。

期货基金的收益每况愈下

趋势跟踪行业过去一直是顺风顺水，而如今要想赚得高额收益却越来越难。在 20 世纪 80 年代和 90 年代，这个领域的大多数投资经理都获得了非常优异的复合收益，而且几乎没有出现持久的回撤，但好日子似乎已经一去不复返了，取而代之的是更高的波动率和不确定的投资收益。假以时日，趋势跟踪核心策略仍然有利可图，但其盈利情况在过去的几十年里已发生了明显变化。

能准确反映趋势跟踪行业的指数比较稀缺，其中法国兴业银行的趋势跟踪指数最受关注。图 14-1 显示了这一指数（上半图）及其 5 年的滚动收益率（下半图）。这样做是为了展示该指数的长期走势及其随时间变化的情况。

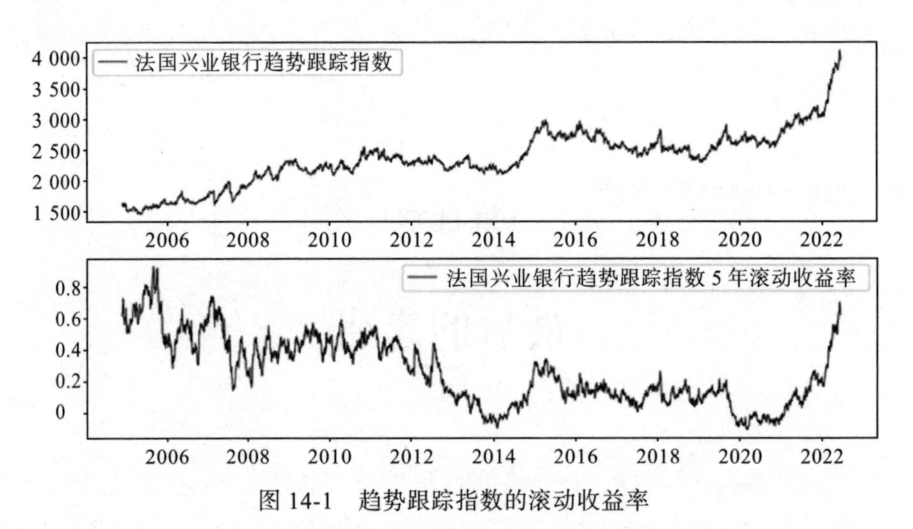

图 14-1 趋势跟踪指数的滚动收益率

如图 14-1 所示，该指数的 5 年滚动收益一度相当高，然后年复一年地持续下跌。就在一两年前，你本可以简单地将这种下降趋势外推（我这里故意用了个双关语，就是"外推"这个词），据此宣称趋势跟踪将变成一场负和博弈。但随后，在 2020 年，指数收益开始触底反弹并急剧上升。就在所有人都最意想不到的时候，趋势跟踪以一种强大的方式回归了。

首先，针对收益下降的问题，一个明显的因素是利率的变化。当利率处于高位并缓慢而稳定地下降时，也是趋势跟踪策略实施的最佳条件。在这种情况下，我们可以两头赚钱。由于高利率，我们可以从多余的现金中白赚利息，同时我们在利率下降的趋势中通过做多债券获利。当然，这个游戏不可能永远持续下去，正如近年来所看到的那样。如果利率持续下降至极低水平，就会发生两件事。首先，我们的免费收入消失了；其次，利率真的降无可降了。

在撰写本书时，利率再度上升，不过距离 20 世纪 80 年代和 90 年代的美好时光还相去甚远，而我和其他系统化交易者也无法预测利率的未来走向。不过，如果利率再度飙升，这对我们也将是很好的获利机会。

无论如何，我们在2021年至2022年间观察到的情况是，尽管趋势跟踪经历了一段缓慢的发展期，但它远未消亡。2022年，股市遭受重创，而趋势跟踪的收益却创下新高，它在分散化效果和危机阿尔法方面的价值再度得到证明。

设定初始风险水平

在开始实盘交易之前，你需要做出的最重要的决定之一就是设定目标风险水平。仓位大小是控制风险的关键因素，如果仓位太小，你将无法获得足够的收益来吸引资金；但如果仓位太大，你面临的大幅回撤的风险可能会让投资者望而却步。

你在做决策的时候，请记住，最大跌幅可能会高于你的模拟预测结果，而且很可能在你的基金启动后不久就会发生。事实上，这种情况的出现概率远远超出人们的想象。如果一只采用趋势跟踪策略的新基金找到足够的初始投资者注入资金，其真正原因可能在于这类策略刚刚经历了非常好的表现，引发了大量关注。这正是2008年后许多新基金所经历的情况。趋势跟踪策略绝对占据了头条新闻，并且几乎击败了所有其他策略，当然，那些大量押注信用违约互换（Credit Default Swaps）市场崩盘的人不在此列。在经历了一段收益非常不错的时期后，采用趋势跟踪策略的风险投资项目更容易获得关注，投资者也往往会在这些好年景之后开始接纳这类基金。问题在于，这些投资者入市时往往预期市场在近期内仍能保持这种良好的态势，但正如我们在本书中所看到的，情况往往并非如此。在一段非常强劲的表现之后，我们会发现趋势跟踪策略将遭遇艰难时刻，市场大幅回撤，行情反复震荡，组合出现亏损。

2008年之后推出的基金，或其他好年景之后上马的同类型产品，大多发现自己处于非常危险的境地。如果你在2009年初已经充分了解了这种趋势跟踪策略在刚刚过去的那场灾难性的一年中是如何击败市场的，然后投资了一个典型的趋势跟踪期货基金，那么你接下来可能会经历一段非常艰难的时期。2009 年，大多数趋势跟踪者都遭受了巨大损失，许多人的回撤幅度超过了 20%。那些在 2009 年初进入趋势跟踪基金的新投资者发现，理想与现实之间存在着极大的反差，于是他们大多在年底前开始撤资。对那些留下来的人来说，2010 年的大部分时间也非常糟糕。2010 年下半年开始出现盈利苗头，耐心的投资者开始收回失地。

如果你在 2009 年初推出了一只新基金，那么一年半之后，你可能会发现它的回撤达到了 20% ～ 25%，甚至可能更高。一只已经运营了几十年且业绩良好的基金或许能够挺过这样的困境，但新基金很可能无法存活。

我想说的是，当你开始涉足这个行业时，一定要非常谨慎。如果你设定了过高的风险水平，并且足够幸运，在基金的推出初期就赶上了好行情，那你会受到英雄般的待遇。但如果你运气不好，赶上了一两年不景气的时期，你也会被踢出局。生存永远是第一要务，这意味着你在一开始就要将风险限制在比较宽裕的水平，就算基金刚成立就赶上了糟糕的行情，也能应付自如。

我希望我尝试给出的关于趋势跟踪期货经理所面临现实的公正而平衡的描述，不会让你对这个行业望而却步。尽管存在各种可能的陷阱，但趋势跟踪行业的前景依然光明，即使近几年的收益有所下滑，目前也没有明显的迹象表明跨资产趋势跟踪策略在未来会一蹶不振。

正式启动

时光飞逝，在读完本书和一些其他读物之后，几年时间已经过去了，你在趋势跟踪策略上已经下了多年的功夫进行研究。你构建了自己的量化建模环境，学习了统计学和编程技术，并设计了自己的交易算法。然后你踏入现实世界，在筹集种子资本的残酷战役中逐街奋战，最终筹集到足够的资金来真正开启投资生涯。接下来该怎么做呢？

人们普遍有这样的困惑：正式启动后的第一天到底应该做什么？你在

启动初期有满手的现金，只有在你的模型发出交易信号时，才开始建立新的头寸。这意味着你可能需要一段时间才能达到满仓状态，但你只会在收到新的信号时才会行动，而不是在趋势中间冒险入场。这看似很有道理，不是吗？

但如果你仔细想一想，就会发现这完全没有任何道理。如果你只接受新的信号，你的实际持仓状况将与你的模拟回测及研究结果大相径庭。做出这样的选择，也就意味着你假设新的信号比其他建仓信号更有效、更有可能盈利。到目前为止，我们在本书中看到的是，分散化是关键，而你根本无法预测哪些品种或板块在未来会有更好的表现。

正是各头寸之间的相互作用，使得分散化的期货策略如此有趣。这种分散化的巨大潜力是期货市场独有的，这也是我们的策略长期成功的关键。如果你只接受新的信号，那么你的投资组合将需要相当长的时间才能实现完全分散化，在此之前，你的风险将高度集聚在多少处于随机状态的头寸及板块上，具体的风险程度取决于新信号出现的顺序及时间。

这意味着，在第一天就建立所有头寸是唯一有意义的操作方式。你将拥有一个基于模拟回测和研究结果的逐步验证型跟踪投资组合。在交易正式启动之前的数月或一年里，你可能一直在对具体策略进行模拟交易，建立对该方法的信心，并学习该策略所需的日常流程。在这重要的一天到来之际，你的投资交易账户中的数百万美元也全部就位，你需要尽可能复制这个模拟投资组合，按照预定计划，日拱一卒，不断前进。

推荐阅读

序号	中文书名	定价
1	股市趋势技术分析（原书第11版）	198
2	沃伦·巴菲特：终极金钱心智	79
3	超越巴菲特的伯克希尔：股神企业帝国的过去与未来	119
4	不为人知的金融怪杰	108
5	比尔·米勒投资之道	80
6	巴菲特的嘉年华：伯克希尔股东大会的故事	79
7	巴菲特之道（原书第3版）（典藏版）	79
8	短线交易秘诀（典藏版）	80
9	巴菲特的伯克希尔崛起：从1亿到10亿美金的历程	79
10	巴菲特的投资组合（典藏版）	59
11	短线狙击手：高胜率短线交易秘诀	79
12	格雷厄姆成长股投资策略	69
13	行为投资原则	69
14	趋势跟踪（原书第5版）	159
15	格雷厄姆精选集：演说、文章及纽约金融学院讲义实录	69
16	与天为敌：一部人类风险探索史（典藏版）	89
17	漫步华尔街（原书第13版）	99
18	大钱细思：优秀投资者如何思考和决断	89
19	投资策略实战分析（原书第4版·典藏版）	159
20	巴菲特的第一桶金	79
21	成长股获利之道	89
22	交易心理分析2.0：从交易训练到流程设计	99
23	金融交易圣经II：交易心智修炼	49
24	经典技术分析（原书第3版）（下）	89
25	经典技术分析（原书第3版）（上）	89
26	大熊市启示录：百年金融史中的超级恐慌与机会（原书第4版）	80
27	敢于梦想：Tiger21创始人写给创业者的40堂必修课	79
28	行为金融与投资心理学（原书第7版）	79
29	蜡烛图方法：从入门到精通（原书第2版）	60
30	期货狙击手：交易赢家的21周操盘手记	80
31	投资交易心理分析（典藏版）	69
32	有效资产管理（典藏版）	59
33	客户的游艇在哪里：华尔街奇谈（典藏版）	39
34	跨市场交易策略（典藏版）	69
35	对冲基金怪杰（典藏版）	80
36	专业投机原理（典藏版）	99
37	价值投资的秘密：小投资者战胜基金经理的长线方法	49
38	投资思想史（典藏版）	99
39	金融交易圣经：发现你的赚钱天才	69
40	证券混沌操作法：股票、期货及外汇交易的低风险获利指南（典藏版）	59
41	通向成功的交易心理学	79